前　言

近几年，随着国民经济的飞速发展，我国物流行业进入了一个新的发展阶段，物流企业的运营方式、业务流程、技术手段、服务质量等不断向标准化、专业化、规模化、社会化、信息化的方向发展。为了适应物流行业的发展，培养更加符合企业需求的专业技能人才，我们组织一批教学经验丰富、实践能力强的教师与行业、企业的专家，在认真分析物流企业岗位需求和完善课程教学方案的基础上，编写了一套新的物流管理专业教材。与2006版教材相比，新版教材体系更加完善并采用了理实一体化的编写思路。目前，两套教材可较好地满足高等职业技术院校不同的教学需求，各校可根据自身的教学条件、课程设置等进行选择。

本套教材共计15种，分别为《物流基础》《物流法律法规》《物流经济地理》《物流信息技术应用》《物流设施与设备》《物流仓储业务与管理》《物流配送业务与管理》《物流仓储与配送实务》《物流运输业务与管理》《物流采购业务与管理》《物流客户服务与管理》《物流成本管理》《物流市场营销》《国际货运代理》和《报检与报关》，其中《物流仓储与配送实务》教材是为了满足部分院校将仓储、配送两门课程合并教学的需要而开发的。

在教材组织编写工作中，我们坚持了以下原则：

第一，突出职业特色，从职业岗位分析入手，合理构建教材的知识和技能结构，注重对学生实践能力的培养，提高教材的针对性和适用性。

第二，突出行业特色，根据物流行业的发展现状，尽可能多地在教材中体现新知识、新技术和新方法，提高教材的先进性，使教材具有鲜明的时代特征。

第三，突出职业资格证书与学历证书并重的精神，力求使教材内容涵盖助理物流师国家职业标准的相关要求。

第四，突出可接受性，在教材编写方面，力求文字表达通俗易懂，并尽量采用以图代文、以表代文的表现形式，激发学生的学习兴趣。

在本套教材的编写过程中，有关省市教育部门、人力资源和社会保障部门以及一批高等职业技术院校给予我们有力的支持，教材的主编、参编、主审等有关人员做了大量的工作，在此，我们表示衷心的感谢！同时，恳切希望用书单位和广大读者对教材提出宝贵的意见和建议，以便修订时加以完善。

人力资源和社会保障部教材办公室

2012年2月

简 介

本书为国家级职业教育规划教材，由人力资源和社会保障部职业能力建设司推荐。

本书根据高等职业技术院校物流管理专业的教学实际，由人力资源和社会保障部教材办公室组织编写。本书采用任务驱动的编写思路，以仓储、配送实际业务流程为主线，设置不同的典型业务工作为任务，主要内容包括：仓库与仓储管理基础、入库作业管理、在库作业管理、出库作业管理、配送管理、配送中心运作管理等。

本书由王爽主编，马文祥副主编，翟玲、陈彧、李彬、彭建强、宋晓漪、石玫珑、汤炜光参编。

目　录

模块一

仓库与仓储管理基础

任务1 认识仓库的类型与功能

一、仓库的概念

根据中华人民共和国国家标准《物流术语》(GB/T 18354—2006)，仓库（warehouse），是保管、储存物品的建筑物和场所的总称。

如图 1—1—1 所示，现代仓库与旧式仓库最大的区别在于更多地考虑经营上的收益，而不仅仅只作为储存物的场所存在。因此，现代仓库从运输周转、储存方式和建筑设施上都重视通道的合理布置，货物的分布方式和堆积的最大高度，并配置经济有效的机械化、自动化存取设备，同时借助信息化管理系统平台，以提高储存能力和工作效率。

图 1—1—1　仓库

二、仓库的功能

现代物流仓库的功能，已经伴随着生产方式和消费方式的不断发展，从单纯的物资存储保管发展到具有物资的接收、检验分类、包装、分拣、加工、配送、转换运输方式等功能。现代物流提倡仓库中的物品具有流动性，是有时常需求、按客户订单生产的产品。现代库存的“流速”已成为评价仓库的重要指标，仓库是“河流”而不再是“水库”或“蓄水池”。以系统的观点来看待仓库，仓库应该具备如下功能：

1. 储存和保管功能

仓库具有一定的空间，用于储存物品，并根据储存物品的特性配备相应的设备，以保证储存物品的完好。例如：储存挥发性溶剂的仓库，必须设有通风设备，以防止空气中挥发性物质含量过高而引起爆炸。储存精密仪器的仓库，需防潮、防尘、恒温，因此，应设立空调、恒温等设备。在仓库作业时，还有一个基本要求，就是防止搬运和堆放时碰坏、压坏物品，这就需要不断改进和完善搬运器具和操作方法，使仓库真正起到储存和保管的作用。

2. 调节供需的功能

物流作为一种社会经济活动，对社会生产和生活的效用主要表现为创造时间效用和创造空间效用两个方面。创造物质的时间效用作为物流的两大基本职能之一，是由物流系统的仓库来完成的。现代化大生产的形式多种多样，从生产和消费的连续来看，每种产品都有不同的特点，有些产品的生产是均衡的，而消费是不均衡的；还有一些产品生产是不均衡的，而消费却是均衡不断地进行的。要使生产和消费协调起来，就需要仓库发挥“蓄水池”的调节作用。物流创造空间效用是由现代社会产业结构、社会分工所决定的，主要原因是商品在不同地理位置有不同的价值，通过物流将商品由低价值区转到高价值区，便可获得价值差，即空间效用。

3. 调节货物运输的功能

各种运输工具的运输能力是不一样的。船舶的运输能力很大，海运船一般是万吨级，内河船舶也有几百吨至几千吨；而火车的运输能力较小，每节车厢能装运 30～60 t，一列火车的运量最多达几千吨；汽车的运输能力更小，一般一辆车的装载能力低于 30 t。各种运输工具之间的运输衔接是很困难的，而这种运输能力的差异是通过仓库进行调节和衔接的。

4. 流通配送加工的功能

现代仓库的功能已处在由保管型向流通型转变的过程之中，即仓库由储存、保管货物的中心向流通、销售的中心转变。仓库不仅要有储存、保管货物的设备，而且还要增加分拣、配套、捆绑、流通加工、信息处理等设备。这样，既扩大了仓库的经营范围，提高了物质的综合利用率，又方便了消费，提高了服务质量。

5. 信息传递功能

伴随着以上功能的改变，导致了仓库对信息传递的要求。在处理与仓库活动有关的各项事务时，需要依靠计算机和互联网，通过电子数据交换和条形码技术来提高仓储物品信息的传输速度，及时且准确地了解仓储信息，如仓库利用率、进出库的频率、仓库的运输情况、顾客的需求以及仓库人员的配置等。

6. 产品生命周期的支持功能

根据美国物流管理协会 2002 年 1 月发布的物流定义：物流是指，在供应链运作中，以满足客户要求为目的，对货物、服务和相关信息在产出地和销售地之间实现高效率和低成本的正向和理想逆向的流动与储存所进行的计划执行和控制的过程。可见现代物流包括了产品从“生”到“死”的整个生产、流通和服务的过程。因此，仓储系统应对产品生命周期提供支持。

随着强制性质量标准的贯彻和环保法规约束力度的加大，如德国的托普佛法（Topfer Law）就规定了制造商和配送商要负责进行包装材料的回收，这导致了退货逆向物流和再循环回收等逆向物流的产生。逆向物流与传统供应链方向相反，是要将最终顾客持有的不合格产品、废旧物品回收到供应链上的各个节点。作为供应链中的重要一环，在逆向物流中，仓库又承担了退货管理中心的职能，负责及时准确定位问题商品，通知所有相关方面和发现退回商品的潜在价值，为企业增加预算外或抢救性收入；改进退货处理过程，控制可能发生的偏差；评估并最终改善处理绩效等。

三、仓库的分类

仓库按不同的标准可进行不同的分类，一个企业或部门可以根据自身的条件选择建设或租用不同类型的仓库。

1. 按使用范围分类

（1）自用仓库。是生产或流通企业为本企业经营需要而修建的附属仓库，完全用于储存本企业的原材料、燃料、产成品等货物。

（2）营业仓库。是一些企业专门为了经营储运业务而修建的仓库。

（3）公用仓库。是由国家或某个主管部门修建的为社会服务的仓库，如机场、港口、铁路的货场、库房等。

（4）出口监管仓库。是经海关批准，在海关监管下存放已按规定领取了出口货物许可证或批件，已对外买断结汇并向海关办完全部出口海关手续的货物的专用仓库。

（5）保税仓库。是经海关批准，在海关监管下专供存放未办理关税手续而入境或过境的货物的场所。

2. 按保管物品种类的多少分类

（1）综合库。是用于存放多种不同属性物品的仓库。

（2）专业库。是用于存放一种或某一大类物品的仓库。

3. 按仓库保管条件分类

（1）普通仓库。是用于存放无特殊保管要求的物品的仓库。

（2）保温、冷藏、恒湿恒温库。是用于存放要求保温、冷藏或恒湿恒温的物品的仓库。

（3）特种仓库。是用于存放易燃、易爆、有毒、有腐蚀性或有辐射性的物品的仓库。

（4）气调仓库。是用于存放要求控制库内氧气和二氧化碳浓度的物品的仓库。

4. 按建筑形式分类

（1）封闭式仓库。这种仓库俗称“库房”，该结构的仓库封闭性强，便于对库存物进行维护保养，适宜存放保管条件要求比较高的物品。

（2）半封闭式仓库。这种仓库俗称“货棚”，其保管条件不如库房，但出入库作业比较方便，且建造成本较低，适宜存放那些对温、湿度要求不高且出入库频繁的物品。

（3）露天式仓库。这种仓库俗称“货场”，其最大的优点是装卸作业极其方便，适宜存放较大型的货物。

5. 按建筑结构分类

(1) 平房仓库。平房仓库的构造比较简单，建筑费用便宜，人工操作比较方便。

(2) 楼房仓库。楼房仓库是指二层楼以上的仓库，它可以减少土地占用面积，进出库作业可采用机械化或半机械化。

(3) 高层货架仓库。在作业方面，高层货架仓库主要使用电子计算机控制，采用机械化和自动化操作。

(4) 罐式仓库。罐式仓库的构造特殊，呈球形或柱形，主要用来储存石油、天然气和液体化工品等。

(5) 简易仓库。简易仓库的构造简单、造价低廉，一般是在仓库不足而又不能及时建库的情况下采用的临时代用办法，包括一些固定或活动的简易货棚。

6. 按库内形态分类

(1) 地面型仓库。一般指单层地面库，多使用非货架型的保管设备。

(2) 货架型仓库。指采用多层货架保管物品的仓库。在货架上放着货物和托盘，货物和托盘可在货架上滑动。货架分固定货架和移动货架。

(3) 自动化立体仓库。指货物出入库用运送机械进行存放和取出，用堆垛机等设备进行机械化自动化作业的高层货架仓库。

7. 按仓库功能分类

现代物流管理力求进货与发货同期化，因此，要求仓库管理从静态管理转变为动态管理，而仓库功能也随之改变，这些新型仓库有以下新的称谓。

(1) 集货中心。将零星货物集中成批量货物称为“集货”。集货中心可设在生产点数量很多，每个生产点产量有限的地区；只要这一地区某些产品的总产量达到一定水平，就可以设置这种有“集货”作用的物流据点。

(2) 分货中心。将大批量运到的货物分成批量较小的货物称为“分货”，分货中心是主要从事分货工作的物流据点。企业可以采用大规模包装、集装货散装的方式将货物运到分货中心，然后按企业生产或销售的需要进行分装。利用分货中心可以降低运输费用。

(3) 转运中心。转运中心的主要工作是承担货物在不同运输方式间的转运。转运中心可以进行两种运输方式的转运，也可进行多种运输方式的转运，在名称上有的称为卡车转运中心，有的称为火车转运中心，还有的称为综合转运中心。

(4) 加工中心。加工中心的主要工作是进行流通加工。设置在供应地的加工中心主要进行以物流为主要目的的加工，设置在消费地的加工中心主要进行以实现销售、强化服务为主要目的的加工。

(5) 储调中心。储调中心以储备为主要工作内容，其功能与传统仓库基本一致。

(6) 配送中心。是从事配送业务的物流场所或组织。它基本符合：主要为特定的用户服务；配送功能健全；完善的信息网络；辐射范围小；多品种、小批量；以配送为主、储存为辅等要求。

(7) 物流中心。从事物流活动的场所或组织。应基本符合下列要求：主要面向社会服务；物流功能健全；完善的信息网络；辐射范围大；少品种、大批量；存储、吞吐能力强。

8. 按作业方式不同分类

仓库按作业方式不同，可分为自动化仓库和非自动化仓库。

（1）自动化仓库。自动化仓库采用自动存储与检索系统（ASRS—Automated Storage and Retrieval Systems）进行作业管理。其优点是：减少劳动力；加快存取速度；提高商品在库管理的准确性等。其缺点是：建设初期的资金投入大；设备和软件间的配套性、兼容性要求极高；对商品包装形式、外形尺寸、单位重量等的要求都比较高。

（2）非自动化仓库。非自动化仓库是相对于自动化仓库而言的，即是在入库、储存、出库阶段，存在不同程度的手工作业的仓库。

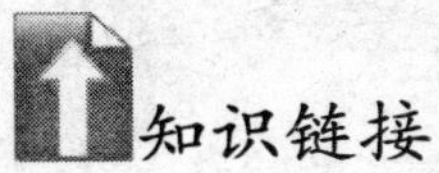

知识链接

6S管理

6S即整理（Seiri）、整顿（Seiton）、清扫（Seiso）、清洁（Seiketsu）、素养（Shitsuke）和安全（Safety）六个项目，因前5个内容的日文罗马标注发音和后一项内容（安全）的英文单词都以“S”开头，简称6S。

6S管理源于日本，是指通过规范现场、现物，营造一目了然的工作环境，培养员工良好的工作习惯，其最终目的是提升人的品质——革除马虎之心，养成凡事认真的态度（认认真真地对待工作中的每一件“小事”）、遵守规定的习惯、自觉维护工作环境整洁明了的良好习惯和文明礼貌的习惯。

1. 整理

（1）将工作场所任何东西区分为有必要的与不必要的。

（2）把必要的东西与不必要的东西明确地、严格地区分开来。

（3）不必要的东西要尽快处理掉。

2. 整顿

（1）物品摆放要有固定的地点和区域，以便寻找，消除因混放而造成的差错。

（2）物品摆放地点要科学合理。

（3）物品摆放要目视化，将摆放的区域加以标示区别。

3. 清扫

（1）将工作场所清扫干净。

（2）保持工作场所干净、亮丽的环境。

4. 清洁

将上面“3S”实施的做法制度化、规范化，并贯彻执行及维持结果。

5. 素养

通过集中培训、标准化训练等手段，提高全员的综合职业素质。培养每位成员养成良好的习惯，做事遵守规则。开展6S管理容易，但长时间的维持必须靠素养的提升。

6. 安全

强化员工安全意识，注重职业卫生安全，全员参与，重视预防，降低劳动强度，改善工作环境。

目前，6S管理已经发展到了10S管理。10S管理是在6S管理的基础上增加了4个S，即“节约”“速度”“坚持”“习惯”。这新增的4S，都与原来的6S有着息息相关的联系：6S中的“整理”“整顿”“清扫”“清洁”“素养”和10S中的“速度”“节约”都是侧重于务“实”，讲的是实际的日常行为规范，而6S中的“安全”和10S中的“坚持”“习惯”侧重于务“虚”，强调的是思想和方法、策略。

思考与练习

1. 简述仓库的概念与功能。
2. 仓库有哪些类型？

任务2 认识库房的布局与规划

一、仓库总体规划

仓库总体规划就是根据现代仓库总体设计要求，科学地解决生产和生活两大区域的布局问题，如生产作业区、办公区、生活区等，在规定的范围内进行统筹规划、合理安排，最大限度地提高仓库的储存和作业能力，并降低各项费用。

仓库规划提供了在已选定的区域内，对仓库主要建筑物（库房、料棚、装卸站台等）、料场、附属建筑物、铁路专用线、库区道路等进行全面合理布局的原则与方法。

1. 仓库库区规划

（1）生产作业区。生产作业区是仓储作业的主要场所，因而是库区的主体部分。主要包括库房、料棚、露天货场、铁路专用线、道路、装卸站台等。

库房用来存放需要隔热保温、保养条件要求较高的物资，如机电产品、化工材料等。货场用来存放大型或不需要在库房内存放的物资，如生铁、木料等。库棚用来存放不适合露天存放，又不需要在库房内存放或保管条件要求不太高的物资。

铁路专用线和库区道路是货物的运输通道，因铁路专用线具有一定运输能力，且安全快速，所以有条件的企业应尽量铺设，同时应考虑铺设地点，以便于物资装卸和集散，有利于库内短距离搬运，并尽可能缩短库内搬运距离。库区道路要通畅、简捷，要有足够的宽度。

装卸站台是火车或汽车装卸货物用的建筑平台，在港口则使用码头。站台高度与铁路货车车厢底面或汽车车厢底面高度相等，以便于叉车作业，站台的宽度和长度要根据作业方式和作业量大小而定。

（2）辅助生产区。辅助生产区包括机修车间、车库、包装间、配电室等，虽然不直接参与仓储作业，却是完成仓储作业所必需的区域，辅助生产区的布置应尽量减少占地面积，保证仓库安全。

（3）行政生活区。行政生活区包括办公区、食堂、值班宿舍等，行政生活区应与生产作业区和辅助生产区隔开。

(4) 其他布置。建筑物间距在符合防火规定的基础上，力求紧凑合理。库区要设置消防水管、排水系统，在多雨和沿江、沿海地区，要有防汛防涝设施。办公生活区及建筑物间要有绿化带。围墙的高度要满足防盗要求，同时应设实体围墙。

2. 库区布局的原则

(1) 有利于货物储存保管。储存保管是仓库的基本功能，库区布局要为货物的储存保管创造良好的环境，提供适宜的条件，因此，要合理确定库房的位置和朝向。

(2) 有利于实现作业的优化。仓库作业的优化包括提高作业的连续性，实现一次性作业，减少装卸次数，缩短搬运距离，要使一次性作业的装卸搬运量最少。

(3) 有利于仓库安全。布局要符合消防规定，要有防火、防盗、防水、防爆设施，同时要为发生险情时创造方便的援救条件。

(4) 有利于节省投资。在保证能够实现仓库的全部功能的基础上，尽量节省资金，另外，辅助设施如专用线和道路、供电、供水、供暖、排水、通信等设施，要合理布局。

(5) 有利于将来发展。在节约用地的同时，要预留一定的备用地，以备日后扩张之用。

(6) 总体布局要整齐美观。从美学角度出发，整个库区在满足上述原则的同时，要适当考虑总体布局的整齐美观。

3. 影响布局的主要因素

(1) 周围环境。仓库周围环境主要是指附近的地质情况、交通条件、供应商及客户的分布等，这可能对仓库的布局产生影响。

(2) 货物种类。仓库所要储存的货物种类及其理化特性、数量，针对其不同的储存条件也会对仓库的布局产生影响。储存普通货物和储存危险品货物有不同的布局要求。

(3) 仓库作业方式。这是指仓库是采用人工作业还是机械化作业或自动化作业；收料时是连续作业还是间歇作业，发料时是送料制还是领料制。

二、仓库内部规划

仓库内部规划的主要目的是提高仓库作业的灵活性和有效利用库房内部空间。在保证商品储存需要的前提下，要充分考虑到库内作业的合理组织，协调储存和其他作业的不同需要，合理地利用库内空间。

1. 仓库内部规划的原则

仓库内部规划的原则是在满足总体规划原则的基础上，最大限度地利用空间。充分利用仓库面积，减少作业距离，力求最短的作业线路，为商品的先进先出提供条件，有效地利用时间，此外布局还要考虑到通风和日照的要求，同时还要注意工人作业安全。

2. 仓库内部布局的特点

仓库按功能基本上可以分为两大类，即储备型仓库和流通型仓库，针对这两种不同类型的仓库在布局上有它们各自的特点。

(1) 储备型仓库的布局特点。储备型仓库是以商品保管为主，保管的商品一般周转较慢，以整进整出为主。例如：采购供应仓库、战略储备仓库等，这类仓库的主要任务是增加商品存储量，所以在布局时，重点考虑的是如何压缩非存储面积，增加存储面积。一方面要提高存储面积占仓库总面积的比例，严格核定非存储区域的占用面积；另一方面要合理安排作业通道的线路，适当减少作业通道的数量和长度，在保证机械设备可以使用的前提下，合理确定通道宽度。

（2）流通型仓库的布局特点。流通型仓库是以商品收发为主，储存的商品周转较快，频繁地进行入、出库作业，例如：批发零售仓库、中转仓库等。这类仓库为了适应大量商品经常进行入、出库作业的需要，布局时应该充分考虑提高作业效率的要求。与储备型仓库相比，缩小了存储区域面积，增加了拣货和出货准备区的面积，要根据拣货和出货作业量的大小，合理确定其区域的面积，避免出库场地过于狭小，作业拥挤，降低作业效率，同时为商品及时补充到出货区创造条件，以相对增加存储面积。

三、仓库的布局与设计的基本步骤

1. 决定仓库空间的步骤

决定仓库空间要经过这几个步骤：对公司产品的需求做出预测，决定各类产品的数量，计算各类产品所占的体积。

2. 决定仓库布局应考虑的空间

（1）与运输的接口。是指收货与运货接口，应关注收发货物的体积和频率。

（2）按订单进行分拣的空间。应至少留有两到三批次订单同时分拣作业的空间。

（3）存储空间。这是仓库布局的主要空间，该空间应根据货物类型、货主需要、物动量变化、保管要求等条件划分若干子存储空间。

（4）其他空间。如回收区域、办公区域、后勤区域等。

3. 布局与设计原则

布局与设计的原则为：能使用单层设施，将货物排成直线，能使用高效的物料搬运设备，要采用有效的存储计划，尽量减少过道所占空间，充分利用仓库（高度、容积）。

4. 仓库布局规划范例

如图 1—2—1 所示，某公司是以销售家电及电子产品零售为主的企业，其电器仓库在销售过程中主要是起到方便运输，平衡和调整供需在时间和空间上的差异和矛盾，保证和提升家电使用价值的作用。

（1）入库暂存区。入库暂存区是用来暂时存放入库的电器，电器在这里等待验收后就正式送入储存区进行储存。电器进入仓库时工作人员须完成接收电器的任务和电器入库之前的准备工作，如卸货、检验等工作。具体如下：先填写入库凭证，然后用叉车将电器运入暂存区，暂存区主要是验收入库电器的地方，以及提供暂时储存服务的区域。

（2）储存区。由于电器需要在这个区域内停留一段时间，并要占据一定位置，因此相对而言，储存区所占的面积比较大，它是配送中心的主体部分。

（3）配装区。由于多种原因，有些分拣出来并配备好的电器不能立即发送，需放在一个场所等待统一发货，这一放置和处理待发电器的场所即为配装区。在配装区内，工作人员根据电器的数量、种类进行分放、配车，并确定单独装运还是混载同运。

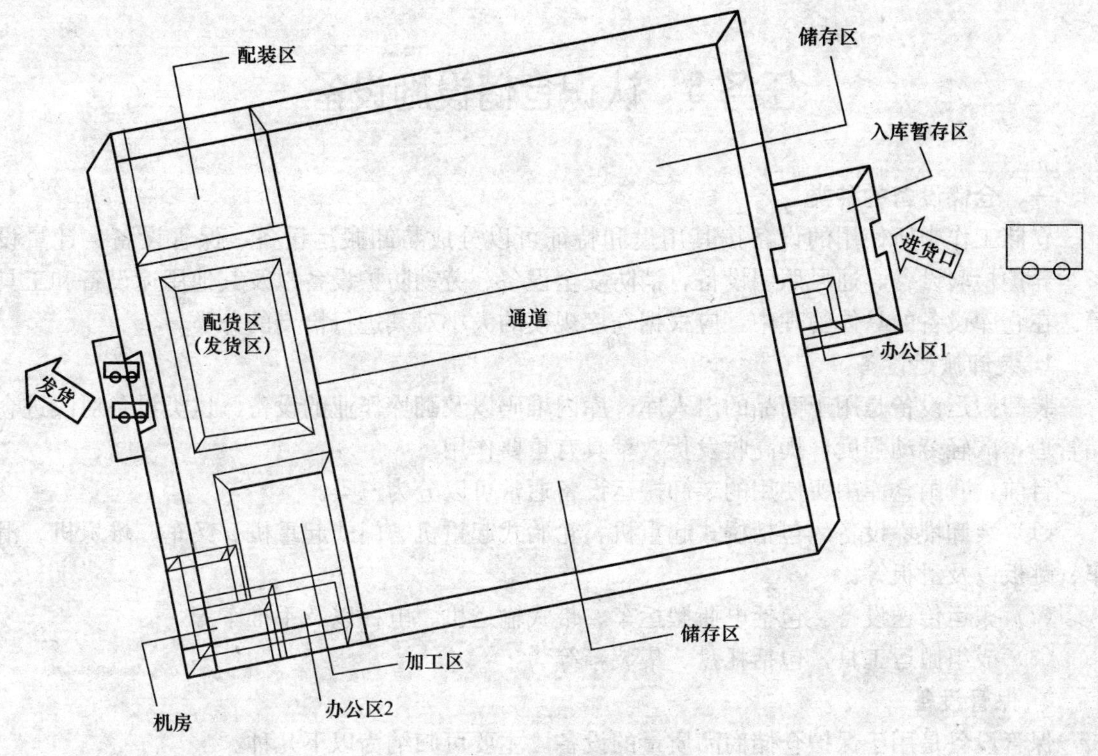

图 1—2—1　仓库内部设计图

（4）配货区（发货区）。配货区是工作人员将组配好的电器装车外运的作业区域。电器出库前工作人员要在配货区对工作质量加紧管理。此区设有计算机、扫描仪系统，并进行检验和包装作业，合理组织电器安全出库。

（5）加工区。主要对在某种规格上未达到要求的需出库电器，进行各种各样的加工的区域。

（6）办公区。建有办公室和休息室，工作人员随时可监控电器进出的动态和处理电器的订单等，可分为两个办公区。

1）办公区 1。收到电器时，对暂存区产品的管理，其管理主要包括：数量、质量、规格等的管理。

2）办公区 2。主要对储存区、配货区、加工区、配装区以及电器出库过程进行管理，其管理主要包括：数量、质量、规格等的管理。

思考与练习

1. 货品类别与库房布局有怎样的关系？
2. 库房的布局规划要点有哪些？
3. 简述库房布局规划的步骤。

任务3 认识仓储设施设备

一、仓储设备的种类

仓储工作中所使用的设备按其用途和特征可以分成装卸搬运设备、保管设备、计量设备、养护检验设备、通风照明设备、消防安全设备、劳动防护设备以及其他用途设备和工具等。在仓库设备的具体管理中，应根据仓库规模的大小对其进行恰当的分类。

1. 装卸搬运设备

装卸搬运设备是用于商品的出入库、库内堆码以及翻垛作业的设备。这类设备对改进仓储管理，减轻劳动强度，提高收发货效率具有重要作用。

目前，我国仓库中所使用的装卸搬运设备通常可以分为三类。

(1) 装卸堆垛设备。包括桥式起重机、轮胎式起重机、门式起重机、叉车、堆垛机、滑车、跳板以及滑板等。

(2) 搬运传送设备。包括电瓶搬运车、带式输送机、电梯以及手推车等。

(3) 成组搬运工具。包括托盘、集装箱等。

2. 保管设备

保管设备是用于保护仓储商品质量的设备。主要可归纳为以下几种。

(1) 苫垫用品。起遮挡雨水和隔潮、通风等作用。包括苫布（油布、塑料布等）、苫席、枕木、石条等。苫布、苫席用在露天堆场。

(2) 存货用具。包括各种类型的货架、货橱。

(3) 货架。即存放货物的敞开式格架。根据仓库内的布置方式不同，货架可采用组合式或整体焊接式两种，整体式的制造成本较高，不便于货架的组合变化，因此较少采用。货架在批发、零售量大的仓库，特别是立体仓库中起很大的作用。它便于货物的进出，又能提高仓库容积利用率。

(4) 货橱。即存放货物的封闭式格架。主要用于存放比较贵重的或需要特别养护的商品。

3. 计量设备

计量设备是用于商品进出时的计量、点数，以及货存期间的盘点、检查等的设备。如地磅、轨道秤、电子秤、电子计数器、流量仪、天平仪以及较原始的磅秤、卷尺等。随着仓储管理现代化水平的提高，现代化的自动计量设备将会更多地得到应用。

4. 养护检验设备

养护检验设备是指商品进入仓库验收和在库内保管测试、化验以及防止商品变质、失效的机具、仪器。如温度仪、测潮仪、吸潮器、烘干箱、风幕（设在库门处，以隔离内外温差）、空气调节器、商品质量化验仪器等。在规模较大的仓库，这类设备使用较多。

5. 通风照明设备

通风照明设备是根据商品保管和仓储作业的需要而设置的。

6. 消防安全设备

消防安全设备是仓库必不可少的设备。它包括报警器、消防车、手动抽水器、水枪、消防水源、沙土箱、消防云梯等。

7. 劳动防护设备

劳动防护设备主要用于确保仓库职工在作业中的人身安全。

二、货架

1. 货架的概念

在仓库设备中，货架是指用支架、隔板或托架组成的立体储存货物的设施。货架在物流及仓库中占有非常重要的地位，随着现代工业的飞速发展，物流量大幅度增加，为实现仓库的现代化管理，改善仓库的功能，不仅要求有足够的货架数量，而且要求货架具备多功能，并能满足机械化、自动化的需要。

2. 常用的货架类型

(1) 单元货格式货架。单元货格式货架，如图1—3—1所示，其在立体仓库中应用最为广泛，其结构特点是货架沿仓库宽度分为若干排，每两排货架为一组，各组货架之间留有堆垛机进行存取作业需要的巷道；沿仓库长度方向分为许多列，沿高度方向分为若干层，因而整个货架形成了储存货物的大量货格，货格的开口面向巷道。

图1—3—1　单元货格式货架

(2) 托盘货架。托盘货架是以托盘单元货物的方式来保管货物的货架，如图1—3—2所示，是机械化、自动化货架仓库的主要组成部分。托盘货架使用广泛，通用性强。其结构是货架沿仓库的宽度方向分成若干排，其间有一条巷道，供堆垛起重机、叉车或其他搬运机械运行，每排货架沿仓库纵长方向分为若干列，在垂直方向又分成若干层，从而形成大量货格，得以用托盘存储货物。

托盘货架的优点是：每一块托盘均能单独存入或移动，而不需移动其他托盘；可适应各

图 1—3—2　托盘式货架

种类型的货物，可按货物尺寸要求调整横梁高度；配套设备简单，成本低，能快速安装及拆除；货物装卸迅速，主要适用于整托盘出入库或手工拣选的场合。

这种货架适用于品种适中、批量一般的储存。通常设置在高 6 m 以下、3～5 层为宜。此外，它的出入库不受先后顺序的影响，一般的叉车都可使用。

(3) 窄巷道型货架。窄巷道型货架的通道仅比托盘的尺寸稍宽，继承了托盘式货架对托盘存储布局无严格要求的特点，能充分利用仓库面积和高度，具有中等存储密度。但是窄巷道货架需用特殊的叉车或起重机进行存取作业，同时还需要其他搬运机械配套运行，周转时间相比传统的货架较长。由于货架不仅有储存托盘的功能，还需有支撑和加固搬运设备的功能，因此对结构强度和公差配合要求极为严格，必须综合考虑，精确设计、安装。窄巷道型货架也可以同时集成货物暂存平台，大幅度提高存储效率。

(4) 驶入式货架。如图 1—3—3 所示，驶入式货架是一种不以通道分割的、连续性的整栋式货架，在支撑导轨上，托盘按深度方向存放，一个紧接着一个，这使得高密度存储成为可能，货物存取从货架同一侧进出，“先存后取，后存先取”。平衡重力式及前移式叉车可方便地驶入货架中间存取货物。

图 1—3—3　驶入式货架

驶入式货架投资成本相对较低，因为叉车作业通道与货物保管场所二合一，仓库面积利用率大大提高；但同一通道内的货物品种必须相同或同一通道内的货物必须一次完成出入库作业。适用于横向尺寸较大、品种较少、数量较多且货物存取模式可预定的情况，常用来储存大批相同类型货物，由于其存储密度大，对地面空间利用率较高，常用在冷库等存储空间成本较高的地方。

其特点是：储存密度高、存取性差；适合少品种大批量储存。不易做到先进先出管理。不宜存储太长太重的物品。

（5）驶出式货架。驶出式货架与驶入式货架的不同之处在于驶出式货架是贯通的，前后均可安排存取通道，可实现先进先出管理，如图 1—3—4 所示。

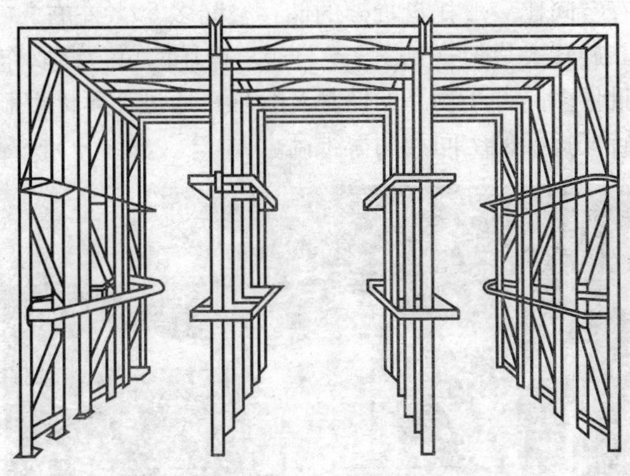

图 1—3—4　驶出式货架

（6）流动式货架。如图 1—3—5 所示，流动式货架之间没有间隔，不设通道，货架组合成一个整体。货架纵向贯通，贯通的通道具有一定的坡度，在每一层货架底部安装滑道、锟道等装置，使货物能在自重的作用下沿着滑道或锟道从高处向低处运动。存货时托盘从货架斜坡高端送入滑道，通过滚轮下滑，逐个存放；取货时从斜坡底端取出货物，其后的托盘逐一向下滑动待取，托盘货物在每一条滑道中依次流入流出。这种储存方式在排与排之间没有作业通道，大大提高了仓库面积利用率。降低了运营成本，但使用时，最好同一排、同一层上的货物，应为相同的货物或一次同时入库和出库的货物。此外，当通道较长时，在导轨上应设置制动滚道，以防止终端加速度太大。

图 1—3—5　流动式货架

这种货架适用于大量储存短时发货的货物；适用于先进先出的场合；空间利用率可达85%；但高度受限，一般在 6 m 以下。

流动式货架的储存空间比一般托盘货架的储存空间多 50%左右。

(7) 旋转式货架。旋转式货架（见图 1—3—6）操作简单，存取作业迅速，适用于电子元件、精密机械等少批量多品种小物品的储存及管理。通过计算机控制，可实现自动存取和自动管理。此外，旋转式货架的空间利用率很高。

图 1—3—6　水平旋转式货架

其特点为：省人力，增加空间；由标准化的组件构成，可适用于各种空间配置；存取出入口固定，货品不易丢失；计算机可快速检索和寻找储位，使拣货快捷；取料口高度符合人机学，作业人员可长时间工作。

(8) 移动式货架。如图 1—3—7 所示，移动式货架是一种在货架的底部安装有运行车轮，可在地面上运行的货架。按驱动方式不同可分为人力推动式、摇把驱动式和电动式。

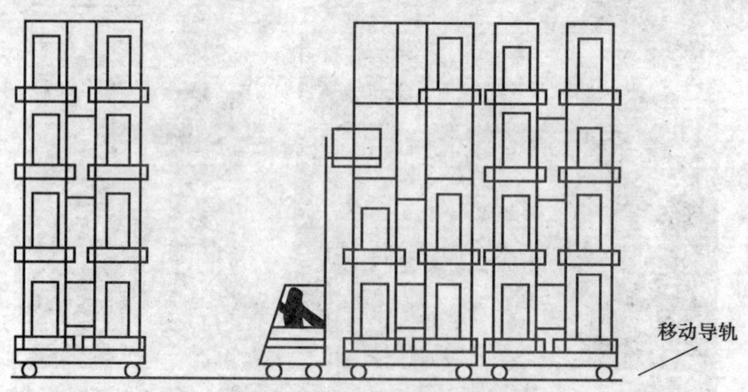

图 1—3—7　移动式货架

移动式货架因为只需要一个作业通道，所以可以提高仓库面积的利用率。广泛应用于办公室存放文档，图书馆存放档案文献，金融部门存放票据，工厂车间、仓库存放工具、物料等。适用于库存品种多，出入库频率较低的仓库；或库存频率较高，但可按巷道顺序出入库的仓库。

移动式货架的特点是：比一般固定式货架储存量大很多，节省空间；适合少品种大批量低频率保管；节省地坪面积，地面使用率达 80%；可直接存取每一项货品，不受先进先出的限制；高度可达 12 m，单位面积的储存量可达托盘货架的 2 倍左右。

（9）后推式货架。如图 1—3—8 所示，后推式货架是一种高密度托盘储存系统，它是将相同货物的托盘存入二、三和四倍深度又稍微向上倾斜可伸缩的轨道货架上，托盘的存放和取出是在同一通道上进行的，存入时叉车将托盘逐个推入货架深处，取出时托盘借重力逐个前移，因而最先放入的托盘是在最后取出的。该系统既能达到驶入型货架的仓容量，又能与托盘流动式货架有相似的取出能力。

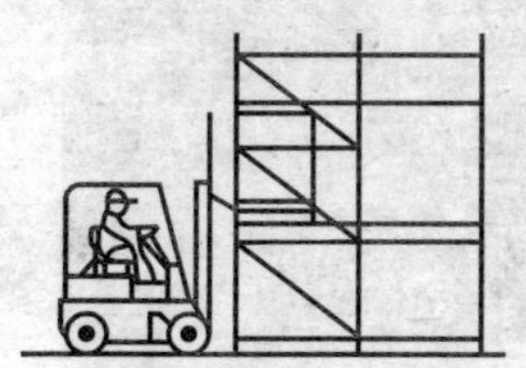
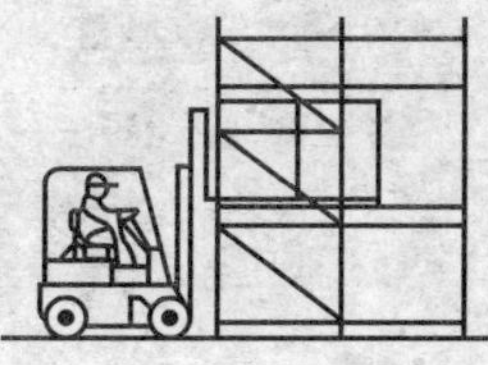
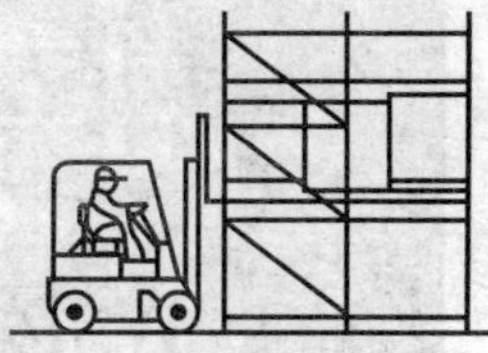

图 1—3—8　后推式货架

后推式货架的优点是：当某产品的托盘数量较大而又不要求先进先出时，能简化工作程序，效益极为显著；可缩短拣取时间，不需要特殊的搬运设备；由于储存面积较大，通道较少，故空间利用率和生产率都很高；能避免高密度储存货架在装卸作业中常易产生的货损。

（10）悬臂式货架。悬臂式货架（见图 1—3—9）适合存储长、大件货物和不规则货物，诸如钢铁、木材、塑料等。其前伸的悬臂具有结构轻巧、载重能力好的特点。如果增加隔板，特别适合空间小、高度低的库房，一般高度在 6 m 以下为宜，空间利用率低，约为 35%～50%。

图 1—3—9　悬臂式货架

(11) 阁楼式货架。阁楼式货架（见图 1—3—10）采用木板、花纹板、钢板等材料做楼板，可灵活设计成二层及多层，适用于五金工具、电子器材、机械零配件等物品的小包装散件储存。存放多品种、少批量货物时可充分利用空间。

其特点为：提高储存高度，增加空间利用率；上层仅放轻量物品。

图 1—3—10　阁楼式货架

三、托盘

托盘是用于集装、堆放、搬运和运输的放置作为单元负荷的货物和制品的水平平台装置。在平台上集装一定数量的单件货物，并按要求捆扎加固，组成一个运输单位，便于运输过程中使用机械进行装卸、搬运和堆存。托盘的分类如下。

1. 按托盘的结构分类

(1) 平托盘。平托盘（见图 1—3—11）。由双层板或单层板另加底脚支撑构成，无上层装置，在承载面和支撑面间夹以纵梁，可使用叉车或搬运车等进行作业。

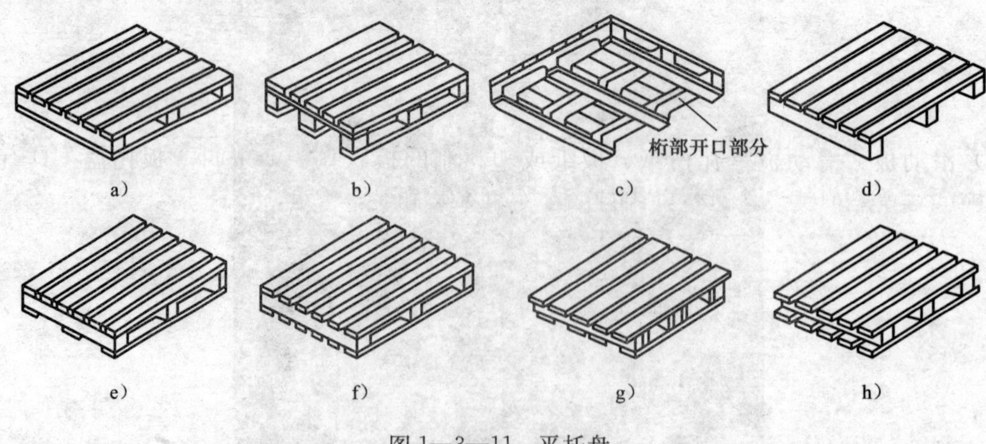

图 1—3—11　平托盘

（2）箱形托盘。箱形托盘是以平托盘为底，上面有箱形装置的托盘。四壁围有网眼板或普通板，顶部可以有盖或无盖。可用于存放形状不规则的物料。

箱形托盘有固定式、可卸式和折叠式三种，一般下部可叉装，上部可吊装，并可进行堆码（一般为四层）。金属箱式托盘还可用于热加工车间集装熟料。如图 1—3—12、图 1—3—13 所示。

图 1—3—12　网箱托盘

图 1—3—13　箱式托盘

（3）柱式托盘。柱式托盘是在平托盘基础上发展起来的，其特点是在不压货物的情况下可进行码垛（一般为四层）。托盘上的立柱大多采用可卸式的，高度多为 1 200 mm 左右，立柱的材料多为钢制，耐荷 3 t，自重 30 kg 左右。多用于包装物料、管材等的集装。如图 1—3—14 所示。

图 1—3—14　柱式托盘

（4）滚轮箱式托盘和滚轮保冷箱式托盘。滚轮箱式托盘是在箱式托盘下部安装脚轮的箱形设备，按上部结构的形式可分为固定式、可卸式和折叠式三种。

滚轮保冷箱式托盘是在滚轮箱式托盘上部安装有保冷装置的托盘，其保冷功能根据物品温度管理的范围划分成一类（－18℃以下）和二类（0～10℃）两种。

（5）滑动板。滑动板是瓦楞纸、板纸或塑料制的板状托盘，也叫薄板托盘，具有轻、薄、价廉的特点，但需要带有特殊附件的叉车进行装卸。

2. 按制作的材料分类

按制作的材料分，托盘有：木托盘、胶合板托盘、钢托盘、铝托盘、纸制托盘、塑料托盘等多种。

（1）塑料托盘。塑料托盘与钢托盘、木托盘相比具有质轻、平稳、美观、整体性好、无钉无刺、无味无毒、耐酸、耐碱、耐腐蚀、易冲洗消毒、不腐烂、不助燃、无静电火花、可回收等优点，使用寿命是木托盘的 5～7 倍，是现代化运输、包装、仓储的重要工具，是国际上规定的用于食品、水产品、医药、化学品、立体仓库等各企业之储存必备器材。但由于成本较高，使用不普及。

（2）金属托盘。金属托盘的明显优点是承重能力强、结构牢靠、不易损坏；缺点也很明显，即自身重量大，容易锈蚀。

另外，按托盘的形状不同托盘还可分为双面叉、四面叉、单面使用型、双面使用型等。

3. 托盘标准化

设备形状的标准化，在物流领域是一个非常重要的问题，托盘标准化也是如此。托盘如果只在工厂和仓库里使用，是不能充分发挥其效益的，只有全程托盘化，即以商品单位为搬运单位，运输到目的地后又连同托盘一起搬运，才能取得良好的效果。实施全程托盘化，必然涉及托盘回收的问题。将商品装在托盘上送到目的地时，既不能将托盘放下不管，也不能等对方卸下商品再带回空托盘，那样会导致时间效率差，因此，托盘交换系统就显得很重要。商品送到的时候，或者带回同样数量的空托盘，或者集中起来委托专业回收公司送回。为此，必须做到托盘标准化，这是最基本的条件。

四、叉车

叉车享有万能装卸机的美称，是物流领域最常用的具有装卸、搬运双重功能的机械，它以货叉作为主要的取货装置，依靠液压起升机构升降货物，由轮胎式行驶系统实现货物的水平搬运。叉车除了使用货叉以外，还可以更换各类装置以适应多种货物的装卸、搬运和作业。如图 1—3—15 所示。

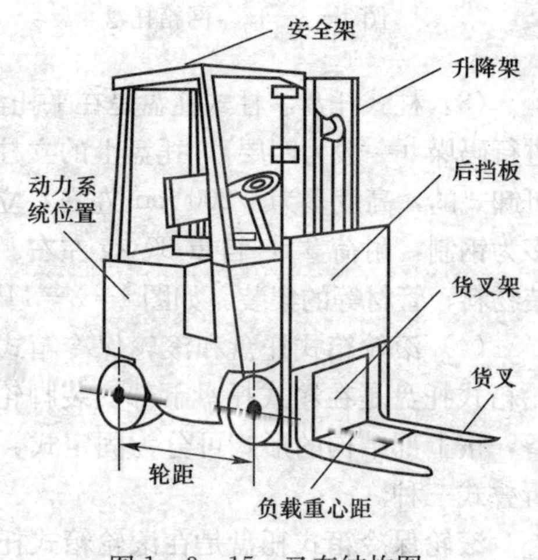

图 1—3—15　叉车结构图

以下具体介绍在仓储系统中常用的几种叉车。

1. 手动托盘车与电动托盘车

手动托盘车与电动托盘车都是用于平面点到点搬运的工具。小巧灵活的体形使手动托盘车几乎适用于任何场合。但由于是人工操作，当搬运 2 t 或以上质量的物品时会比较吃力，所以通常用于15 m左右的短距离频繁作业，尤其是装卸货区域。在未来的物流各环节中，手动托盘车也将承担各个运输环节之间的衔接任务，在每一辆货车上配备一辆手动托盘车，将使得装卸作业更加快捷方便，并且不受场地限制。

当平面搬运距离在 30 m 左右时，步行式的电动托盘车无疑是最佳选择，其行驶速度通过手柄上的无级变速开关控制，跟随操作人员步行速度的快慢，在降低人员疲劳度的同时，保证了操作的安全性。如主要搬运路线距离在 30 ～70 m，可以采用带踏板的电动托盘车，驾驶员站立驾驶，最大速度可提高近 60％。

2. 电动托盘堆垛机

如图 1—3—16 所示，电动托盘堆垛机是一种轻型的室内用提升堆垛设备，车身比较轻巧，通过车身前部的支撑臂加长配重的力臂，以平衡载荷。由于支点在荷载重心的外侧，配重力臂远大于荷载力臂，所以较小的配重即可提升起较大的载荷。以某企业生产的电动托盘推垛机为例，额定载荷 1.4 t，而自重仅 955 kg，车长、车宽、转弯半径也相应较小，这些特点使其在楼层式仓库或其他空间较小的储存环境中尤为适用。

该系列载重范围为 1～1.6 t，最大提升高度为 5 350 cm，3～4 m 的背靠背式重型托盘货架为其最常用也是最能发挥其效益的环境，是小型仓库经济的选择。

使用电动托盘堆垛机也有一定的限制，由于货叉需与支撑臂同时伸入托盘底部才可操作托盘，故双面板无法使用；同样在使用驶入型货架时，出于平衡与承重的考虑，通常将托盘双面的一面作为叉车操作面，此时电动托盘堆垛机也无法使用。配合使用电动托盘堆垛机的货架设计，常常会在底层高出地面约 100 mm 安装横梁，第一层货物搁于底梁而非地面以便于叉车定位。

图 1—3—16　电动托盘堆垛机

3. 平衡重式叉车

平衡重式叉车是一种在车体前方设有货叉和门架，而在车体尾部设有平衡重的装卸作业车辆，简称叉车。这是使用最广泛、用量最大的一个系列。由于没有支撑臂，需要较长的轴距与较大的配重来平衡荷载，所以车身尺寸与重量很大，需要较大的作业空间。同时，货叉直接从前轮的前方叉取货物，对容器没有任何要求；底盘较高，使用橡胶胎或充气胎，使其具有很强的爬坡能力与地面适应能力。因此适用于装卸货物及室外搬运。

以内燃机为动力的平衡重式叉车，简称内燃叉车。按动力可分为柴油、汽油、液化石油气三种类型；按传动方式又可分为机械传动、液力传动、静压传动三种形式。静压传动是目前内燃叉车最理想、最先进的传动方式，主要特点是起步柔和、无级变速、换向迅速、维修简单，可靠性高。在户外短距频繁往返搬运时采用静压传动型内燃叉车效率明显提高。

以电瓶为动力的平衡重式叉车，简称电瓶叉车，如图 1—3—17 所示。它具有操作容易，无废气污染的特点，适合在室内作业。随环保要求的提高，其需求量越来越大，尤其是中、小吨位的叉车。电瓶叉车可进一步分为三轮叉车与四轮叉车，前轮驱动叉车与后轮驱动叉车。转向与驱动都是由后轮主动力支持的称为后轮驱动，优点是成本较低，相对前轮驱动来说较容易定位，缺点是当在光滑的地板及斜坡上行走时，载荷提升时驱动轮压力会减轻，驱动轮可能打滑，因此，现在大多数的电瓶叉车都采用双电动机前轮驱动。三轮平衡重叉车与四轮平衡重叉车相比，转弯半径小，比较灵活，最适用于集装箱内部掏箱作业。现在，一些叉车生产厂家将交流电技术用于电动平衡重叉车，在使得叉车性能整体得到很大提高的同时，后期维护成本大大降低，此项技术被称为叉车的未来技术。

图 1—3—17　电瓶叉车

4. 前伸式叉车

如图 1—3—18 所示，前伸式叉车的门架（或货叉）可以前后移动，它结合了有支撑臂的电动堆垛机与无支撑臂的平衡重叉车的优点，当门架（欧洲设计多为门架前伸，美国设计多为货叉前伸）前伸至顶端，载荷重心落在支点外侧，此时相当于平衡重叉车；当门架完全收回后，载荷重心落在支点内侧，此时即相当于电动堆垛机。这两种性能的结合，使得在保证操作灵活性及高荷载性能的同时，体积与自重不会增加很多，最大限度地节省作业空间。

图 1—3—18　前伸式叉车

这一系列的设备目前已逐渐成为室内高架存取的主要工具。现在，前伸式叉车最大提升高度已达到 11.5 m，载重范围为 1～2.5 t，并且发展出用于存取长管件的多向前伸式叉车、室内外通用型前伸式叉车等特殊用途产品。

前伸式叉车最具效益的操作高度为 6～8 m，相当于建筑物高度在 10 m 左右。此高度也是目前最常见的卖场、配送中心、物流中心、企业中心仓库的建筑高度。在此高度范围内，操作人员视线可及，定位快捷，效率较高。当操作高度大于 8 m 时使用前伸式叉车在叉取定位时需要慢速仔细，通常可以加装高度指示器、高度选择器或者摄像头等辅助装置。

5. VNA 系列叉车

如果仓库面积较小，高度较高，而需要很大的储存量及较高的搬运效率，若不想花费巨大的投资在自动仓库上，那么高架堆垛机是最佳的也是唯一的选择。通常把高架堆垛机及高位拣料车称为 VNA，其最主要的特点是货叉可作三向旋转，或直接从两侧叉取货物，在巷道中无须转弯，因此所需的巷道空间是最小的。VNA 系列叉车的最大提升高度超过 14 m，巷道宽度通常在 1 600 mm 左右，载重量最大为 1.5 t，在制药行业、电子电器行业使用较为普遍。

高架堆垛机又可分为上人式和不上人式两种，驾驶舱作为主提升随门架同时上升称为上人式，优点是任何高度都可以保持水平操作视线，保证最佳视野以提高操作安全性。同时由于操作者可以触及货架任何位置的货物，故可以同时用于拣货及盘点作业。

为了使高架堆垛机在通道内始终保持直线行驶，有磁导引及机械式导引两种方式。磁导引由于必须在巷道中央切割埋上磁导线，容易破坏地坪并且不易搬迁调整，故目前使用最多的是机械式导引。采用机械式导引需要与货架配合，在巷道的两侧安装钢轨，通过车身导轮及其他辅助装置导入巷道并沿直线行驶。VNA 系列叉车又称为系统车，需考虑的各方面配合较多，因此对每一个案均应单独设计。

传统的仓库设计，通常是先有了建筑物，再考虑其中的布局规划及机械设备，常常造成投资上的浪费。通过生产计划的分析与预测，选择合理的物流储存方式，再进行土建的设计规划，或者二者同步进行，才能获取最佳的投资收益。叉车的选择与存储形式的设计是密不可分的，设备选型的失误，往往会造成实际操作中效率低下或者容易发生事故，严重的需拆除重建。所以在仓储系统初期设计及设备选型时，不仅要考虑每一系列车型所适用的高度与巷道空间，而且要结合自身条件进行其他因素的综合考虑。

五、其他仓储设备

1. 输送机

输送机是按照规定路线连续地或间歇地运送散料物料和成件物品的搬运机械，是现代物料搬运系统的重要组成部分。输送机系统是由两个输送机及其附件组成的一个比较复杂的工艺输送系统，完成物料的搬运、装卸、分拣等工作。广泛应用于工厂企业的流水生产线、物料输送线及流通中心、配送中心，以进行物料的快速拣选和分拣。

根据货物性质的不同，输送机可分为间歇性输送机（主要用于集装单元的装卸搬运）和连续性输送机（主要用于散货的装卸搬运）两类。

连续运输机是以连续的方式沿着一定的线路从装货点到卸货点均匀输送散装货物和成件包装货物的机械。出入库输送机便是一种典型的连续输送机械。

由于连续输送机是运送散货的，所以对应散货的特性。连续输送机具有不受距离远近的影响、工作效率高、自动控制性好、速度稳定等特点。

2. 分拣输送系统

分拣输送系统是将随机的、不同类别的、不同去向的物品，按其要求（产品类别或产品目的地）进行分类的一种物料搬运系统。随着社会生产力的提高，商品品种的日益丰富，在生产和流通领域中的物品分拣作业，已成为耗时、耗力、占地大、差错率高、管理复杂的一个部门。为此，物品分拣输送系统已经成为物料搬运系统的一个重要分支，广泛应用于邮电、航空、食品、医药等行业以及流通中心和配送中心等。

在分拣输送系统中，分拣机是最主要的设备。分拣机的种类很多，按工作方式可分为横向推出式分拣机（见图 1—3—19）、升降推出式分拣机（见图 1—3—20）、倾斜式分拣机（见图 1—3—21）、悬吊式分拣机（见图 1—3—22）。

3. 巷道堆垛机

巷道堆垛机是在高层货架的窄巷道内作业的起重机，可大大提高仓库的面积和空间利用率，是自动化仓库的主要设备，又称有轨堆垛机。巷道堆垛机的质量一般在 2 t 以下，有的也可达 5 t，使用这种设备的仓库的高度最高达 40 m，大多数为 10～25 m。它的主要用途是：在立体仓库的货架巷道间来回穿梭运行；将位于巷道口的货物存入货格，或者相反取出货格内的货物运送到巷道口。这种作业工艺对巷道堆垛机在结构和功能方面提出了一系列严格的要求。巷道堆垛机按用途分为单元型、拣选型和单元拣选型三种；按机械结构分为单立柱/双立柱（见图 1—3—23）、单叉/双叉和单伸位/双伸位；按转移巷道方法分为固定式、转移式和转移车式三种。

图 1—3—19　横向推出式分拣机

图 1—3—20　升降推出式分拣机

图 1—3—21　倾斜式分拣机

图 1—3—22　悬吊式分拣机

图 1—3—23　单立柱/双立柱巷道堆垛机

巷道堆垛机的控制方式可分为四种。

(1) 手动控制方式。手动控制是堆垛机最基本的控制方式。这种方式是由操作人员在司机室内通过手柄或按钮来操纵运行、起升、货叉伸缩等动作的，认址、变速、对准等全部靠司机来完成。该方式控制设备简单、经济，司机劳动强度较大，作业效率低，适用于出入库频率不高、规模不大的仓库。

(2) 半自动控制方式。这种控制方式是手动控制方式的改进，半自动控制巷道堆垛机的自动化程度各不相同，但基本功能是：当司机用手柄或按钮发出运行（升降）机构的换速信号后，堆垛机的运行（升降）机构所配置的检测装置自动发出该机构的停车信号。能否自动停准，这是半自动控制方式与手动控制方式的主要区别。自动停准功能可显著提高堆垛机的作业效率，减轻司机的劳动强度。除自动停准功能外，有的堆垛机还有自动换速、自动认址、自动完成货叉伸缩存取货物的功能。其控制设备除手动操纵盘外，一般还设有简单的继电器控制装置。它具有经济实用、便于维修等优点，适用于出入库比较频繁、规模不大的仓库。

(3) 自动控制方式。这种方式的主要特点是堆垛机上不需要司机。在机上便于地面操作的部位装有设定器，操作人员站在巷道口的地面，通过机上设定器设定出入库作业方式和地址等数据。机上装有自动认址装置和自动逻辑控制装置，在操作人员设定完并按下启动按钮后，堆垛机开始自动运行、升降、认址、停准及存取货物等动作，实现堆垛机的自动操作。

机上控制装置可以是继电器式、专用或通用顺序控制装置，也可使用单片机。设定器可以采用数字按钮、选择开关、拨码开关及读卡器等。读卡器可使用专用的条码或磁卡读取器，或穿孔专用卡片上穿有相应货格地址的信息孔，通过专用读卡器进行地址设定。自动控制方式具有操作简单、作业效率高等优点，适用于出入频率高，起重机台数不多且未配置输送机的中小规模（货位一般不超过 2 000 个）仓库。

(4) 远距离集中控制方式。远距离集中控制方式是指出入库作业的控制装置和地址设定器安装在地面集中控制室内，操作者通过计算机设定出入库地址和作业方式，并输入到地面或机上的控制装置（包括计算机）中，经过计算和判断后发出堆垛机运行的控制命令，实现堆垛机的远距离集中控制。由于地面控制装置远离巷道和堆垛机，需要配备堆垛机与地面控制之间的信息传送系统，此控制方式常用于较大容量（货格数在 2 000 个以上）的仓库，特别是低温、黑暗、存储有害物料等特殊环境的仓库。远距离集中控制方式可以节省人力，改善劳动条件，提高仓库作业效率，但最初投资和维护费用较高。

思考与练习

常用的仓储设备有哪些？

任务4　货位编号与储位分配

现代仓储管理与传统的仓储管理相比，更加注重仓储的时效性，是一种动态的管理，重视商品在拣货出库时的数量位置变化，从而配合其他仓储作业。储位管理就是利用储位来使商品处于“被保管状态”并且能够明确显示所储存的位置，同时当商品的位置发生变化时能够准确记录，使管理者能够随时掌握商品的数量、位置以及去向。

一、储位管理的原则

储位管理与其他管理一样，其管理方法必须遵循一定的原则，其基本原则有以下三个。

1. 储位标志明确

先将储存区域详细划分，并加以编号，让每一种预备存储的商品都有位置可以存放。此位置必须是很明确的，而且是经过储位编码的，不可以是边界含糊不清的位置，例如走道、楼上、角落、某商品旁等。需要指出的是仓库的过道不能当成储位来使用，虽然短时间内会得到一些方便，但会影响商品的进出，违背了储位管理的基本原则。

2. 商品定位有效

依据商品保管方式的不同，应该为每种商品确定合适的储存单位、储存策略、分配规则，以及其他储存商品要考虑的因素，把货品有效的配置在先前所规划的储位上，例如是冷藏的商品就该放在冷藏库，流通速度快的商品就该放置在靠近出口处，香皂就不应该和食品放在一起等。

3. 变动更新及时

当商品被有效地配置在规划好的储位上之后，接下来的工作就是储位的维护，也就是说商品不管是因拣货取出，或是商品被淘汰，或是受其他作业的影响，使得商品的位置或数量发生了改变，都必须及时地把变动情形加以记录，以使记录与实物数量能够完全吻合，如此才能进行管理。由于此项变动登记工作非常烦琐，仓库管理人员在繁忙的工作中会产生惰性，使得这个原则成为进行储位管理中最困难的部分，也是目前各仓库储位管理作业成败的关键所在。

二、储位管理的对象

储位管理的对象分为保管商品和非保管商品两部分。

1. 保管商品

保管商品是指在仓库的储存区域中的保管商品，由于它对作业、储放搬运、拣货等方面有特殊要求，使得其在保管时会有很多种的保管形态出现，例如托盘、箱、散货或其他方式，这些虽然在保管单位上有很大差异，但都必须用储位管理的方式加以管理。

2. 非保管商品

（1）包装材料。包装材料指一些标签、包装纸等。由于现在商业企业促销、特卖及赠品等活动的增加，使得仓库的贴标、重新包装、组合包装等流通加工的比例增加，对于包装材料的需求也越大，因此必须对这些材料加以管理，如果管理不善，会影响到整个作业的进行。

（2）辅助材料。是指一些托盘、箱、容器等搬运器具。目前由于流通器具的标准化，使得仓库对这些辅助材料的需求越来越大，依赖也越来越严重。为了不影响商品的搬运，就必须对这些辅助材料进行管理，制定专门的管理办法。

（3）回收材料。是指经补货或拣货作业拆箱后剩下的空纸箱。虽然这些空纸箱都可回收利用，但是这些纸箱形状不同，大小不一，若不保管起来，很容易造成混乱，而影响其他作业，因此必须划分一些特定储位来对这些回收材料进行管理。

三、储位管理的要素

储位管理的要素有储位空间、商品、人员及储放、搬运设备与资金等。

1. 储位空间

仓库从功能上可分为仓储型仓库和流通型仓库，所以在储位空间的分配上，对于仓储型仓库，主要是仓库保管空间的储位分配；而对于流通型仓库，则应为便于拣货及补货进行储位分配。在分配储位时，确定储位空间，应先考虑空间大小、柱子排列、梁下高度、过道、设备作业半径等基本因素，再结合其他因素综合考虑，才能合理安排储存商品。

2. 商品

管理放在储位上的商品，要考虑商品本身的影响因素，这些因素主要有以下几点。

（1）供应商。是指商品的供货渠道，是自己生产的还是购入的，有没有行业特点。

（2）商品特性。是指商品的体积大小、重量、单位、包装、周转率、季节性的分布及自然属性，温湿度的要求，气味的影响等。

（3）数量的影响。如生产量、进货量、库存量、安全库存量等。

（4）进货要求。如采购前置时间，采购作业特殊要求等。

（5）种类。包括种类类别、规格大小等。

放置时应该考虑：存储单位（单个、箱、托盘）、储位策略（定位存储、随机存储、分类存储、还是分类随机存储，或是其他的分级、分区存储）、储位分配原则、商品特性、补货的方便性、单位在库时间、订购频率等。

商品摆放好后，就要进行有效的在库管理，随时掌握库存状况，了解其种类、数量、位置、入出库状况等所有资料。

3. 人员

人员包括仓管人员、搬运人员、拣货补货人员等。仓管人员负责管理及盘点作业，拣货人员负责拣货作业，补货人员负责补货作业，搬运人员负责入库、出库作业、翻堆作业（为了商品先进先出，通风，气味避免混合等目的）。而人员在存取搬运商品时，在仓库的作业中，讲求的是省时、高效。而在照顾员工的条件下，讲求的是省力。因此要达到存取效率高、省时、省力的目的，这就要求作业流程方面要合理化；而储位配置及标示要简单、清楚，一目了然；且要好放、好拿、好找；表单要简单、标准化。

4. 储放、搬运设备与资金

相比较储位空间、商品、人员来说，储放、搬运设备与资金是关联要素，在选择搬运设备时，要考虑商品特性、商品的单位、容器、托盘等因素，以及人员作业时的流程，储位空间的分配等，还要考虑设备成本与人员操作的方便性。各储位应统一编码，编码规则必须明了易懂，好操作。最后就是资金要有预算，如果超出预算，要看是否能够产生相应效益。

四、储位管理的范围

在仓库的所有作业中，所用到的保管区域均是储位管理的范围，根据作业方式不同分为：预备储区、保管储区、动管储区。

1. 预备储区

预备储区是商品进出仓库时的暂存区，预备进入下一保管区域之用。虽然商品在此区域停留的时间不长，但是也不能在管理上疏忽大意，而给下一作业程序带来麻烦。

在预备储区，不但要对商品进行必要的保管，还要将商品打上标志、分类，再根据要求摆放整齐。为了在下一作业程序中节省时间，标志与看板的颜色要一致。

对于进货暂存区，在商品进入暂存区前应先分类，暂存区域也应先行标志区分，并且配合看板上的记录，商品依据分类或入库上架顺序，分配到预先规划好的暂存区储存。

对于出货暂存区，所要配送的商品，每一车或每一区域路线的配送商品必须排放整齐并且加以分隔，摆放在事先标志好的储位上，再配合看板上的标志，并按照出货单的顺序进行装车。

2. 保管储区

这是仓库中最大、最主要的保管区域，商品在此的保管时间最长，且在此区域以比较大的存储单位进行保管，所以是整个仓库的管理重点。为了最大限度地增大储存容量，要合理运用储存空间，提高使用效率。为了能够对商品的摆放方式、位置及存量进行有效的控制，应考虑储位的分配方式、储存策略等是否合适，并选择合适的储放和搬运设备，以提高作业效率。

3. 动管储区

这是在拣货作业时所使用的区域，此区域的商品大多在短时期内被拣取出货，其商品在储位上流动频率很高所以称为动管储区。由于这个区域的功能在于提供拣货的需求，为了让拣货时间及距离缩短、降低拣错率，就要求在拣取时能很方便、迅速地找到商品所在的位置，因此储存的标志与位置指示就显得非常重要，而要让拣货顺利进行及拣错率降低，就得依赖一些拣货设备来完成，例如计算机辅助拣货系统 CAPS、自动拣货系统等，动管储区的管理方法就是这些位置指示及拣货设备的应用。

对于现在仓库大多是少量、多样、高频率出货的现状，一般仓库的基本作业方式已经不能满足现实需要，动管储区这一管理方式的出现，恰恰符合了这一需求，其效率的评估与提高在仓库作业中已被作为重要的一部分。

动管储区的主要任务是对储区货物的整理、整顿和对拣货单的处理。

在仓库中进行整理、整顿的工作，将使寻找商品的时间缩短，并可缩短行走的距离，而使效率提升。因为一般仓库的拣货作业，真正在拣取时所花费的时间很短，但花费在寻找商品、行走的时间特别多。若能有效地进行整理、整顿，并将货架编号、商品编号、商品名称进行简明的标志，再利用灯光、颜色进行区分，不但可以提高拣货效率，同时也可以降低拣错率。但对于商品的变动及储位的变更，一定要及时更改记录，以掌握最正确的信息。

拣货单在设计时应对各个项目，如货架编号、货号、数量、品名等合理安排顺序，以免拣货时产生一位多物、一号多物、拣错等错误出现。

五、货位编号方法

货位编号是将库房、货场、货棚、货垛、货架按物品的存放具体位置顺序，统一编列号码，并做出明显标志。

1. 库房的编号

把整个仓库的所有储存场所，依其地面位置按顺序编号；库房的号码可统一写在库房外墙上或库门上，编号要清晰醒目，易于查找。

对库房、货棚、货场齐备的仓库，在编号时，对房、棚、场应有明显区别，可加注“棚一”或“场一”等字样。无加注字样者，即为库房的编号。对多层库房的编号排列，常采用三位数编号、四位数编号或五位数编号。三位数编号是用三个数字或字母依次表示库房、层次和仓间，如131编号，表示1号库房、3层楼、1号仓间。四位数编号是用四个数字或字母依次表示库房、层次、仓间和货架，如1331编号，表示1号库房、3层楼、3号仓间、1号货架。五位数编号是用五个数字或字母依次表示库房、层次、仓间、货架、货格，如13311，表示1号库房，3层楼，3号仓间，1号货架，1号货格。

2. 库房内货位编号

是指根据库内业务情况，按照库内主干支干道分布，划分为若干货位，按顺序以各种简明符号与数字来编制货区、货位的号码，并标于明显处。

3. 货架上的货位编号

在收储整个货物的仓库里，货架的作用主要是提高库房高度利用率，方便查找货架上的货物，因此必须对货架上的货位进行编号，通常情况下，对货架上的货位进行编号有下列三种方法。

（1）以排为单位的货架货位编号。这种编号方法，就是将仓间内所有的货架，以进入库门的方向，自左而右按照排编号，继而对每排货架的夹层或格眼，在排的范围内按照自上而下、自前而后的顺序进行编号。例如5号仓间设置16排货架，每排上下4层共有16个格眼，如货架货位编号为5—8—7，指的是5号库房，第8排货架，第7号格眼。

（2）以品种为单位的货架货位编号。这种编号方法，就是将库房内的货架，以货物的品种划分储存区域后，再以品种占用储存区域的大小，在分区编号的基础上进行格眼编号。若以某货位为例，第1排至第4排为皮鞋区，第5排至第8排为布鞋区，第9排至第12排为胶鞋区，第13排至第16排为童鞋区。货架货位编号5胶4/9，指的是5号仓间胶鞋区第9排货架第4号格眼。

（3）以商品编号代替货架货位编号。这种编号方法，对于进出频繁的零星散装商品有很大好处，它可避免两套编号的麻烦。在编号时要掌握货架格眼的大小、多少与存放商品的数量、体积大小相适应。例如化工公司经营的某类药品的编号从10101～20845号，储存货架的一个格眼可放10个编号的药品，则在货架格眼的木档上制作10101～10110号的编号并以此类推。

在收发零星物品及进行拼装作业的仓库，往往在一个库房有许多货架，每个货架有许多格，作为存货的货位。可先按一个仓库内的货架进行编号，然后再对每个货架的货位按层、位进行编号。常采用的是“四号定位”方法，即第一位，表示库序号；第二位，表示货架号；第三位，表示货架层号；第四位，表示货位号。顺序应从上到下，从左到右，从里到外。

4. 货场货位编号

货场货位编号常见的方法有两种：一种是在整个货场内先按排编上排号，然后再按各排货位顺序编上货位号；另一种是不分排号，直接按货位顺序编号。对于集装箱堆场，应对每个箱位进行编号，并画出箱门和四角位置标记。

当商品入库后，应将商品所在货位的编号及时登记在账册上或输入电脑。货位输入的准确与否，直接决定了出货的准确性，应认真仔细操作，避免差错。当商品所在的货位发生变动时，该商品账册上的货位编号也应作出相应的调整。为提高货位利用率，一般同一货位可以存放不同规格的商品，但必须配备区别明显的标志，以免造成差错。

六、仓库分区管理的一般注意事项

1. 货位布置方式

货位布置方式一般有横列式、纵列式和混合式三种。所谓横列式，就是货垛或货架与库房的宽平行。若货垛或货架与库房的宽垂直排列，就是纵列式。两者皆有，则为混合式。库房的长和宽要为货位的长和宽的整数倍，以便提高库房面积利用率。这种布置方式有利于库内通风和物资进出库，较好地利用自然采光，但这种方式支道多，面积利用率低，特别是采用叉车作业时，这种货位布置使叉车必须进行直角转弯，操作不便，并需要足够宽的通道，减少了储存面积。因此当采用托盘储存结合叉车作业时，可采用不同的布置形式。

2. 正确处理托盘、通道与存储空间的关系

保管品种多且出入库频繁时，托盘应尽可能紧靠通道，以减少通道宽度和缩短叉车行走距离。如果商品品种多且每个品种数量较大，亦可在通道每侧堆存两列或更多列的托盘，以节约储存面积。库房纵向两端的托盘可用横向排列（与装卸线平行），库内之间的托盘采取纵向排列，可以保证托盘堆垛稳固，避免一个货位两头同时作业，以策安全。

3. 通道的宽度

通道的宽度主要取决于叉车的回转半径、货物的外形尺寸以及其他因素。通道所需的宽度，用 A 表示，则其公式：$A=r-r_1$。其中 r、r_1 分别为叉车的外侧和内侧的回转半径。由于叉车的转向轮在转弯时要向一边滑动，故回转半径稍增大，在确定通道宽度时，应适当增加一些余量。为了减小通道的宽度，充分利用仓库面积，可将通道一边的货盘斜堆成 30°或 45°，使叉车取货时只需要作 30°或 45°转向，由此通道宽度可以减少 1/2。采用托盘储存的库房最好设有收发货的配货场，以便有机动场所可供货物进出检查、安排货位之用。空托盘的堆放位置，既要便于使用时搬取，也要便于管理维修。通常将空托盘放于库门旁，以便向库边站台搬运。

4. 零星货物区域

零星货物可堆放在零星小件储存区中，这个库区可供拼凑装盘的小件货物堆放之用，应尽量靠近磅秤，以减少过磅搬运的距离。该货区应明显易找，货位划分较小。

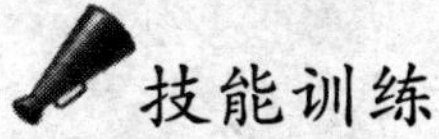

技能训练

某企业A仓库是某地区专为大型超市做物流存储与配送的物流中心，其仓库格局大致为主干通道南北通透，仓库布局东西分置，分区情况为：

A	B	C	D	E
立体仓西区	立体仓东区	托盘库西区	托盘库东区	平置库区

货位编码的规则为：

第1位	第2位、第3位	第4位、第5位	第6位、第7位
区号	排	层	列

其商品储存区域规则为：

立体仓西区	立体仓东区	托盘库西区	托盘库东区	平置库区
电子产品	电器产品	日化产品	轻工产品	体积超过1 m^3大件

货位分配按照商品的物动量进行ABC分类，其规则为：

	A类货品	B类货品	C类货品
原则	就近就低	远近适中	剩余货位
立体库区	1排1层1列～1排6层3列 2排1层1列～2排6层3列	1排1层4列～1排6层6列 2排1层4列～2排6层6列	剩余货位
托盘库区	1排1层1列～1排3层3列 2排1层1列～2排3层3列	1排1层4列～1排3层6列 2排1层4列～2排3层6列	剩余货位
平置库区	1排储位	2排储位	3排储位

根据下述商品的储区位编号，判断货品的摆放位置及物动量分类。

商品名称	储区位编号	摆放位置	动量分类
iphone4手机	B010402		
资生堂洗发水	C020205		
山地自行车	E030126		

思考与练习

1. 储位管理的原则是什么？
2. 储位管理的对象有哪些？
3. 简述货位编号的方法。

模块二

入库作业管理

任务1 入库调度作业

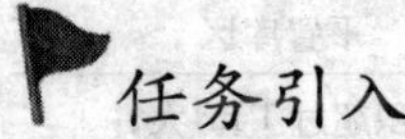

任务引入

A公司是一个综合型仓储配送企业，其下某仓库是按照客户和货品类别进行分区管理和储位分配的，区位配置（部分）见表2—1—1。

表2—1—1 区位配置图（部分）

	区位			
	托盘高位货架区	自动化立体库区	隔板货架区	
配置	A排：整托食品区 A0101～A0303 物美 A0401～A0603 华联 A0701～A1003 其他	A排：整箱电子产品 A0101～A0303 华联 A0401～A0603 峰星 A0701～A1003 其他	A排：拆零日化 A0101～A0303 物美 A0401～A0603 华联 A0701～A1003 其他	D排：拆零润滑油 D0101～D0303 壳牌 D0401～D0603 BP D0701～D1003 其他
	B排：整托日化区 B0101～B0303 物美 B0401～B0603 华联 B0701～B1003 其他	B排：整箱润滑油 B0101～B0303 壳牌 B0401～B0603 BP B0701～B1003 其他	B排：拆零电子产品 B0101～B0303 华联 B0401～B0603 峰星 B0701～B1003 其他	E排：拆零汽车零部件 E0101～E0303 BYD E0401～E0603 丰田 E0701～E1003 其他
	C排：整托日用非化学品区 C0101～C0303 物美 C0401～C0603 华联 C0701～C1003 其他	C排：整箱汽车零部件 C0101～C0303 BYD C0401～C0603 丰田 C0701～C1003 其他	C排：拆零日用非化学品区 C0101～C0303 物美 C0401～C0603 华联 C0701～C1003 其他	F排：拆零食品区 F0101～F0303 物美 F0401～F0603 华联 F0701～F1003 其他

该公司客服员接到3个客户的入库通知单，详情见表2—1—2、表2—1—3、表2—1—4。

表 2—1—2　　客户 1：物美集团入库通知内容

货品	数量/箱	到货方式	预计到货时间
100%纯棉毛巾	5	运输单位汽车运输入库（非集装箱车辆）	7：00
原生纸浆面巾纸	5		
达能闲趣饼干	6		
奥利奥牛奶味饼干	6		

表 2—1—3　　客户 2：峰星公司入库通知内容

货品	数量/箱	细数（个/箱）	到货方式	预计到货时间
NOKIA 5300	20	20	供应商集装箱汽车送货入库	12：00
NOKIA N73	40	20		

表 2—1—4　　客户 3：华联集团入库通知内容

货品	数量/箱	到货方式	预计到货时间
60 mL 高夫经典古龙香水	2	运输单位汽车运输入库（集装箱车辆）	19：00
80 g 美加净护手霜	1		
五谷道场庖丁鲜蔬面	5		
五谷道场香辣牛肉面	10		

要求根据所给的仓库区位配置和入库货物单据模拟仓库人员完成入库订单的处理、入库准备和入库调度作业，同时完成相关单据的操作和信息系统操作。

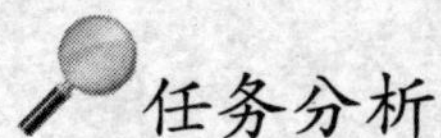

任务分析

该入库任务订单来自三个不同的客户，入库任务中的货物涉及食品、电子产品和日化用品三类产品，且入库时间也不尽相同。要完成好入库调度作业，需由客服员、调度员等岗位的人员根据入库业务特点，按仓库的客户类别、货物类别的分区及货位编号情况，进行入库信息处理和入库调度作业，并协调收货员、保管员、搬运工等完成入库准备、入库单据操作、入库信息系统操作等。要完成这些技能操作，应首先掌握入库作业流程，入库调度内容与方法，调度人员岗位职责，入库准备工作内容等基本知识，以及入库单据的操作、信息系统的操作等操作方法与规范。

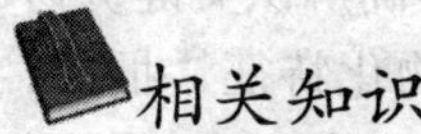

相关知识

仓储管理的仓库作业内容主要包括入库作业、货品的在库作业和出库作业的管理。而入库调度作业是入库作业的第一环节，自调度员或业务员接收客户入库订单开始，至协调保管员、理货员、搬运工等各相关岗位入库准备工作结束。虽然入库调度作业量小、环节少，工作内容看似简单，但它是整个入库作业管理的关键。调度得好坏、工作安排得是否合理，将直接影响后续在库管理和出库作业。入库调度应把握迅速、科学、合理的原则进行，工作内容包括入库调度和入库准备工作两个部分。

一、入库作业

货品的入库作业是货品保管工作的基础，是在库管理的前期工作。货品入库作业要经过入库订单的处理、入库调度、入库货物卸货与接收、货物验收核查入库、签发单据、货品堆码、入位上架、登记入账等一系列操作环节。

由于入库作业是仓储管理其他作业的起始，也是其他流程得以顺利进行的前提，入库作业的完成水平高、相关信息传递及时准确、准备工作充分等，都是保证仓储管理工作高效运转的先决条件。

1. 货物入库交接方式

按货物交接方式的不同，货物入库管理分为提货入库（如到车站、码头、机场、邮局或者生产厂、流通企业提取货物并运输入库）和货主自己送货入库；按运输工具分为铁路专线到货和汽车运输到货；按货物交接人分为承运单位和供货单位。

2. 入库性质分类

入库的性质可分为正常入库、退货入库和调拨入库等。

正常入库的情况下，仓库业务人员只要按照相应入库流程实施作业并签发相应单据，完成登记入账工作即可。

退货入库是已发出库的货物，由于交货不到、质量或数量不符、承诺退换货等原因，又将货物返回入库的情况。这种情况下，要对退货商品进行分类，良品与正常品入库程序相同，而不良品应入不良仓储区位，并做好日期、数量和原因的记录工作。

调拨入库是仓储企业从一个库存组织向另一个库存组织转移物资的情况，这种入库需在正常入库基础上，进行调拨单据的核对处理。

二、入库作业流程

1. 入库作业的基本流程

入库作业是其他作业环节的开始，主要包括入库订单处理、入库调度、核查单据、卸货、搬运、分类、验收、确认商品、签收单据、将货物送入储位等环节。入库作业是后续作业的基础和前提，入库作业的质量直接影响到后续作业的质量。其作业流程主要包括以下主要环节，如图 2—1—1 所示。

（1）接收入库订单。一般由商务人员或客服人员接收客户的入库订单。订单中对入库货物名称、包装、数量、入库方式、到货时间等的记载是进行入库调度作业的基础。该订单被接收后应转给仓库调度人员。

此步骤是入库作业准备的重要环节，要求对各种形式的入库通知都能准确辨识关键货物信息。关键货物信息一般会给入库准备带来影响，包括货物种类、名称、物化特征、批次、所属客户、数量、包装单元、体积、重量、预计到货时间、预计存储时间以及客户有无特别要求。客服人员要查对这些关键信息，如有缺失，应根据历史情况做出判断或向客户查询确认。

（2）入库作业计划与调度。仓库调度人员根据入库订单记载的作业信息，编制入库作业计划并进行入库作业的调度工作。入库作业计划单是仓储物流企业内部的单据，目的是要将

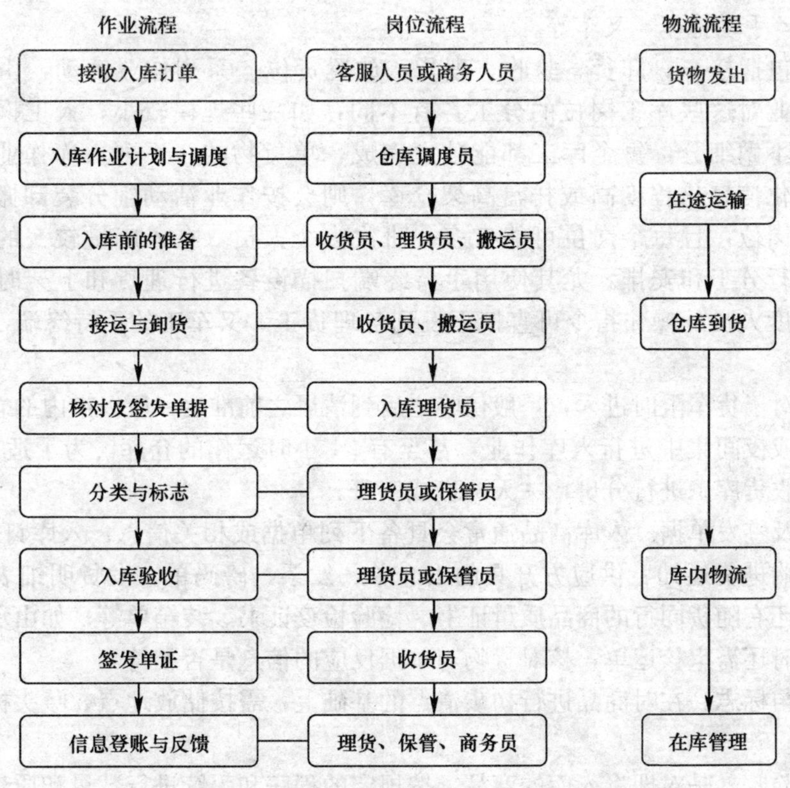

图 2—1—1　入库作业、岗位、物流流程

各种不同形式的入库通知转换为统一格式的单据，便于在库内各相关岗位（保管员、调度、收货库工等）流转，使其预知将要进行什么入库作业，以便准备和配合。

如果作业计划单上规定各项货物需存放于不同库房或库区，则由不同收货组进行入库，按不同库房编制入库作业计划列表并下发给对应的收货人员。

一般调度岗只需依据原有库区分类方法和货位分配原则，将货物指定放置在现有空闲货位。库区分类一般可按客户不同分或按货物类型分；货位分配则可按周转率、存货量、货品相关性和物化性质来划分，这些已由仓储主管或仓库保管员确定，并会相对固定和沿用一段时间，如有必要再整体调整，不需要在每次入库作业时决定，除非是新品种、新项目客户或大宗、临时货物入库才可能涉及重新划分库区和货位的问题。

（3）入库前的准备。由收货员、理货员、搬运工或仓库管理人员对即将发生的入库作业进行人员、设备、场地等方面的准备工作。

这时调度员和各相关岗位人员应做好沟通工作，根据货物种类确定其存储方式（堆垛区、托盘重型货架区或轻型货架区）和苫盖要求；根据货物物理、化学性质确定存储条件（温度、湿度、防尘、防虫等要求）；根据货物体积和重量预估所需货位数或面积大小；总之要判断现有存储区域环境是否合适、货位是否充足。

（4）接运与卸货。如是提货入库，需安排运输工具到相应港站提货地点进行提货运输；如是送货到库，一般由收货员和搬运工及时组织卸货入库即可。此步骤要根据货物量预留卸货、理货场地，要求清洁且安全。入库交接一般需要计重、计量工具，扫描设备，条码打印设备，标签纸，手动拖车，叉车等。

收货入库包括接车、卸货、验收、理货、放置货位一系列作业活动，由收货库工来完成。实际企业对这些库工岗位的分工各有不同，如一些规模较小、人工操作或平面堆垛仓库，岗位不做细分，每个库工都能独立完成一单货物的一系列入库作业；而一些规模较大、机械化信息化程度高或托盘高架仓库，则会按作业活动细分装卸搬运工、理货工、叉车工等岗位，且每个岗位可能有多个班次多个人员，在入库量较大的情况下则需要调度人员进行分工和安排。尤其使用手持终端扫描设备进行理货和上架时更不可缺少调度人员，调度人员的操作指令可直接下发到各理货工、叉车工的手持终端，使其更方便地执行指令。

很多城市对于货车限时进入，一般傍晚之后到清晨之前准运，所以市内的仓库或配送中心经常在晚上或夜间集中进行入库作业，甚至有 24 小时运作的仓库。为了适应这一要求，有些仓库会对收货库工进行分班，一天两班或三班。

(5) 核对及签发单据。入库商品通常会具备下列单据或相关信息：入库订单、送货单、采购订单或采购进货通知、供应方开具的出仓单、发票、磅码单、发货明细表等；除此之外，有些商品还有随货同行的商品质量证书、检验检疫证书、装箱单等；如由承运企业转运的货物，接运时还需审核运单，核对货物与单据反应的信息是否相符。

(6) 分类与标志。在对商品进行初步清点的基础上，需按储放地点、唛头标志进行分类并作出标记。

(7) 入库验收。是对即将入库的商品，按规定的程序和手续进行数量和质量的检验，也是保证库存质量的第一个重要的工作环节。入库验收分为全检和抽检两种方式。

(8) 信息登账与反馈。商品清点、验收完毕，即通过搬运和码放过程进入指定储位存储，进入存储阶段。与此同时还需进行信息的登账与反馈处理。

2. 影响入库作业调度管理的因素

在入库调度和入库作业时，应首先对影响入库作业的主要因素进行分析，这些影响因素主要来自供应商及其送货方式、商品种类、特性、商品数量、入库作业与其他作业的相互配合等方面。

(1) 供应商及其送货方式。供应商送货数量、送货方式、送货工具、送货时间等因素都会直接影响到入库作业的调度管理，应掌握以下几个重点数据：每天送货的供应商的平均数和最大数；送货车型及车辆数目；每辆车平均所需卸货时间；货车到达的高峰时间；中转运输的接运方式；货物装载形式；货物到达时间。

(2) 货物种类、特性与数量。不同商品具有不同的特性，则需要采用不同的作业方式，因此每种商品的包装形态、规格、质量特性以及每天运到的批量大小，都会影响入库作业方式，在具体操作时，应掌握以下数据：每天入库商品的平均品种数及最多品种数；商品的单元尺寸及重量；商品的包装；商品的特殊属性；商品的保存期限；装卸搬运方式。

(3) 入库作业人员。在入库作业时，要考虑现有的工作人员及人力的合理利用，尽可能缩短进货作业时间，避免车辆等待装卸时间过长。

(4) 与仓储作业的配合方式。一般入库货物作业有托盘、箱、单件三种方式，在进货时一般需通过拆箱、整合等方式将进货摆放方式转换成储存摆放方式，因此，到货方式应尽量与储存方式统一，否则将增加作业环节，造成不必要的浪费。

3. 入库作业调度原则

及时、安全、准确、快速地组织货物入库是入库调度与入库作业的目标，因此在安排入库作业时，应遵行下述原则。

（1）入库接货区应尽量靠近存储区，以避免入库过程的交叉、倒流。

（2）将入库的各项作业集中在同一个工作场所进行。即在入库作业中，将卸货、分类、验货等作业环节集中在一个场所完成，以减少空间占用和货物搬运过程中的人力物力消耗，降低作业成本，提高作业速度。

（3）依各个入库环节的关系和性质，做好各入库环节的顺序安排，避免倒装、倒流而引起搬运货物的麻烦，提高作业效率。

（4）依进货高峰期和低谷期的规律安排作业人员，保证人力的合理安排和进货作业的顺利进行。

（5）合理使用可流通的容器，尽量避免更换。对小件商品或可以使用托盘集合包装的货物，应尽量固定在可流通的容器内进行理货与储存作业，以减少货物倒装的次数。

（6）详细认真地处理进货资料和信息，便于后续作业及信息的查询与管理。

三、入库调度内容

入库调度，也可看做入库准备的一环，一般从客服员处获得入库作业计划，然后调动和安排相关资源完成入库作业，包括货位、人力、设备和工具等资源。可以说调度人员是将作业计划转换为具体的操作指令，下达给收货岗库工，库工完成作业后还要向调度人员反馈实际收货的信息。这样，库存情况和货位占用情况都会被系统记录，库工的工作量也会很方便地统计出来以便核定绩效。

入库调度工作一般由仓库调度员或管理员完成，当已存货品正常入库时，入库调度和准备的工作量和必要性不大，只要按照历史业务操作进行即可，而在大宗货物入库、临时入库或新项目客户、新货品入库时，入库准备的作用尤为突出。入库调度的内容主要包括：

1. 货位调度

熟悉入库货物情况，掌握货物关键信息，安排货物入库放置的储区及货位，确保货位充足、清洁、安全，适于存放货物。

2. 人力、机力调度

掌握仓库库区利用情况，根据货物特征合理安排场地、人员、设备、其他辅助工具和材料等。对于特殊入库货物，如不规则大件设备等，还需准备安排特殊搬运吊件和专业搬运人员进行入库准备工作。

3. 时间调度

根据货物到货时间，安排好入库接货、验收等工作人员和设备的工作时间，以免发生冲突。

4. 做好计划、调度作业的记录

准备好验收单、交接单、货卡、入库记录单等以备货到后进行验收、交接、标志、记录之用。

四、调度员岗位职责

在目前国内物流企业的实际业务中，对于一些拥有多个库房，进出库作业频繁，货品种类较多，作业信息化程度高，库工人数多且分工明确的仓库，应专门设置“调度”岗位；而其他情况下，仓库则没有如此细分的岗位，这时相关调配资源和安排货位的工作则由仓库保管员或收货主管负责，在接收作业计划单后直接指令库工将货物放置储位或由系统自动分配储位。一般调度员的岗位职责包括以下几个方面。

1. 综合仓储服务企业的调度人员

对于综合仓储服务企业的调度人员，其主要工作是货物出入仓库的调度工作，应在掌握进、出货流程，仓库区位、储位规划分配状况以及产品搬运过程中的品质控制要求的基础上，从事相应的调度工作，其岗位职责一般包括：

(1) 接收入库作业单或入库订单，作出入库作业计划，并根据计划进行调度工作。

(2) 仓库货物的调度与发放及合理安排。

(3) 仓库物资中转调度的操作工作。

(4) 负责安排收货员收货、理货员理货及搬运工搬运等工作的信息传递与协调调度。

(5) 接到入库作业反馈信息或单据后，应对储存物料进行登记及管制工作。

(6) 负责对物资装卸过程进行督促和监督管理，以及检验其是否符合 6S 原则的仓库卫生和物料摆放。

2. 生产企业仓储部门的调度人员

对于生产企业仓储部门的调度人员，除一般仓储企业的出入库调度工作之外，还应配合生产部门做好生产物料的计划、调配与供应等工作，因此，该类调度人员除需和仓储部门相关工作人员进行合作外，还要与生产部门、采购部门的工作人员进行合作，才能保证生产任务科学合理地完成。作为生产企业仓储部门的调度人员应在熟悉本企业各种产品的原料、成品的名称和规格以及生产周期、供料周期等基本生产信息的基础上，与各相关部门协调配合完成物料的出入库调度工作。其岗位职责除综合仓储服务企业的调度人员的职责外，一般还包括：

(1) 负责仓库原材料、半成品、产成品的调度与发放。

(2) 负责物料进出仓库的账册记录，按企业规定程序发放生产物料供应生产所需。

(3) 负责将生产欠缺物料信息反馈给供应科或采购部。

(4) 按照生产计划，提前作出各类物料、成品的出、入库计划安排表，并将相关信息传递给仓储收发货人员、保管人员、搬运人员以及生产、采购等部门，以便进行协同作业。

3. 物流中心、配送中心的调度人员

物流中心、配送中心的调度人员，除仓储调度工作外，一般还应兼顾配送、运输等调度工作，其调度作业内容相对复杂，岗位职责兼有配送、运输车辆调配等工作，因此，该类调度人员应在掌握配送路线优化方法、运输成本核算及车辆配载的基本知识基础上，从事相应的调度工作，一般除综合仓储服务企业的调度人员的岗位职责外还包括：

(1) 负责运输计划的制订、监控和调配执行，对配送路线、配送计划进行调度安排并监督执行，应机动灵活，准确无误地进行调度，力求提高车辆周转率。

（2）负责车辆的调度工作，对送货量、司机工作时间及运输里程进行平衡控制。

（3）车辆返程后协调做好车辆的安全检查工作，协助统计各种数据及统计报表的登统工作。

（4）外包配送或运输任务，应协调外发货物的运输，负责货运费用的报销和支付并建立相应的台账。

（5）物资装卸过程中的督促和监督管理工作。

（6）协助负责车辆的安全工作，货车驾驶员和叉车工的安全和技能培训；负责运输设备维护保养管理及负责协调维修工作。

（7）负责运输成本分析及控制等。

五、入库调度作业单据操作管理

1. 入库作业计划单

入库作业计划单样表见表 2—1—5，在不同的企业和不同的仓储业务下，单据格式和内容会有所调整。调度员在编制入库作业计划单时，应注意信息填制的准确性，并应及时将单据发送给收货、理货、搬运、保管等各个部门。

表 2—1—5　　入库作业计划单样表

入库作业计划单　No.							
预计到库时间			客户名称				
预计存储期			入库类型				
入库方式			其他要求				
库房			优先级		紧急程度		
货品编码	货品名称	规格	批次	单位	数量	体积	重量
制单人							

2. 入库单

入库单是收货员在收货入库前填制的单据，用于反映入库货物的主要信息和收货的状态，入库单所载具体内容，应和入库作业计划单相一致，以保证入库作业计划和入库作业的一致性。入库单样表见表 2—1—6，在不同的企业和不同的仓储业务下，单据格式和内容会有所调整。

表 2—1—6　　　　　　　　　　　　入库单

<table>
<tr><td colspan="4">入库单</td><td colspan="4">作业单 No.</td></tr>
<tr><td colspan="4">仓库名称/编号</td><td colspan="4">□正常商品　□暂存商品　□退换货</td></tr>
<tr><td colspan="4">客户名称</td><td colspan="4">客户编号</td></tr>
<tr><td colspan="4">发货单位编号</td><td colspan="4">应发总数　　　　实发总数</td></tr>
<tr><td colspan="4">联系人</td><td colspan="4">联系电话</td></tr>
<tr><td>产品名称</td><td>产品编号</td><td>规格</td><td>单位</td><td>应收数量</td><td>实收数量</td><td>批号</td><td>验收备注</td></tr>
<tr><td></td><td></td><td></td><td></td><td></td><td></td><td></td><td></td></tr>
<tr><td></td><td></td><td></td><td></td><td></td><td></td><td></td><td></td></tr>
<tr><td></td><td></td><td></td><td></td><td></td><td></td><td></td><td></td></tr>
<tr><td></td><td></td><td></td><td></td><td></td><td></td><td></td><td></td></tr>
<tr><td></td><td></td><td></td><td></td><td></td><td></td><td></td><td></td></tr>
<tr><td></td><td></td><td></td><td></td><td></td><td></td><td></td><td></td></tr>
<tr><td></td><td></td><td></td><td></td><td></td><td></td><td></td><td></td></tr>
</table>

<table>
<tr><td></td><td colspan="4">承运单位</td></tr>
<tr><td>保管员</td><td colspan="2">体积（或重量）</td><td colspan="2">司机签字</td></tr>
<tr><td>制单人</td><td>集装箱号</td><td></td><td>证件号码</td><td></td></tr>
<tr><td>入库日期</td><td>铅封号</td><td></td><td>车号</td><td></td></tr>
<tr><td>盖章</td><td>运单号</td><td></td><td>联系电话</td><td></td></tr>
</table>

本单一式三联，第一联：送货人联；第二联：财务联；第三联：仓库存查。

入库单一般有多联，除供送货方和仓库管理员交接货物管辖权之用，还可能交由客户和仓管会计留存，填写内容包括客户名称、送货方及其联系方式、应收货物名称、数量、体积、重量、包装情况、批次等，验收后再填入实收数量、实际体积重量、验收结果，由保管员或收货人员签名、司机签名确认；在货物发现较大异常时需填写残损单，交由主管部门审核；有些仓储企业还设有入库台账，即入库记录单，用来详细逐笔记录入库货品的名称、数量、时间等，以备作入库账务结算。

3. 送货单

送货单是收货员在收货入库前接收到的单据，主要反应入库货物的主要信息，是货物由客户向仓库转移交接的重要收据。送货单样表见表 2—1—7，在不同的企业和不同的仓储业务下，单据格式和内容会有所调整。

表 2—1—7　　　　　　　　　　　送货单样表

货主单位：　　　　　　　　　　　日期：　　年　　月　　日

品名	规格	单位	数量	单价	金额	备注

收货单位：（盖章）　　　　　　　制单：　　　　　　　　送货单位：（盖章）

经手人：

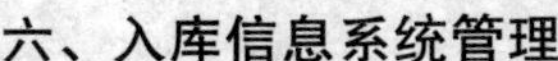

六、入库信息系统管理

第三方仓储物流企业的入库信息系统管理，一般由其直接面对客户的商务部门来完成。设专人将客户入库通知（可能来自电话、电子邮件、传真、对接的信息系统）的关键信息转化成公司内部统一的作业计划单，作为一笔入库作业的凭证，并传达到仓库保管员和收货人员，作为他们进行入库准备的依据。信息系统操作指导表见表 2—1—8 至表 2—1—11。

表 2—1—8　　信息系统操作指导表（客服员信息系统操作）

工作岗位角色	作业进度	操作内容
岗位 1：客服员	入库信息处理	接到入库通知后在【订单管理】⟶【订单录入】模块中新增一个入库订单，录入上述关键货物信息并保存生成作业计划单，替代纸质单据 注：若入库货物属于一个新客户，需先在【基础信息管理】⟶【客户管理】模块中新增项目客户；若入库货物属于已有客户的新货品，则需在【仓储管理】⟶【货品管理】模块中新增货品；若入库货物属于老货品，则直接进行订单录入
图示		

表 2—1—9　　信息系统操作指导表（调度员信息系统操作）

工作岗位角色	作业进度	操作内容
岗位 2：调度员	入库调度	在【仓储管理】⟶【作业管理】⟶【作业调度】模块对已生成的作业计划单进行上架调度和资源调度 情形一：若库工依照纸质单据作业，则生成并打印储位分配单和入库单，交给库工 情形二：若库工使用手持终端作业，则将调度指令发给手持终端
图示		

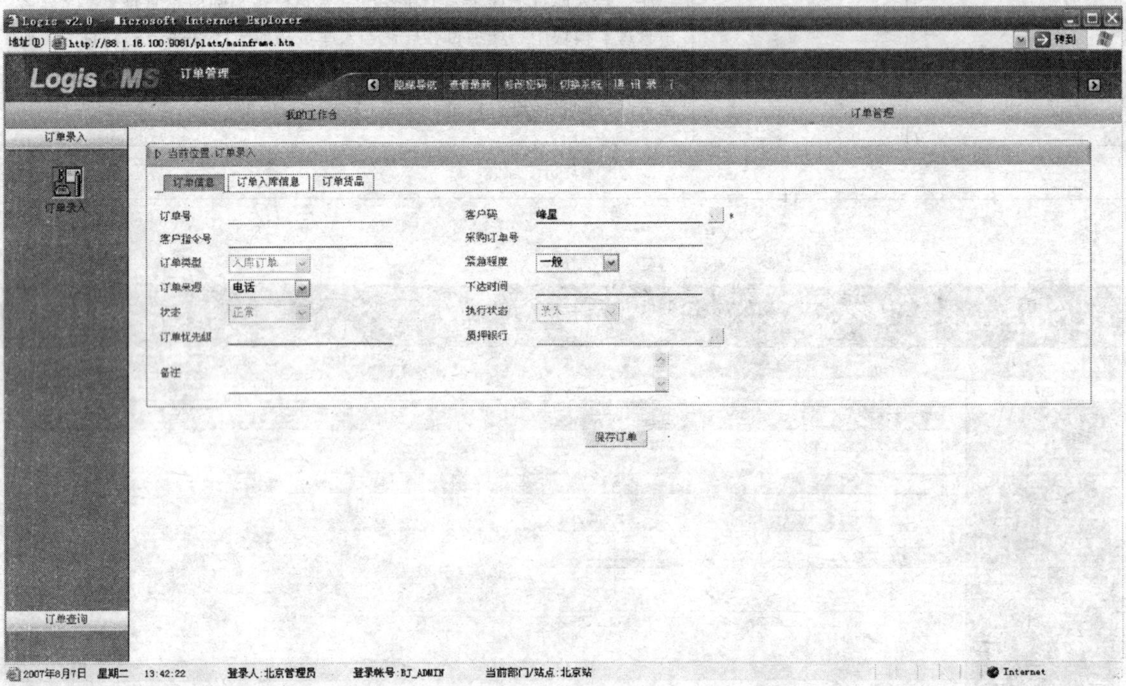

表 2—1—10　　信息系统操作指导表（仓库保管员信息系统操作）

工作岗位角色	作业进度	操作内容
岗位 3：仓库保管员	入库调度	在【仓储管理】⟶【作业管理】模块查询已生成的作业计划，并开始准备工作

图示

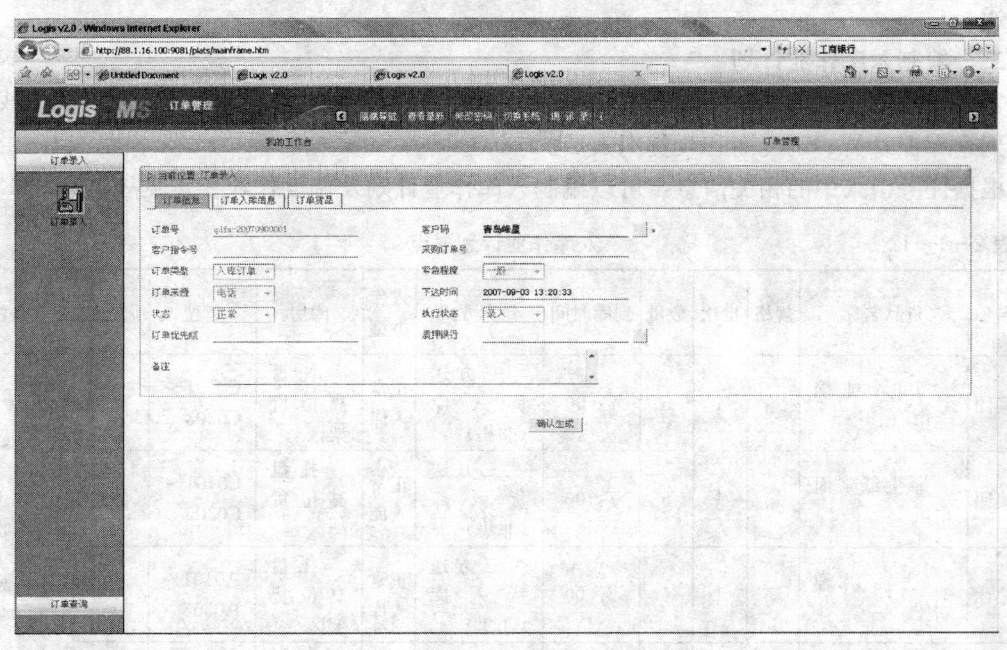

表 2—1—11　　信息系统操作指导表（收货库工信息系统操作）

工作岗位角色	作业进度	操作内容
岗位 4：收货库工（理货员、搬运工、叉车工等）	入库调度	操作手持终端进入【入库作业】查询入库作业指令，准备进行入库作业

图示

任务实施

一、核对入库信息

客服员、调度员接收客户入库通知，查看货物信息并判断是否完整，如不完整，需与客户沟通。

二、编制入库作业计划

客服员、调度员根据入库通知编制公司内部的入库作业计划，并填写入库作业计划单，下发到仓库保管员、调度岗和收货岗人员。

根据任务引入中的相关信息，可以编制入库作业计划及调度作业要点见表 2—1—12。

表 2—1—12　　入库作业计划要点

客户名称	货品名称	规格	批次	数量	到库时间	到货方式	入库类型	库房	货位	优先级	备注
物美集团	100% 纯棉毛巾	箱	1	5	7：00	三方送货入库（非集）	正常入库	托盘高位货架区	C0101～C0303	普通	库房入库区收货，运输单位签入库单
物美集团	原生纸浆面巾纸	箱	1	5	7：00	三方送货入库（非集）	正常入库	托盘高位货架区	C0101～C0303	普通	
物美集团	达能闲趣饼干	箱	1	6	7：00	三方送货入库（非集）	正常入库	托盘高位货架区	A0101～A0303	普通	
物美集团	奥利奥牛奶味饼干	箱	1	6	7：00	三方送货入库（非集）	正常入库	托盘高位货架区	A0101～A0303	普通	
峰星公司	NOKIA 5300	箱	1	20	12：00	自送货入库（集）	正常入库	自动化立体库区	A0401～A0603	普通	需集装箱堆场收货，自有叉车周转入库，客户签入库单
峰星公司	NOKIA N73	箱	1	40	12：00	自送货入库（集）	正常入库	自动化立体库区	A0401～A0603	普通	
华联集团	60 mL 高夫经典古龙香水	箱	1	2	19：00	三方送货入库（集）	正常入库	托盘高位货架区	C0401～C0603	普通	需集装箱堆场收货，自有叉车周转入库，运输单位签入库单
华联集团	80 g 美加净护手霜	箱	1	1	19：00	三方送货入库（集）	正常入库	托盘高位货架区	C0401～C0603	普通	
华联集团	五谷道场庖丁鲜蔬面	箱	1	5	19：00	三方送货入库（集）	正常入库	托盘高位货架区	A0401～A0603	普通	
华联集团	五谷道场香辣牛肉面	箱	1	10	19：00	三方送货入库（集）	正常入库	托盘高位货架区	A0401～A0603	普通	

根据上述计划可知，入库货品分三种送货方式到货，集装箱货品将在仓储企业的集装箱

堆场卸货，后由自由叉车周转入库，这就需要将这几条入库计划转至叉车组，做好叉车收货周转入库的准备。这几种商品均为正常入库，不存在退换货等逆向物流情况，可不做特殊处理。入库商品均为整箱入库，根据货品类别入库区域分别在托盘高位货架区和自动化立体库区，因此需向这两个库区分别下达入库任务，并将入库商品相应货位传达给库区报关员，同时收货入库的收货人员和搬运工，也应被告知上述储区、储位的情况，以便安排入库路线。

（要求：本步骤要求学生根据任务所给的实际货物信息填写表 2—1—5 的入库作业计划单。）

三、入库准备

入库作业计划下达后，仓库保管员应根据作业计划单分库房或库区编制入库作业计划列表。根据货物信息估计所需存储货位的大小，明确环境卫生要求，确定需要何种苫垫材料，并做好这几方面的准备。同时编制入库所需表单，如入库单等。

收货库工（理货员、搬运工、叉车工等）也应在接到入库作业计划后，做好相应的准备工作，根据作业计划单的货物信息估计所需卸货、理货场地的大小，并清理好场地。列出验收、理货所需工具和设备，检查或调试使之正常运作。列出所有收货库工名字和班次，确保有足够的操作人员。

四、入库调度

调度员从客服员处接收入库作业计划单或多单作业计划列表，了解货位空闲情况，根据货物性质指定货位或库区。

（要求：本步骤要求学生结合表 2—1—1 和表 2—1—12 的内容，画出 3 个库区的货位俯视图，空闲货位留空，已占用货位填入货物编号或托盘标签号，将本次入库货物指定放置的货位标出，并说明为何这样分配货位。）

调度员还应了解收货库工的人数、班次，确定分工作业方式，指定作业库工；了解叉车利用情况，确定作业叉车号等。

在送货前调度员应依据作业计划单填写入库单，下达给仓库保管员，准备与送货方交接。填制理货单、储位分配单，下达给收货库工，收货库工（理货员、搬运工、叉车工等）接收储位分配单和交接单，检查其正确性，准备收货搬运。

（要求：本步骤要求学生练习填制表 2—1—6 的入库单。）

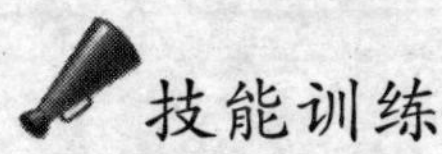

技能训练

实训项目一

根据学校自身实训场所情况，结合本任务的实际入库作业信息，以团队形式组成包括客服员、调度员、仓库保管员、理货员、搬运工等岗位的入库作业小组，在不借助信息系统的条件下，以调度员的调度作业为核心，模拟本入库作业任务。

在操作中注意各项单据的填制、操作步骤流程的合理性及各项硬件设备操作的规范性，同时注意团队成员的相互配合和各项信息的沟通与确认。

实训项目二

根据学校自身教学模拟软件的配置情况，结合本任务的实际货物信息，利用仓储教学模拟软件完成入库作业计划的下达，入库作业单、入库单的填制操作，并使用 RF 手持设备和信息系统软件接收相应计划和单据，完成以入库调度作业为核心的信息系统操作。

思考与练习

1. 入库准备有哪些工作？涉及哪些岗位？
2. 什么是入库调度？调度内容是什么？
3. 入库调度需填制哪些单据？填制单据应注意什么问题？

任务 2　入库验收与交接

任务引入

A 公司客服员接到 3 个客户的入库通知单，详情见表 2—1—2 至表 2—1—4。

要求根据所学知识模拟入库验收与交接的流程，并分组讨论针对表中商品性质和顾客特点，应将验收工作重点放在哪里，有哪些注意事项。

任务分析

入库验收与交接是仓管员或理货员的重点工作，因为仓库的责任一般于接收货物开始，如果由于验收交接工作的失误，没有将货物固有缺陷或因发货人过错造成的货损货差排除，其最终损失，都应由仓储单位承担，因此要想模拟好入库验收与交接工作，确定好验收交接的重点，应首先学习好商品入库验收交接的相关知识。

相关知识

凡商品进入仓库储存，必须经过检查验收。只有验收后的商品，才可以入库保管。货物入库验收是仓库把好“ 三关”（入库、保管、出库）的第一道关，抓好货物入库质量关，能划清仓库与生产部门、运输部门以及供销部门的责任界线，为货物在库场中的保管提供保障，防止劣质商品流入流通领域。

一、商品入库验收

商品入库验收是仓库验收人员按照验收标准和验收业务流程，依据掌握的计量与测试知识及质量检验知识，对入库商品进行数量和质量检验的经济技术活动的总称。

1. 入库验收作业的意义

入库验收是做好仓库管理工作的基础环节，其主要任务是对入库商品的数量、品种、规格和质量进行检查，准确、及时地把入库商品入库，做到商品入库有依据。其意义在于：有利于明确供需双方的数量和质量责任；有利于明确进料品质状况，避免对生产造成影响；有利于了解订单的完成情况；有利于为支付供方货款提供依据；有利于监督采购计划的执行。

2. 商品验收的基本要求

（1）及时。到库商品必须在规定的期限内完成验收入库工作。这是因为商品虽然到库，但未经过验收的商品没有入账，不算入库，不能供应给下游客户。只有及时验收，尽快提出检验报告才能保证商品尽快入库入账，满足下游客户的需求，加快商品和资金的周转，同时商品的托收承付和索赔都有一定的期限，如果验收时发现商品不合规定要求，要提出退货、换货或赔偿等请求，且均应在规定的期限内提出。否则供方或责任方不再承担责任。

（2）准确。验收应以商品入库凭证为依据，准确地查验入库货物的实际数量和质量状况，并通过书面材料准确地反映出来。做到货、账、卡相符，提高账货相符率，降低收货差错率，提高企业的经济效益。

（3）严格。仓库的各方都要严肃认真地对待商品验收工作。验收工作的好坏直接关系到国家和企业的利益，也关系到以后各项仓储业务的顺利开展。因此，仓库领导应高度重视验收工作，直接参与验收的人员要以高度负责的精神来对待这项工作，明确每批商品验收的要求和方法，并严格按照仓库验收入库的业务操作程序办事。

（4）经济。商品在验收时，多数情况下，不但需要检验设备和验收人员，而且需要装卸搬运机具和设备以及相应工种工人配合。这就要求各工种密切协作，合理组织调配人员与设备，以节省作业费用。此外在验收工作中，要尽可能保护原包装，减少或避免破坏性试验，这也是提高作业经济性的有效手段。

3. 商品验收的程序

商品验收包括验收准备、核对凭证、检验货物、做出验收报告及验收中发现问题的处理。

（1）验收准备。验收准备是货物入库验收的第一道程序。仓库接到到货通知后，应根据商品的性质和批量提前做好验收的准备工作，具体包括以下内容。

1）全面了解验收物资的性能、特点和数量，根据其需求确定存放地点、垛形和保管方法。

2）准备堆码苫垫所需材料和装卸搬运机械、设备及人力，以便使验收后的货物能及时入库保管存放，减少货物停顿时间；若是危险品则需要准备防护设施。

3）准备相应的检验工具，并做好事前检查，以便保证验收数量的准确性和质量的可靠性。

4）收集和熟悉验收凭证及有关资料。

5）进口物资或上级业务主管部门指定需要检验质量的物资，应通知有关检验部门会同验收。

（2）核对凭证。核对凭证，就是将上述凭证加以整理后全面核对。入库通知单、订货合同要与供货单位提供的所有凭证逐一核对，相符后，才可以进入下一步的实物检验；如果发现有证件不齐或不符等情况，要与存货、供货单位及承运单位和有关业务部门及时联系解决。入库商品必须具备下列凭证。

1）货主提供的入库通知单和订货合同副本，这是仓库接收商品的凭证。

2）供货单位提供的验收凭证，包括材质证明书、装箱单、磅码单、发货明细表、说明书、保修卡及合格证等。

3）承运单位提供的运输单证，包括提货通知单和登记货物残损情况的货运记录、普通记录以及公路运输交接单等，作为向责任方进行交涉的依据。

（3）检验货物。检验货物是仓储业务中的一个重要环节，包括检验数量、检验外观质量和检验包装三方面的内容，即复核货物数量是否与入库凭证相符，货物质量是否符合规定的要求，货物包装能否保证在储存和运输过程中的安全。

1）数量检验。数量检验是保证物资数量准确的措施。要求物资入库时一次进行完毕。一般在质量验收之前，由仓库保管职能机构组织进行。按商品性质和包装情况，数量检验分为三种形式，即计件、检斤、检尺求积。

2）质量检验。质量检验包括外观检验、尺寸检验、机械物理性能检验和化学成分检验四种形式。仓库一般只作外观检验和尺寸精度检验，后两种检验如果有必要，则由仓库技术管理职能机构取样，委托专门检验机构检验。

3）包装检验。物资包装的好坏、干潮直接关系着物资的安全储存和运输。所以对物资的包装要进行严格验收。凡是产品合同对包装有具体规定的要严格按规定验收，如箱板的厚度，纸箱、麻包的质量等。对于包装的干潮程度，一般是用眼看、手摸的方法进行检查验收。

（4）入库验收结果的处理

1）合格物资的处理。对于经验收合格的物资，入库验收专员应在外包装上贴“合格”标签，以示区别，并方便入库作业人员根据标志办理合格品入库定位手续；入库验收专员于每日工作结束时，将本日所收物资的数量汇总填入“验收日报表”，以作为“入账消单”的依据。

2）不合格物资的处理。对不合格物资，入库验收专员在外包装上贴“不合格”标签，并于“物资验收报告表”上注明不合格原因，同时向相关主管请示处理办法，然后转采购部相关人员处理并通知请购部门。

3）交货数量超额处理。经过验收，若发现交货数量超过“订购量”，其超过部分原则上应予以退回。但对于以重量或长度计算的材料，其超交量在3%以下时，可在“验收单”备注栏内注明超交数量，经请示相关负责人同意后予以接收。

4）交货数量短缺处理。经过验收，若发现交货数量未达“订购量”时，原则上应要求供应商予以补足。但经请购部门负责人同意后，也可采用财务方式解决。

（5）验收中发现问题的处理。在物品验收过程中，如果发现物品数量或质量有问题，应该严格按照有关制度进行处理。验收过程中发现的数量和质量问题可能发生在各个流通环节，可能是由于供货方或交通运输部门造成的，也可能是由于收货方本身的工作造成的。按照有关规章制度对问题进行处理，有利于分清各方的责任，并促使有关责任部门吸取教训，改进今后的工作。所以对验收过程中发现的问题进行处理时应该注意以下几个方面。

1）在物品入库凭证未到齐之前不得正式验收。如果入库凭证不齐或不符，仓库有权拒收或暂时存放，待凭证到齐再验收入库。

2）发现物品数量或质量不符合规定，要会同有关人员当场做出详细记录，交接双方应在记录上签字。如果是交货方的问题，仓库应该拒绝接收。如果是运输部门的问题就应该提出索赔。

3）在数量验收中，计件物品应及时验收，发现问题要按规定的手续，在规定的期限内向有关部门提出索赔要求。否则超过索赔期限，责任部门对形成的损失将不予负责。表 2—2—1 为货物验收单。

表 2—2—1　货物验收单

编号	名称	订购数量	规格符合		单位	实收数量	单价	总价
			是	否				

是否分批交货	□ 是 □ 否	会计科目		厂商供应		合计	
检查方式	抽样（____%不合格） 全数（____个不合格）	验收结果		检查主管		检查员	

总经理	财务部		仓储部		采购部	
	财务主管	核算员	仓储主管	验收专员	采购主管	制单员

二、物资验收岗位职责

（1）入库验收主管主要负责组织所有物资的入库验收工作，其具体职责如图 2—2—1 所示。

职责1	负责制定所有物资的入库验收作业规范，并监督实施
职责2	组织所有物资的入库验收工作，并出具入库验收报告
职责3	妥善处理因存在异常问题而不得入库的物资
职责4	协助采购部做好不合格材料、货物的退换工作
职责5	参与供应商、协作厂商的绩效评审工作
职责6	完成仓储部经理交办的其他工作

图 2—2—1　入库验收主管具体职责

(2) 入库验收专员的主要职责是执行所有物资的入库验收工作，其具体职责如图2—2—2所示。

职责1	协助验收主管制定物资入库验收作业规范，并严格参照执行
职责2	负责所有物资的入库验收工作，并如实填写相应的入库验收单
职责3	识别和记录物资的质量问题，对供应商的包装、运输及其他方面提出改进建议
职责4	拒绝不合格材料、货物的入库
职责5	做好物资验收记录，对物资的验收情况进行统计、分析并及时上报
职责6	完成上级领导交办的其他临时任务

图2—2—2　入库验收专员具体职责

三、入库交接

入库物品经过点数、查验之后，可以安排卸货，入库堆码，表示仓库接收物品。卸货、搬运、堆垛作业完毕后，与送货人办理交接手续，并建立仓库台账。

交接手续是指仓库对收到的物品向送货人进行的确认，表示已接收物品。办理完交接手续，意味着划分清运输、送货部门和仓库的责任。完整的交接手续包括接收物品、接收文件和签署单证。

(1) 接收物品。仓库通过理货、查验物品，将不良物品剔出、退回或者编制残损单证等明确责任，确定收到物品的确切数量、物品表面状态良好。

(2) 接收文件。接收送货人送交的物品资料、运输的货运记录、普通记录等，以及在货物运输单证上注明的相应文件，如图纸、准运证等。

(3) 签署单证。仓库与送货人或承运人共同在送货人交来的送货单、交接清单（见表2—2—2）上签字，各方签署后留存相应单证。提供相应的入库、查验、理货、残损单证以及事故报告，由送货人或承运人签署。

表2—2—2　　收到接货交接单

收货人	发站	发货人	品名	标记	单位	件数	重量	号车	运单号	货位	合同号
备注：											

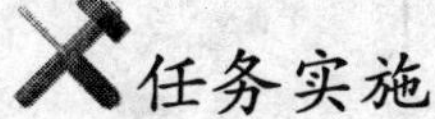

任务实施

根据任务要求，在入库验收与交接过程中，一般遵循下述流程：

验收准备→核对凭证→检验货物→入库验收结果的处理→验收中发现问题的处理→填制相关验收与交接单据

而针对本案中的客户类别和商品性质，在验收过程中还应有针对性地进行验收与交接。如针对 A/B/C 类不同客户，应在验收速度、质量方面有所侧重，交接过程中还应将客户类别信息交接明确，以确定入库位置和在库管理方案。

针对商品的性质，如电子产品、食品、日化产品，都有不同的商品特性，则应根据商品性质确定验收重点，如食品包装是否完好，保质期是否过期，日化产品是否液体泄漏等。

技能训练

根据学校自身实训场所情况，结合上述任务的实际入库检验作业，以团队形式组成包括检验员、调度员、仓库保管员、理货员、搬运工等岗位的入库检验作业小组，在不借助信息系统的条件下，实施手工指令的下达和各项操作步骤的实施，以检验员的检验作业为核心，模拟本入库检验作业任务。

在操作中应注意各项单据的填制、操作步骤流程的合理性及各项硬件设备操作的规范性，同时注意团队成员的相互配合和各项信息的沟通与确认。

思考与练习

1. 什么是商品检验？商品检验的意义有哪些？
2. 商品检验的内容有哪些？
3. 简述检验员的岗位职责。

任务 3　入库理货与放置储位

任务引入

A 物流中心拥有 5 个库房，其中 3 个库房内有两层的货架、1 个露天货场、简易货棚 3 个，主要面向本市大型超市，提供日用百货、大米、小家电之类的存储服务。其仓库平面图如图 2—3—1 所示，该公司在 2010 年 6 月 15 日入库的商品见表 2—3—1。

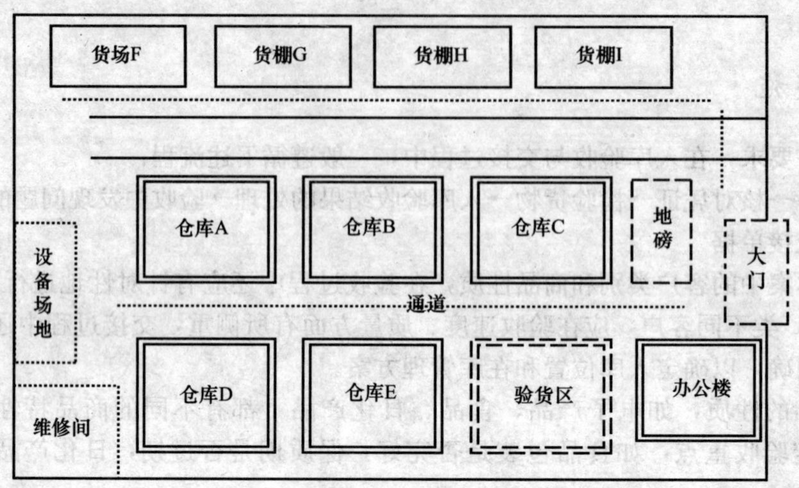

图 2—3—1 仓库平面图

表 2—3—1 A公司入库商品一览表

入库日期 2010—06—15

序号	商品编号	商品名称	单位	数量/箱	体积（长×宽×高/cm×cm×cm）	单位质量/kg	储位编号
1	1001	统一饼干	箱	80	65×40×30	4.3	
2	1002	可口可乐	箱	50	50×40×30	12	
3	1003	啤酒	箱	50	50×40×30	20	
4	1004	光明牛奶	箱	50	40×30×20	12	
5	1005	中华牙膏	箱	60	40×30×20	13	
6	1006	奥妙洗洁精	袋	100		13	
7	1007	金龙鱼色拉油	桶	100	40×20×20	60	
8	1008	小黑子纯净水	箱	60	50×40×30	12	
9	1009	美的电饭锅	个	100	30×30×30	3	
10	1010	海鸥洗衣机	台	20	100×50×50	20	
11	1011	旺旺大礼包	袋	100		1	
12	1012	龙口粉丝	箱	20	40×30×20	11	
13	1013	福州鱼丸	箱	20	40×30×20	2	
14	1014	烟台苹果	箱	20	50×40×30	5	
15	1015	莆田荔枝	箱	20	30×20×10	5	
16	1016	武夷味精	箱	20	40×30×20	10	
17	1017	安踏运动鞋	双	60	40×30×20	1	
18	1018	富贵鸟皮鞋	双	60	40×30×20	1	

根据所给仓库区位配置和入库货物单据模拟仓库人员理货流程及安排货位工作，并进行合理的堆垛及苫垫。

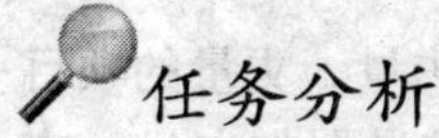

任务分析

要完成任务，需对以下两个问题提出具体的解决方法：

1. 这些商品分别适合放在哪里？

2. 如何摆放这些商品，是否需要苫盖与垫垛？

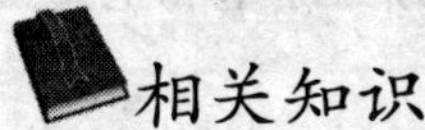

相关知识

一、理货

1. 理货的作用

仓库理货是指在接收入库货物时，根据入库通知单、运输单据和仓储合同，对货物进行清点数量、分类分拣、数量接收的交接工作。

（1）仓库履行仓储合同的行为。仓库理货工作是仓库确认收存货物实物的作业过程，经过理货意味着接收货物，因而是仓库履行仓储合同的保管人义务的行为。如果事先未订立合同，仓库对货物进行理货确认，也表明仓库接收货物，成为一种通过行为订立合同的方式。

（2）仓库保管质量的第一道关口。理货是货物入库的第一次检查，通过对货物的全面检查，及时发现货物的不良情况，对已残损、沾污、变质的货物可以拒绝接收；对已存在质量隐患的货物，予以认定和区别，并采取针对性妥善处理措施。

（3）划分责任。通过理货确定货物的数量、质量状况，仓库对所发现的短少和残损的货物不承担责任。经检查发现的货物存在质量隐患的认定，减轻了仓库对货物保管质量的责任。另外，理货工作也是从时间上划分了仓库负责的期间，在理货之后的期间发生的残损，原则上由仓库负责。

（4）仓储作业的过程。理货过程同时也是仓库管理员安排仓储、指挥装卸搬运作业的过程，仓库承担对货物的分类、分拣的作业过程。若采用外来员工作业，也是监督作业质量的一种手段。采用内部员工作业的，理货人员就是内部作业的质量管理的监控人。

（5）交接工作。货物经理货确认，由理货人员与送货部门或者承运人办理货物交接手续，签署送货单或交接清单，签署现场单证，接收送货文件。

2. 理货的内容

仓库理货是仓库管理人员在货物入库现场的管理工作，其工作内容除了理货的具体操作外，还包括货物入库的一系列现场管理工作。

（1）清点货物件数。对于件装货物，包括有包装的货物、裸装货物、捆扎货物，根据合同约定的计数方法，点算完整货物件数，如合同中没有约定，则点算运输包装件数（又称大数点收）。合同计件方法为点算细数以及需要在仓库拆除包装的货物则需要点算最小独立包装（装潢包装）的件数，包括捆扎细数、箱内小件数等；对于件数和单重同时要确定的货物，一般只点算运输包装件数。对入库拆箱的集装箱，则要在理货时开箱点数。

（2）查验货物单重、尺度。货物单重是指每一运输包装的货物的重量。单重确定了包装货物内含量，分为净重和毛重。对于需要拆除包装的需要核定净重。货物单重一般通过称重的方式核定。

对于以长度或者面积、体积交易的货物，入库时要对货物的尺度进行丈量。丈量的项目（长、宽、高、厚等）根据约定或者货物的特性确定，通过使用合法的标准量器如卡尺、直尺、卷尺等进行丈量。同时，货物丈量还是区分大多数货物规格的方法，如管材与木材的直径、钢材的厚度等。

（3）查验货物重量。指对入库货物的整体重量进行查验。对于计重货物（如散装货物）、件重并计（如包装的散货、液体）货物，需要衡定货物重量。货物的重量分为净重和毛重，毛重减净重为皮重。根据约定或具体情况确定衡量毛重还是净重。

（4）检验货物表面状态。理货应对每一件货物进行外表感官检验，查验货物外表状态，检查货物有无包装破损、内容外泄、油污、散落、标志不当等不良质量状况。

（5）剔除残损。在理货时发现货物外表状况不良或者怀疑其内容损坏等，应将不良货物剔除，单独存放，避免与其他正常货物混淆。待理货工作结束后进行质量确定，包括确定内容、油污、损坏，以及受损程度。

（6）货物分拣。仓库原则上采取分货种、分规格、分批次的方式存储货物，以保证仓储质量。对于同时入库的多品种、多规格货物，仓库应进行分拣、分类、分储。理货工作就是要进行货物确认和分拣工作。对于特殊的分拣作业，如对外表的分颜色、分尺码等，也应在理货时进行作业。

（7）安排货物，指挥作业。由理货人员进行卸车、搬运、堆垛作业的指挥。根据货物质量检验的需要，指定检验货位，对于无须进一步检验的货物，直接确定存放位置。要求作业人员按照预定的堆垛方案堆码货物或者上架。对货垛需要的垫垛，堆垛完毕的苫盖，指挥作业人员按要求指挥作业。作业完毕，要求作业人员清扫运输工具、搬运工具、作业现场，收集地脚货。

（8）处理现场事故。对于在理货中发现的货物残损，不能退回的，仓库只能接收，但要制作残损记录，并由送货人、承运人签署确认。在作业中发生的工损事故，也应制作事故报告，由事故责任人签署。

（9）办理交接。由理货人员与送货人、承运人办理货物交接手续，接收随货单证、文件，填制收费单据，代表仓库签署单证，提供单证由对方签署。

3. 理货的方法

（1）在运输工具现场进行理货。仓库理货必须在送货入库的运输工具现场进行理货。一般在车旁与卸货同时进行；或者在车上点数，卸车时查验外表状态。除非在特殊情况下或者对特殊货物，经送货人、存货人同意，可以在其他地方理货。如双方同意在货垛点数，有开箱查验货物内容、重量的要求时，约定卸车时可不查验外表质量。

（2）与送货人共同理货。理货是货物交接的一个环节，因而理货必须由交接双方在场共同理货，以免将来发生争议。如果送货人或者存货人拒绝参与理货，表明其放弃理货权利，只能接受仓库单方的理货结论。

（3）按送货单或者仓储合同理货。仓库员在理货时，按照仓储合同的约定或者送货单的货物记载、质量要求进行理货，只要货物符合单据、合同所描述的状态和质量标准，符合送货人提供的验收标准，就可以验收，无须要求货物的绝对质量合格。如运单记载货物使用旧包装，则并不要求包装物表面无污迹。没有约定质量标准的，按照国家标准、行业标准或者储藏保管质量不发生变化的要求进行验收。

（4）在现场进行记录和及时签署单证。对在理货中查验的事项、发现的问题，理货员应在现场进行记录和编写单证，并要求送货人给予签署证明，不能等待事后补编补签。

二、指派货位

1. 货位布局的主要形式

（1）横列式布局。横列式布局是指货垛或货架的长度方向与仓库的侧墙互相垂直。这种布局的主要优点是：主通道长且宽，副通道短，整齐美观，便于存取查点，如果用于库房布局，还有利于通风和采光，如图 2—3—2 所示。

图 2—3—2 仓库横列式布局

（2）纵列式布局。纵列式布局是指货垛或货架的长度方向与仓库侧墙平行。这种布局的优点是可以根据库存物品在库时间的不同和进出频繁程度安排货位：在库时间短、进出频繁的物品放置在主通道两侧；在库时间长、进出库不频繁的物品放置在里侧，如图 2—3—3 所示。

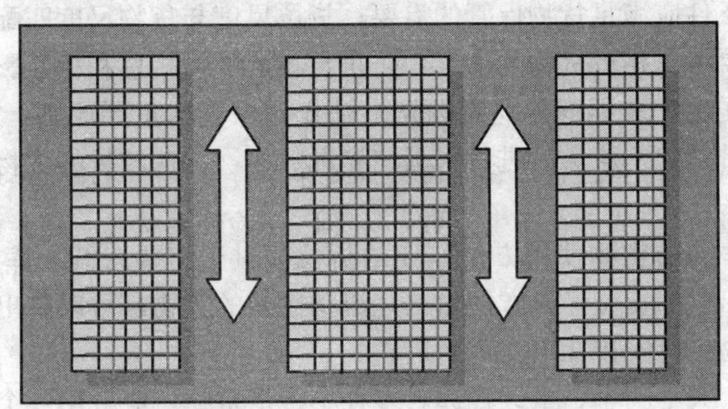

图 2—3—3 仓库纵列式布局

（3）混合式布局。混合式布局是指在同一保管场所内，横列式布局和纵列式布局兼而有之，可以综合利用两种布局的优点。如图 2—3—4 所示。

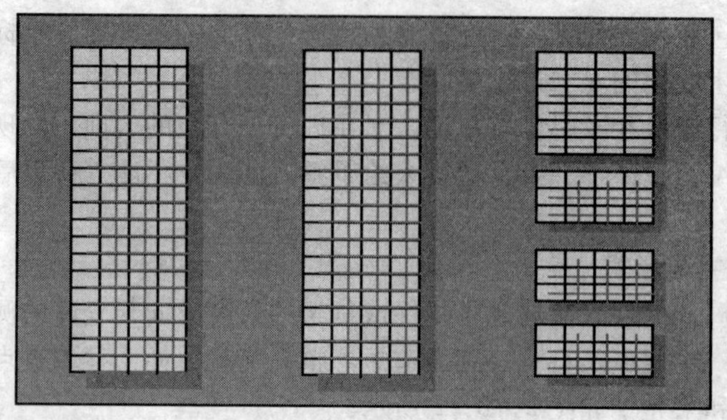

图 2—3—4　仓库混合式布局

2. 仓库货位的使用方式

（1）不固定货物的货位。不固定货物的货位是指货物任意存放在有空的货位，不加分类。不固定货位虽然能提高货位使用率，但是仓库内显得混乱，不利于管理和货物查找。周转极快的专业流通仓库，货物保管时间极短，大都采用不固定方式。计算机管理能弥补仓库管理和货物查找方面的不足。采用不固定货位的方式，必须遵循仓储的分类安全原则。

（2）固定货物的货位。固定货物的货位是指把确定的货物存放在这类货位中，严格地区分使用，决不混用、串用。一般长期货源的计划库存、配送中心等大都采用这种方式。固定货位是专门用来存储固定货物的，便于拣选、查找货物，但是仓容利用率较低。由于是固定货物，可有针对性地对货位进行装备，便于提高货物保管质量。

（3）分类固定货物的货位。分类固定货物的货位是指对货位进行分片、分区，同一区内只存放一类货物，但在同一区内的货位则采用不固定使用的方式。这种方式有利于货物保管，也有利于货物查找，提高货位使用率。大多数储存仓库都使用这种方式。

3. 选择货位的原则

（1）根据货物的尺度、货量、特性、保管要求选择货位。货位的通风、光照、温度、排水、防风、防雨等条件应满足货物保管的需要；货位尺度与货物尺度匹配；货位的容量与货量接近；选择货位要考虑相近货物的情况，防止与相近货物相忌和相互影响。

（2）保证先进先出、缓不围急。先进先出是仓储保管的重要原则，能避免货物超期变质。较好的货位安排是：要避免后进货物围堵先进货物，存期较长的货物不能围堵存期较短的货物。

（3）出入库频率高的货物使用方便作业的货位。对于需要持续入库或者持续出库的货物，应安排在靠近出口的货位，以方便出入；流动性差的货物，可以离出入口较远。同样的道理，存期短的货物也应安排在出入口附近。

（4）小票集中、大不围小、重近轻远。多种小批量货物，应合用一个货位或集中在一个货位区，避免夹存在大批量货物的货位中；重货应离装卸作业区近，减少搬运作业量或者直接采用装卸设备进行堆垛作业。使用货架时，重货应放在货架下层，需要人力搬运的重货，要存放在腰部高度的货位。

（5）方便操作。安排的货位要保证搬运、堆垛、上架的作业方便，有足够的机动作业场地，能使用机械进行直达作业。

(6) 作业分布均匀。安排货位时，应尽可能避免仓库内或者同作业线路上同时有多项作业进行，以免相互妨碍。

三、商品搬运、堆码及苫垫技术

1. 搬运技术

(1) 搬运的基本概念。商品搬运是物流活动的重要环节。没有搬运，就实现不了货物从生产地到使用地的流动。搬运活动渗透到物流各领域、各环节，成为物流活动顺利进行的关键。商品搬运伴随着物流的始终，联系着物流的其他功能，成为提高物流效率、降低物流成本、改善物流条件、保证物流质量最重要的物流环节之一。

搬运指的是在同一地域范围内进行的、以改变物的存放状态和空间位置为主要内容和目的的活动。搬运是将不同形态的散装、包装或整体的原料、半成品或成品，在平面或垂直方向加以提起、放下或移动，可能是要运送，也可能是要重新摆放，使商品能适时、适量地移至适当的位置或场所。

在仓储配送中心，从商品入库到出库，都会涉及搬运作业，它衔接着仓储管理的其他作业活动，因此，在这里详细介绍搬运作业的管理方法。

在入库环节中，经过充分的入库准备及货位安排后，搬运人员就可把验收场地上经过检验合格的入库货物，按每批入库单开制的数量和相同的品种集中起来，分批送到预先安排好的货位，要做到进一批、清一批，严格防止品种互串和数量溢缺。

在搬运过程中，要尽量做到一次连续搬运到位，力求避免入库货物在搬运途中的停顿和重复劳动，对有些批量大，包装整齐，送货单位又具备机械操作条件的入库货物，要争取送货单位的配合，利用托盘实行定额装载，往返厂库之间，从而提高计数准确率，缩短卸车时间，加速货物入库。

(2) 搬运作业的特点

1) 搬运对象复杂。在物流过程中，货物是多种多样的，它们在性质上（物理、化学性质）、形态上、重量上、体积上以及包装方法上都有很大区别。即使是同一种货物在搬运前的不同处理方法，也可能产生完全不同的搬运作业。单件装卸和集装化装卸、水泥的袋装搬运和散装的搬运等，都存在着很大差别。从搬运的结果来看，有些货物经搬运后要进行储存，有些商品搬运后要进行运输。不同的储存方式、运输方式，对搬运设备运用、装卸搬运方式的选择都提出了不同的要求。

2) 搬运作业量大。据调查，我国机械工厂每生产 1 t 产品，需要进行 252 吨・次的搬运。中国年产煤炭十几亿吨，年产钢材上亿吨，5 万多亿元的工业总产值，1 万多亿元的农业总产值……在这些生产成果的背后和生产过程当中，搬运的作业量是根本无法算清的。

在某一地区生产和消费的产品，商品的运输量会因其数量的减少而减少，然而商品的搬运量却不一定减少。在远距离的供应与需求过程中，装卸作业量会随运输方法的变更、仓库的中转、货物的集疏、物流的调整等大幅度提高。

3) 搬运作业不均衡。在生产领域，由于生产活动要有连续性和比例性，力求均衡，故企业内搬运相对也比较均衡。然而，商品一旦进入流通，由于受到商品产需衔接、市场机制的制约，物流量便会出现较大的波动。商流是物流的前提，某种货物的畅销和滞销、远销和近销，销售批量的大与小，围绕货物实物流量便会发生巨大变化。从物流领域内部观察，运输路线上的“限制口”，“跑在中间、窝在两头”的现象广泛存在，搬运量也会出现忽高忽低的现象。另外，各种运输方式由于运量上的差别，运速的不同，使得港口、码头、车站等不同物流结点也会出现集中到货或停滞等待的不均衡搬运。

4）搬运对安全性要求高。搬运作业需要人与机械、货物、其他劳动工具相结合，工作量大，情况变化多，很多作业环境复杂，这些都导致了搬运作业中存在着不安全的因素和隐患。创造搬运作业适宜的作业环境，改善和加强劳动保护，对任何可能导致不安全的现象都应设法根除，防患于未然。搬运的安全性，一方面直接涉及人身，另一方面涉及商品。搬运同其他物流环节相比安全系数较低，因此，也就要更加重视搬运的安全生产问题。

（3）搬运作业的基本原则

1）减少搬运环节，简化物流流程。有时候，搬运不仅不增加货物的价值和使用价值，相反增加了货物破损的可能性和成本。因此，首先要研究各项搬运作业环节的必要性，尽可能地取消、合并搬运环节和次数，消灭重复的、无意义的、可进行可不进行的搬运作业。车辆不经换装直接过境，大型发货点铺设专用线，门到门的集装箱联运等都大幅度地减少了转运环节和次数。必须进行的搬运作业，应不停顿、不间断地流畅进行。必须进行的转运作业，在可能的条件下，应尽量不使货物落地（直接转运）。

2）实行集中作业，提高作业效率。集中作业才能使作业量达到一定水平，为实现机械化、自动化创造条件。所以，在流通领域，只要条件允许，装货点和卸货点应规划在一起，缩短装卸间的搬运距离。

3）协调各方面，推行物流标准化。搬运作业与物流其他环节间，搬运的各工序、工位间，装载点与卸载点间，物流与其信息流之间，在管理、工艺、装备、设施、效率等方面都要协调。铁路车站在实践中总结出的进货为装车做准备，装车为卸车做准备、卸车为出货做准备的作业原则，就是本项基本原则在装卸铁路车辆中的具体应用。

4）合理配载货物，注意营运安全。搬运时，要根据货物的轻重、大小、形状、物理及化学属性、去向、存放期限、车船的型号等采用恰当的装载方法，使运载工具满载、库容得到充分利用。

5）提倡文明装卸，创造有利环境。要采取一系列有效的措施，坚决杜绝野蛮装卸，在搬运作业中，要保证货物完好无损；搬运作业人员、搬运设备和设施、运载与储存设备和设施，都不可因搬运作业的进行而受到损坏。

另外，搬运作业对环境造成的各种污染都要限制在有关标准规定的范围内；操作一定要按工艺要求，缓起轻放、不碰不撞；堆码要定型化、重不压轻、标志在外；通道和作业场的各种标志要明显；设备的安全装置及标志要齐全、有效；工人的穿戴装束要整洁美观，符合劳动保护的有关规定；组织工艺、装备、设施、劳动强度以及作业环境的色调、光线、温湿度卫生状况等都要符合人体工程学、劳动心理学等科学原则。在设备、设施、工艺现代化的同时，要改变搬运只是一种简单的体力劳动的观念，积极引进全面质量管理等现代化管理方法，使搬运作业的运营组织工作从经验上升为科学。

（4）搬运作业的基本要求。为了提高物流质量和效率，对搬运作业还有以下几项要求。

1）装卸设备、设施、工艺等标准化。搬运的工艺、装备、设施、货物单元或包装、运载工具、集装工具等作业的标准化、系列化、通用化，是搬运实现流通一体化，搬运机械化、自动化的基本前提。

2）提高货物集装化或散装化作业水平。成件货物集装化、粉粒状货物散装化是提高作业效率的重要方向。所以，成件货物应尽可能集装成托盘系列、集装箱、货捆、货架、网袋等货物单元再进行搬运作业。各种粉粒状货物应尽可能采用散装化作业，直接装入专用车、船、库。不宜散装化的粉粒状货物也可装入专用托盘箱、集装箱内，提高货物活化指数，便于采用机械设备进行搬运作业。

3）提高搬运的连续性。必须进行的搬运作业，应按流水作业原则运作，各工序间应密切衔接；必须进行的换装作业，也应尽可能采用直接换装方式。

4）做好装卸现场组织工作。装卸现场的作业场地、进出口通道、作业线长度、人机配置等布局设计要合理，能使现有的和潜在的装卸能力充分发挥或发掘出来。避免因组织管理工作不当，造成装卸现场拥挤、阻塞和紊乱的现象。

（5）常用搬运设备。常用搬运设备主要有叉车、起重机、输送机、堆垛机等。

（6）搬运的发展趋势

1）搬运技术随着物流技术的提高而走向机械化、电子化和自动化。在实现了托盘化的物流系统中，搬运以托盘为单位进行，这样，可以大大提高物流过程的连续性，提高搬运作业的效率和质量。在一定质量和体积范围内，如货物一般不重于 50 kg，装卸作业则可采用电子传送带进行货物分类、搬运等作业。在高架仓库中可采用计算机控制货物分类、存放作业的自动化仓库管理系统。

2）搬运作业随着整个物流过程的延伸走向一体化。为了降低流通、消费领域中搬运作业的难度，在市场经济和专业化分工的条件下，国外一些物流中心开始根据物流业务的需要把搬运作业延伸到生产、流通、消费等领域，逐步形成了一体化的作业体系。

2. 物品的堆码技术

（1）堆码操作的要求

1）牢固。进行堆码工作的工人必须严格遵守安全操作规程；使用各种装卸搬运设备，严禁超载，同时还须防止建筑物超过安全负荷量。码垛必须不偏不斜，不歪不倒，牢固坚实，以免倒塌伤人，摔坏商品。

2）合理。不同商品的性能、规格、尺寸不相同，应采用各种不同的垛形。不同品种、产地、等级、单价的商品，应分开堆码，以便收发、保管。货垛的高度要适度，以不压坏底层商品和地坪，并与屋顶、照明灯保持一定距离为原则；货垛的间距，走道的宽度，货垛与墙面、梁柱的距离等，都要合理、适度。垛距一般为 0.5～0.8 m，主要通道宽为 2.5～3 m。

3）方便。货垛行数、层数，要力求成整数，以便于清点、收发作业。若过秤商品不成整数，应分层标明质量。

4）整齐。货垛应按一定的规格、尺寸叠放，排列整齐、规范。商品包装标志应一律向外，以便于查找。

5）定量。商品储存量不应超过仓储定额，即应储存在仓库的有效面积、地坪承压能力和可用高度允许的范围内。同时，应尽量采用“五五化”（五五成行、五五成方、五五成包、五五成堆、五五成层）堆码方法，以便于记数和盘点。

6）节约。堆垛时应注意节省空间位置，适当、合理地安排货位的使用，提高仓容利用率。

（2）货垛安排

1）货垛“五距”的规范要求。货垛的“五距”指：垛距、墙距、柱距、顶距和灯距。叠堆货垛时，不能依墙、靠柱、碰顶、贴灯；不能紧挨旁边的货垛，必须留有一定的间距。

2）货垛可堆层数、占地面积的确定。商品在堆垛前，必须先计算货垛的可堆层数及占地面积。对于规格整齐、形状一致的箱装商品，可参考以下公式计算：

占地面积＝总件数÷可堆层数×每件商品底面积

（3）商品堆码方法

1）散堆法。是指将无包装的散货在库场上堆成货堆的存入方式。这种方式特别适用于大宗散货，如煤炭、矿石、散粮和散化肥等。这种堆码方式简便，便于采用现代化的大型机械设备，节省包装费用，提高仓容的利用率，降低运费。

2）堆垛法。对于有包装（如箱、桶）的物品，包括裸装的计件物品，采取堆垛的方式储存。堆垛方式储存能够充分利用仓容，做到仓库内整齐，方便作业和保管。物品的堆码方式主要取决于物品本身的性质、形状、体积、包装等。一般情况下多采取平放，使重心最低，最大接触面向下，易于堆码，稳定牢固。

常见的堆码方式包括重叠式、纵横交错式、仰伏相间式、压缝式、通风式、栽柱式、衬垫式等。

①重叠式。重叠式也称直堆法，是逐件、逐层向上重叠堆码，一件压一件的堆码方式。为了保证货垛的稳定性，可在一定层数后改变方向继续向上，或者长宽各减少一件继续向上堆放。该方法方便作业、计数，但稳定性较差。适用于袋装、箱装、箩筐装物品，以及平板、片式物品等。如图2—3—5所示。

②纵横交错式。纵横交错式是指每层物品都改变方向向上堆放。适用于管材、捆装、长箱装物品等。该方法较为稳定，但操作不便。如图2—3—6所示。

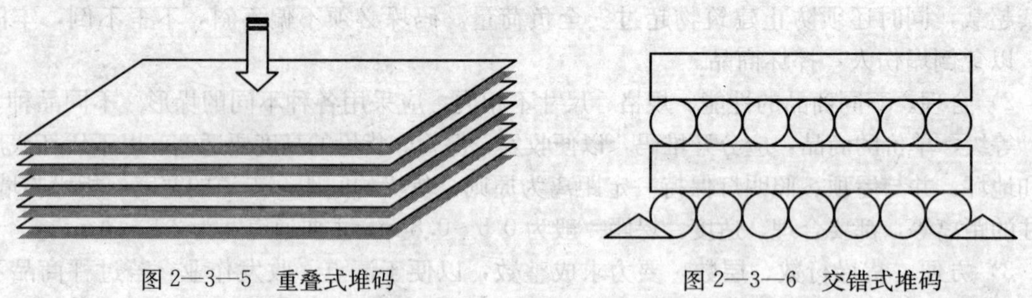

图2—3—5　重叠式堆码　　图2—3—6　交错式堆码

③仰伏相间式。是指对上下两面有大小差别或凹凸的物品，如槽钢、钢轨等，将物品仰放一层，在反一面伏放一层，仰伏相向相扣。该垛极为稳定，但操作不便。如图2—3—7所示。

④压缝式。是指将底层并排摆放，上层放在下层的两件物品之间。如图2—3—8所示。

图 2—3—7 仰伏相间式堆码

图 2—3—8 压缝式堆码

⑤通风式。是指物品在堆码时，任意两件相邻的物品之间都留有空隙，以便通风。层与层之间采用压缝式或者纵横交错式。通风式堆码可以用于所有箱装、桶装以及裸装物品堆码，起到通风防潮、散湿散热的作用，如图 2—3—9 所示。

⑥栽柱式。是指码放物品前先在堆垛两侧栽上木桩或者铁棒，然后将物品平码在桩柱之间，几层后用铁丝将相对两边的柱拴连，再往上摆放物品。此法适用于棒材、管材等长条状物品。如图 2—3—10 所示。

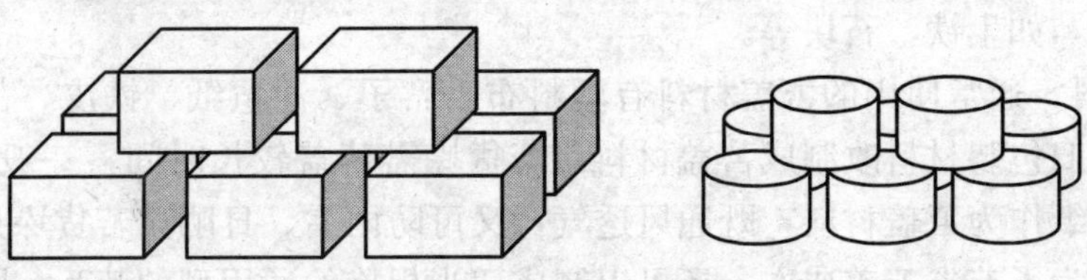

图 2—3—9 通风式堆码

⑦衬垫式。是指码垛时，隔层或隔几层铺放衬垫物，衬垫物平整牢靠后，再往上码。此法适用于不规则且较重的物品，如无包装电动机、水泵等。

(4) 托盘上存放物品。由于托盘在物流系统中的运用得到认同，因此就形成了物品在托盘上的堆码方式。托盘是具有标准规格尺寸的集装工具，因此，在托盘上堆码物品可以参照典型堆码图谱来进行。如硬质直方体物品可参照中华人民共和国国家标准 GB/T 4892—2008《硬质直方体运输包装尺寸系列》硬质直方体在 1 140 mm×1 140 mm 托盘上的堆码图谱进行。圆柱体物品可参照中华人民共和国国家标准 GB/T 13201—1997《圆柱体运输包装尺寸系列》圆柱体在 1 200 mm×1 000 mm、1 200 mm×800 mm、1 140 mm×1 140 mm 托盘上的堆码图谱进行。

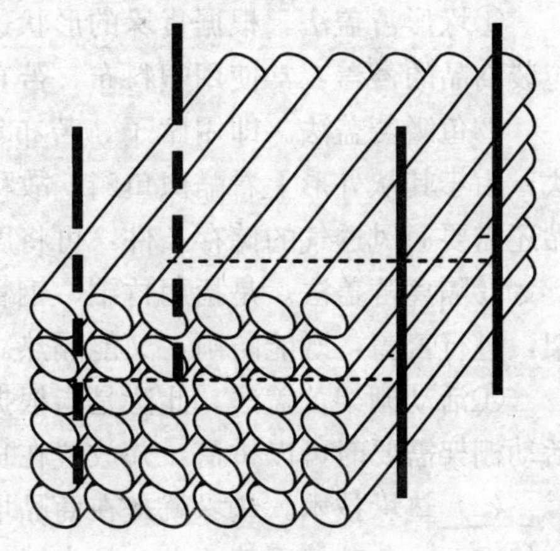

图 2—3—10 栽柱式堆码

(5)“五五化”堆垛。“五五化”堆垛就是以“五”为基本计算单位，堆码成各种总数为五的倍数的货垛，以五或五的倍数在固定区域内堆放，使货物“五五成行、五五成方、五五成包、五五成堆、五五成层”，堆放整齐，上下垂直，过目知数。便于货物的数量控制、清点盘存。如图 2—3—11 所示。

图 2—3—11 “五五化”示意图

3. 物品的苫垫技术

商品在堆垛时一般都需要苫垫，即把货垛垫高，并对露天货物进行苫盖，只有这样才能使商品避免受潮、淋雨、暴晒等，保证储存、养护商品的质量。

（1）苫盖技术

1）苫盖目的。为了防止商品直接受到风吹、雨淋、日晒、冰冻的侵蚀，存放在露天货场的商品一般都需苫盖，因此商品在堆垛时必须叠堆成易苫盖的垛形，如屋脊形、方形等，并选择适宜的苫盖物。对于某些不怕风吹、雨淋、日晒的商品，如果货场排水性能又好，也可以不进行苫盖，如生铁、石块等。

2）苫盖材料。通常使用的苫盖材料有塑料布、席子、油毡纸、铁皮、苫布等，也可以利用一些商品的旧包装材料改制成苫盖材料。若货垛需苫盖较长时间，一般可用两层席子，中间夹一层油毡纸作为苫盖材料，既通风透气，又可防雨雪、日晒；若货垛只需临时苫盖一下，可用苫布。为了节省苫盖成本，还可以制成适当规格的通用型的苫瓦，既方便使用，又可以反复利用。

3）苫盖方法。苫盖的方法主要有以下几种。

①垛形苫盖法。根据货垛的形状进行适当的苫盖，适用于屋脊形货垛、方形货垛及大件包装商品的苫盖，常使用塑料布、苫布、席子等。

②鱼鳞苫盖法。即用席子、苫布等苫盖材料，自下而上、层层压茬围盖的一种苫盖方法，由于其从外形上看酷似鱼鳞，故称鱼鳞苫盖法。此法适用于怕雨淋、日晒的商品，若商品还需要通风透气的储存条件，可将席子、苫布等苫盖材料的下端反卷起来，使空气流通。

③隔离苫盖法。是指用竹竿、钢管、旧苇席等，在货垛四周及垛顶隔开一定空间打起框架，进行苫盖，既能防雨，又能隔热。

④活动棚架苫盖法。此法是指根据常用的垛形制成棚架，棚架下还装有滑轮可以推动。活动棚架需要时可以拼搭，并放置在货垛上，用做苫盖，不需时则可以拆除，节省空间。

（2）垫垛技术。垫垛就是在商品堆垛前，根据货垛的形状，底面积大小，商品保管、养护的需要，负载轻重等要求，预先铺好垫垛物的作业。

1）垫垛目的。垫垛是为了使堆垛的商品免受地坪潮气的侵蚀，使垛底通风透气，提高储存商品的保管养护质量，是仓储保管作业中必不可少的一个环节。

2）垫垛材料。通常采用枕木、石墩、水泥墩、木板、防潮纸等材料垫垛，根据不同的储存条件，商品的不同要求，采用不同的垫垛材料。

3）垫垛方法

①码架式。即采用若干个码架，拼成所需货垛底面积的大小和形状，以备堆垛。码架是

用垫木为脚，上面钉着木条或木板的构架，专门用于垫垛。码架规格不一，常见的有：长2 m、宽1 m、高0.2 m或0.1 m，不同储存条件，所需码架的高度不同，楼上库房使用的码架，高度一般为0.1 m；平房库使用的码架，高度一般为0.2 m；货棚、货场使用的码架高度一般为0.3～0.5 m。

②垫木式。即采用规格相同的若干根枕木或垫石，按货位的大小、形状排列，作为垛垫。枕木和垫石一般都是长方体的，其宽和高相等，约为0.2 m，枕木较长约2 m，而垫石较短约0.3 m。这种垫垛方法的最大优点是，拼拆方便，不用时节省储存空间。适用于底层库房及货棚、货场垫垛。

③防潮纸式。即在垛底铺上一张防潮纸作为垛垫。常用芦席、油毡、塑料薄膜等防潮材料，对于地面干燥的库房，同时储存的商品对通风要求又不高时，可在垛底垫一层防潮纸防潮。

任务实施

实施该任务包括两个方面，一个是模拟理货，另一个是分区放置储位。

在模拟理货时，其程序应首先对入库货品进行分类。按照货品性质大致可分为食品（统一饼干、旺旺大礼包、龙口粉丝、福州鱼丸、烟台苹果、金龙鱼色拉油、莆田荔枝、武夷味精）、饮料（可口可乐、啤酒、光明牛奶、小黑子纯净水）、日化品（中华牙膏、奥妙洗洁精）、家电（美的电饭锅、海鸥洗衣机）、鞋子（安踏运动鞋、富贵鸟皮鞋）等五大类。其中食品还可细分为零食、调料、水果、食杂等小类。然后，按照“1. 清点货物件数⟶2. 查验货物单重、尺度⟶3. 查验货物重量⟶4. 检验货物表面状态⟶5. 剔除残损⟶6. 货物分拣⟶7. 安排货物，指挥作业⟶8. 处理现场事故⟶9. 办理交接”这一流程一一实施。

在分区放置储位的工作中，一般的超市配送中心多采用混合式布局，并分类固定货物的货位。本任务中，在选择货位时，结合超市配送中心的特点，应遵守以下原则：

（1）根据货物的尺度、货量、特性、保管要求选择货位。

（2）保证先进先出、缓不围急。

（3）出入库频率高的货物使用方便作业的货位。

（4）小票集中、大不围小、重近轻远。

（5）方便操作。

（6）作业分布均匀。

因此，需注意可口可乐与小黑子矿泉水等相同性质的物品可以放在一起，而与奥妙洗洁精等化工品不能放在一起，其他物品同理。由于该批物品都在室内且重量不大，所以无须苫盖与垫衬。

技能训练

根据学校自身实训场所情况，结合上述任务的实际入库作业，以团队形式组成包括调度员、仓库保管员、理货员、搬运工等岗位的入库检验作业小组，实施各项操作步骤，模拟本入库作业任务。

在操作中注意各项单据的填制、操作步骤流程的合理性及各项硬件设备操作的规范性，同时注意团队成员的相互配合和各项信息的沟通与确认。

思考与练习

1. 什么是理货？在仓储管理的过程中进行理货作业的目的是什么？
2. 货位安排的注意事项有哪些？
3. 堆垛的方法有哪些？各有什么优缺点？

任务4　账卡与货物信息档案管理

任务引入

A超市在建设现代化配送中心，应用信息系统和自动识别技术时，结合国际的先进实施经验，充分考虑集团的实际情况，因地制宜，量体裁衣，设计了一套完整的解决方案。方案利用现有的建筑物改建成物流中心，采用仓库管理系统（WMS）实现整个配送中心的全计算机控制和管理，而在具体操作中实现半自动化，以货架形式来保管，以条码形式进行实时物流操作，以自动化流水线来输送，以数字拣选系统来拣选。另外，在设备的选择方面也采取进口货与国产货合理搭配。

A超市配送中心的条码化为企业提高了生产效率和经济效益。例如百货类商品配送，从门店发出要货指令到配货作业完毕，以前要4 h以上，现在只要40 min。生鲜类配送更加讲究效率，门店从网上发出要货指令后，配送中心会根据每个门店的要货时间和地点远近，自动安排生产次序，自动加工，自动包装。以一盒肉糜为例，从原料投入到包装完毕，整个过程不超过20 min。

A超市在配送中心条码技术的实施运作已进入了成熟阶段后，又进一步顺势引进供应链管理信息化。在供应链管理系统中，总部可以通过网络即时了解各门店的销售情况；供应商可以通过A网络轻松地看到自己商品的销售、库存与周转，以便及时组织货源；门店实现了网上要货，所有账目自动生成，减轻了手工记账的劳动强度。而这些，都离不开全程的条码应用。配送中心和供应链管理的条码技术应用，最终使A超市的总成本下降了10%，供应链上的接点企业生产效率提高了10%以上。

请模拟实施该配送中心货品入库信息管理的步骤，并说明每个步骤的具体方法。

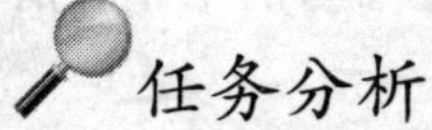

任务分析

账卡与货物信息档案管理是每个仓库和配送中心的信息中枢，在货品入库时建立完整的货品信息，对于货品的在库管理和出库调度产生重要的影响，要想完成好货品入库信息管理的相关任务，应首先学习账卡与货物信息档案管理的各项知识技能。

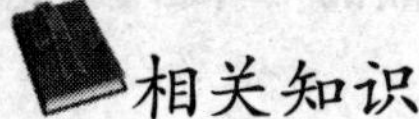

相关知识

物品验收合格后，仓管人员应该为物品办理入库手续，根据物品的实际检验及入库情况填写物品入库单，然后再对物品进行登记、设卡以及建档管理。

一、明细账登记

为了便于对入库物品的管理，正确地反映物品的入库、出库及结存情况，并为对账、盘点等作业提供依据，仓管人员还要建立实物明细账，以记录库存物品动态。实物保管明细账按货物的品名、型号、单价、货主等分别建立账号。此账采用活页式，按货物的种类和编号顺序排列。在账页上要注明货物号和档案号，以便查对。实物账必须严格按照货物的入、出库凭证及时登记，填写清楚、准确。记账发生错误时，要及时更正。账页记完后，应将结存数结转新账页，旧账页应保存备查。登账凭证要妥善保管，装订成册，不得遗失。实物保管要经常核对，保证账、卡、物相符。

明细账是反映在库储存货物进、出、存的动态账目，也是核对储存货物动态和保证与财务总账相符的主要依据。按照账目管理分工，企业的财务部门负责总账的管理，一般按物资大类记账，并凭此进行财务核算。货物保管部门则按物资明细大类记账，并凭此进行财务核算。货物保管部门负责物资明细账目的管理，凭此进行货物进、出业务活动。明细账除有货物的品名、规格、批次之外，还要标明货物存放的具体位置、物资单价和金额等。

1. 选择账册类型

实物明细账可分为无追溯性要求的普通实物明细账和有追溯性要求的库存明细账两种。仓管人员要根据对物品的具体保管要求，选择适当的账册，对物品库存情况进行记录。

（1）普通实物明细账。对只需反映库存动态的物品，如进入流通环节的物品或者企业的工具、备品备件等，可采用普通实物明细账记账。

（2）库存明细账。对有区分批次和有追溯性要求的物品，如企业生产的零部件、原材料等，可采用有追溯性的库存明细账记账。

2. 掌握登账方法

为了保证实物明细账的准确性、可用性，仓管人员在填写账册时要做到实事求是，依据合法的凭证，掌握正确的记录方法，并采用恰当的书写方式。

（1）登账凭证。仓管人员在登记实物明细账时，必须以正式合法的凭证，如物品入库单和出库单、领料单等为依据。

（2）记录方法。仓管人员在记账时，应依据时间顺序连续、完整地填写各项记录，不能隔行、跳页，并应对账页依次编号，在年末结存转入新账后，旧账页应该入档妥善保管。

（3）书写要求。仓管人员在记账时，应该使用蓝、黑墨水笔，并注意书写的工整、清晰，数字最好只占空格的2/3，以便于改错。

当发现记账错误时，不得刮擦、挖补、涂改或用其他药水更改字迹，而应在错处画一红线，表示注销，然后在其上方填上正确的文字或数字，并在更改处加盖更改人的印章，红线画过后原来字迹必须仍可辨认。

二、保管卡

物品保管卡又称凭卡、料卡，它是一种实物标签，是仓管人员管理物品的“耳目”，能够直接反映该垛货物的品名、规格、数量、单位及进出动态和积存数。

1. 确定保管卡内容

卡片应按入库通知单所列内容逐项填写。货物入库堆码完毕，应立即建立卡片，一垛一卡，物品保管卡的内容主要有以下几个方面：表示货物的状态，如待检、处理、不合格、合格等；表明货物的名称、规格、供应商和批次；物品的入库、出库与库存动态等信息。

保管卡上的内容不是一成不变的，仓管人员可以根据仓储业务的具体情况，对物品保管卡的具体内容做适当的调整。例如，对于设置了专门的待检门、待处理门、合格产品区、不合格产品区的仓库，在设置保管卡时，可以省略货物的状态；而为了便于对物品存量进行控制及管理，则可以在物品保管卡上增加物品的估计用量、安全库存等信息。

2. 放置保管卡

为了使保管卡充分发挥其作用，仓管人员在设置保管卡时，需要注意以下问题。

（1）选择恰当的放置位置。物品保管卡一般悬挂在上架物品的下方或放在物品的堆垛上。仓管人员在放置保管卡时，悬挂位置上要明显、牢固，便于随时填写。

（2）及时更新内容。在使用保管卡时，仓管人员要根据作业的内容，及时更新保管卡上的内容。当新物品入库时，要为其设置专门的保管卡；当物品入库时，出库、盘点后，要立即在卡上的相关位置填写具体信息；当某物品清库后，要将保管卡收回，并放置在该物品的档案中。

三、物品档案的建立

建立物品档案是指将与入库作业全过程有关的资料、证件进行整理、核对，建立资料档案，从而详细地了解物品入库前后的活动全貌，以便进行货物管理和保持客户联系，并为将来发生争议时提供凭据，同时，也有助于总结和积累仓管经验，为货物的保管、出库业务创造良好的条件。

1. 收集档案资料

物品档案反映了物品从入库、储存到出库的所有变化。为了建立完善的物品档案，仓管人员需要收集的入库资料具体包括以下几种：物品出厂时的各种凭证和技术资料，如物品技术证明、合格证、装箱单、发货明细表等；物品运输过程中的各种单据，如运输单、货运记录等；物品验收入库的入库通知单、验收记录、磅码单、技术检验报告等。

2. 建立并保管档案

在物品入库后，仓管人员应该收集入库时的资料，建立物品档案，并对其进行管理。在对档案进行管理时，应该注意以下问题。

（1）应一物一档。即建立货物档案应该是一物（一票）一档。

（2）对档案统一编号。为了防止档案的丢失，并方便查阅，货物档案应进行统一编号，并在档案上注明货物号。同时，在实物保管明细账上注明档案号。

（3）确定资料的保管期。为了加强对档案中的资料的保管，仓管人员要根据实际情况确定资料的保管期限。对其中的有些资料，如库区气候资料、物品储存保管的试验资料，应长期保留。

（4）及时更新资料。对于库存物品的变化，仓管人员要及时收集新的资料，并将其放置于物品档案中。当某物品全部出库后，除必要随货同行而不能以复印件或抄送的形式传递的技术证件外，其余均应留在档案内，并将物品出库证件、动态记录等整理好一并归档。

任务实施

A超市配送中心条码技术的具体应用环节如下。

一、进货入库

进货后，由仓库管理系统（WMS）进行登记处理，生成入库指示单，同时发出是否能入库的指示。如果仓库容量已满，无法入库，系统将发出向附近仓库入库的指示。接到系统发出的入库指示后，工作人员将货物堆放在空托盘上，并用手持终端对该托盘的号码及进货品种、数量、保质期等数据进行进货登记输入。

在入库登记处理后，工作人员用手动叉车将货物搬运至入库品运载装置处。按下入库开始按钮，入库运载装置开始上升，将货物送上入库输送带。在货物传输过程中系统将对货物进行称重和检测，如不符合要求（例如超重、超长、超宽等），系统将指示其退出；符合要求的货物，方可输送至运载升降机。

同时，输送带侧面安装的条码阅读器将对托盘条码进行确认，计算机对托盘货物的保管和输送目的地发出指示。接到向第一层搬送指示的托盘，在经过升降机平台时，不再需要上下搬运，将直接从当前位置经过一层的入库输送带自动分配到一层入库区等待入库。接到向二层至四层搬送指示的托盘，将由托盘升降机自动传输到所需楼层。当升降机到达指定楼层后，由各层的入库输送带自动搬运货物到入库区。

货物在下平台前，根据入库输送带侧面设置的条码阅读器，将托盘号码输入计算机，并根据该托盘情况，对照货位情况，发出入库指示，然后由叉车从输送带上取下托盘。叉车作业者根据手持终端指示的货位号将托盘入库，经确认后，在库货位数将进行更新。

二、拣选出货

当根据订单进行配货时，仓库管理系统（WMS）会发出出库指示，各层平台上设置的激光打印机根据指示打印出货单。在出库单上，货物的拣选路径依次被打印。这时，系统中的商店号码显示器显示出需要配送的商店号码，数据显示器显示出需要拣选的数量，同时工作人员在空笼车上的塑料袋里插好出库单，在黑板上写上楼层号和商店号，并将空笼车送到仓库。做好以上准备后，方可进行商品拣选工作。

工作人员在确认笼车在黑板上记载的商店号码与商店号码显示器显示的一致后，开始进行拣选工作。根据货位上数码显示器显示拣选的数量，依次进行拣选。数码显示器配备的指示灯可以显示三种不同颜色，分别对应箱、包、件三种不同的拣选单位，以满足各种拣选需求。当拣选作业结束后，按“完成”按钮即可。

各平台仓库分成17个拣选区域，区域内拣选结束后，区域拣选“完成”指示灯会自动闪亮，工作人员再按下区域拣选“完成”按钮，便可继续进行下一个区域的拣选工作。当各个区域内所有拣选处理结束后，系统将自动显示出下一个商店的拣选数据。

思考与练习

商品为什么要建档？在建档过程中要注意什么？

模块三

在库作业管理

任务1 盘点作业

任务引入

某公司原物料种类达 3 000 多种，成品 300 多种，由 7 个仓管员分片区管理。物料收料后先用半张 A4 纸标记物料信息，进出库时登记料卡、填写料单，再到电脑中记录到 Excel 电子表格中，并更新对应库区白板记录。随着公司规模的扩大和物料数量的增加，盘点的压力和风险日益增加。盘点中暴露出的问题主要有料账不符，账册上登录的数据和实物不相符，大部分物料未入账册等。

由于仓库没有使用任何仓储物流软件，所有物料记录的地方都是手工登记物料的名称、数量、规格、出入库日期等信息，手工记录工作量大，数据的及时性和准确性完全依赖仓管员的工作责任心。

该公司的客户基本采用条码系统管理物料，要求该公司在发货前根据他们的要求打印和粘贴条码标签。手工记录数据和标签打印工作不仅效率低下，存在错误隐患，而且是不增值的行为，一定程度上影响客户关系管理。

根据该公司现状进行合理改进，制定盘点流程。

任务分析

传统的仓库管理以结果为导向，过程往往是黑洞，甚至有些人认为反正“肉烂在锅里”，只要东西没丢，物料管理过程能不能搞得清楚不重要。但仓库管理仅凭仓管员人脑记忆和手工录入，不但费时费力，而且容易出错。该公司的仓库管理就遇到了这样的困惑。

仓储管理的信息化是现代化仓库管理的趋势，随着信息技术不断发展，尤其是信息网络化的应用，仓储信息处理越来越复杂，信息数据量也更为庞大，来源分布广且复杂。如果仍采用手工收集数据，会大大增加信息采集人员和信息输入人员的数量，降低信息正确率和信息系统的执行效率。

在仓库管理中引入条码技术，可对库存盘点的数据进行自动化的数据采集，保证仓库管理各个作业环节数据输入的效率和准确性，确保企业及时准确地掌握库存的真实数据，合理保持和控制企业库存。通过科学的编码，还可方便地对物品的批次、保质期等进行管理。

所以，要圆满完成此任务，应首先了解盘点作业的要点和要求，然后结合信息化技术设备，进行合理改进。

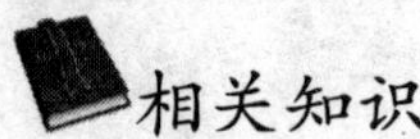

相关知识

盘点是指定期或不定期对库存商品的实际数量进行清查、清点的作业，以便准确地掌握库存数量。在仓储作业过程中，商品不断地进库和出库，产生的误差经过一段时间的积累会使库存数据与实际数量不相符。甚至有些商品因长期存放，品质下降，不能满足客户需要。为了对库存商品的数量进行有效控制，并查清商品在仓库中的质量状况，必须定期对各储存场所进行清点作业。盘点作业对于准确了解和掌握库存的数量、质量、动态变化等有着重要的意义。

一、盘点作业的目的

商品盘点的最终目的是保证账面与实际情况相符合。具体表现在以下几个方面。

1. 查清实际库存数量

由于众多原因，如收发中记录库存数量时多记、误记、漏记；作业中导致商品损坏、遗失；验收与出货时清点有误等，往往导致账面库存数量与实际库存数量不符，通过盘点可清查实际库存数量与账面库存数量，发现问题，查明原因，及时调整。

2. 计算企业资产的损益

库存商品的数额能够直接反映出企业流动资金的周转情况，库存量过高，企业流动资金的正常运转将受到威胁，盘点可以准确的计算出企业的实际损益。

3. 发现商品管理中存在的问题

通过盘点可确定是盘亏还是盘盈，并采取相应措施，提高库存管理水平，减少损失。

二、盘点分类

盘点分为账面盘点及现货盘点。账面盘点又称为永续盘点，就是把每天入库及出库货品的数量及单价，记录在计算机或账簿上，而后不断地累计加总算出账面上的库存量及库存金额。而现货盘点也称为实地盘点或实盘，就是实地去点数调查配送中心内的库存数，再依货品单价计算出实际库存金额的方法。一般情况下，配送中心的盘点是指现货盘点。

现货盘点依其盘点时间的不同又分为期末盘点及循环盘点。期末盘点是指在会计计算期末统一清点所有商品数量的盘点。循环盘点是指在每天、每周清点一部分商品，一个循环周期将每种商品至少清点一次的盘点。表 3—1—1 为循环盘点与期末盘点的比较。

表 3—1—1　循环盘点与期末盘点的比较

盘点方式比较内容	期末盘点	循环盘点
时间	期末、每月或每年	平常、每天或每周一次
所需时间	长	短

续表

盘点方式比较内容	期末盘点	循环盘点
所需人员	全体动员	专门人员
盘差情况	多且发现较晚	少且发现较早
对营运的影响	较大	较小
对品项的管理	平等	A类货品：重点管理 C类货品：一般管理
盘差原因追究	不易	容易

三、盘点作业的内容

1. 检查数量

通过点数计算查明商品在库的实际数量，核对库存账面资料与实际库存数量是否一致。

2. 检查质量

检查在库商品质量有无变化，有无超过有效期和保质期，有无长期积压等现象，必要时还必须对商品进行技术检查。

3. 检查保管条件

检查保管条件是否与各种商品的保管要求相符合。如堆码是否合理稳固，库内温湿度是否符合要求，各类计量器具是否准确等。

4. 检查安全

检查各种安全措施和消防设备、器材是否符合安全要求，建筑物和设备是否处于安全状态。

四、盘点作业程序

盘点作业基本程序包括盘点准备、实施盘点、盘点结果处理三个步骤。

1. 盘点准备

盘点前的准备工作是否充分，直接关系到盘点作业能否顺利进行。盘点的基本要求是必须做到快速准确，为了达到这一基本要求，盘点前的充分准备十分必要，应做的准备工作如下：

（1）确定盘点时间与具体方法。

（2）配合财务会计做好准备。

（3）准备盘点文件资料与基本工具。

（4）培训盘点人员。

（5）清理盘点现场。

2. 实施盘点

盘点工作不仅工作量大，而且非常烦琐，为保证盘点的正确性，一般采用初盘与复盘相结合的方式。

（1）初盘。在初盘阶段，盘点人员根据盘点资料清点出应有数量。初盘是最基础的工作，要求准确无误。

（2）复盘。复盘人员在收到初盘完成的单据后，立即进行复盘。复盘可安排在初盘结束后进行，且可根据情况在复盘结束后再安排一次复盘。复盘时根据初盘的作业方法和流程对异常数据物品进行再一次盘点，如确定初盘盘点数量正确时，则盘点表的复盘数量不用填写；如确定初盘盘点数量错误时，则在盘点表的复盘数量填写正确数量。

3. 盘点结果处理

实施盘点结束，盘盈亏情况确认后，就要进行盘点结果处理。连锁配送中心根据差异数据分析差异原因，对库存进行调整。盘点结果处理的问题主要有：通过盘点，实际库存量与账面库存量的差异；这些差异主要集中在哪些品种；这些差异对公司的损益造成多大影响；平均每个品种的商品发生误差的次数情况如何等。

通过对上述问题的分析和总结，找出在库存管理流程、管理方式、作业程序、人员素质等方面需要改进的地方，进而改善商品管理的现状，降低商品损耗，提高经营管理水平。

任务实施

针对公司实际情况，该公司盘点的需求如下。

对原材料、半成品、成品等全面实行条码自动化管理，管理入库、出库、调拨、移库、盘点等业务，提高管理水平。采购条码扫描枪以及条码打印设备，打印箱标以及各种业务单据，提高出入库等作业效率和作业精度。改造现有局域网，搭建 WLAN，通过 LAN、WLAN 将条形码管理系统的服务器以及计算机、条码扫描枪、打印终端等连接起来，再通过接口程序导入到 WMS 中，使其可以实时处理各种任务。具体盘点流程如下。

一、盘点准备

(1) 仓库主管将还未有自编码的存货通知支援中心补编编码，并通知有关部门填制相关单据处理账外物资。

(2) 通知厂家和客户在盘点日期间停止送收货品。财务部将盘点日前已经审核生效的单据记账。

(3) 仓库主管组织仓库人员对货品进行分区摆放，以便分别得出存货实存情况。

二、盘点进行

仓库主管组织仓库人员初盘存货，对各个区域各指派一个人担任组长，两个员工配合，以盘点表记录初盘结果。仓库主管连同另外 4 名员工组成复盘小组，对初盘结果进行复盘，如出现差异则仓库应自查原因。

仓库主管将初盘数据输入计算机，将“盘点单”打印提供给财务部，财务部组织公司人员组成抽盘小组，以 2 人为 1 组对各大区域进行抽盘工作。抽盘人员从实物中抽取 20%复核初盘资料，从初盘资料中抽取 30%对实物进行抽盘。抽盘量要求占总库存的 50%。发现差异由仓库主管重新盘点更正初盘资料。差错率高于 1%的，仓库主管对该区域货品应进行重新全盘。经复盘通过的“盘点单”由财务部审核，并打印一式两份，由仓库主管、财务主管签字，各持 1 份。

三、盘点后期工作

仓库主管将已审核的“盘点单”导出为“进、出仓单”，计算机自动生成“盘盈单”和“盘亏单”。仓库主管查找盘盈盘亏的原因，并将“库存盘点汇总表”和“差异原因查找报告”

交财务主管复核后上交总经理审批，财务部根据总经理审批结果审核“盘盈单”和“盘亏单”调整库存账。

四、盘点的其他规定

盘点工作规定每月进行一次，时间为月末最后 2 天。前一天晚上 8 时开始至次日中午完成初盘和复盘工作，下午进行抽盘工作。

参加盘点工作的人员必须认真负责，货品磅码、单位必须规范统一；名称、货号、规格必须明确；数量一定是实物数量，真实准确；绝对不允许重盘和漏盘。由于人为过失造成盘点数据不真实的，责任人要负过失责任。

对于盘点结果发现属于实物责任人不按货品要求收发及保管财物造成损失的，实物责任人要承担经济赔偿责任。

思考与练习

1. 盘点作业的目的是什么?
2. 盘点作业的分类有哪些?
3. 盘点作业的内容包括哪些环节?
4. 简述盘点作业基本程序和步骤。

任务 2 商品保管与养护作业

任务引入

A 冷冻加工厂为 B 副食品公司加工、仓储牛肉。从 2011 年 3 月 5 日开始，B 副食品公司组织收购了价值 44 880 元的牦牛肉 16 000 kg 交给冷冻加工厂。A 冷冻加工厂将牛肉加工成精肉 12 000 kg，杂肉约 3 800 kg，并将加工好的牛肉存入第 7 号冻库储存。同年 3 月 24 日，A 冷冻加工厂要扩建仓库通道，通道暂时阻塞，便打开 7 号冻库前后门，时间长达两个小时。A 冷冻加工厂发现冻库温度超标多时后，才关闭前后门强行降温，查看牛肉时发现包装纸箱上有水珠，牛肉表面有黄斑点，将牛肉取样送 Z 市卫生防疫站化验，结果表明肉质软化，缺乏光泽，微黏手，有酸味，肉质严重下降。

根据上述案例，结合所学知识，分组讨论肉类商品的保管特性、流程和注意事项，在保管中出现变质等问题应如何处理?

任务分析

货物的储存是生产和流通的重要环节。产品的生产和销售要经过若干储存阶段，除生产经营者储存外，相当大的部分要委托专业仓储企业保管，这样才符合现代社会生产的分工协作原则。仓储保管合同中的保管义务是合同的主要内容，通常专业仓储企业从提供保管劳务中收取费用。因而必须保证服务质量，妥善保管存货方的货物，否则就丧失了仓储保管在加速货物流通，提高经济效益方面的作用。要想对各类商品实施较好的保管与养护，需对商品保管与养护作业的相关知识进行全面、深入的学习。

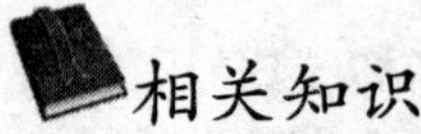

相关知识

一、商品保管养护的含义

在商品储存过程中，对其所进行的保养和维护工作，称为商品的养护。商品养护是一项综合性、科学性应用技术工作。商品由生产部门进入流通领域后，需要分别对不同性质的商品，在不同储存条件下采取不同的技术措施，以防止其质量劣化。由于构成产品的原料不同，性质各异，受到相关自然因素影响而发生质量变化的规律与物理学、化学学、生物学、微生物学、气象学、机械学、电子学、金属学等多门学科有密切的联系，所以，从事商品库存的工作人员只有掌握相关知识，才能保护好库存商品。

商品养护的目的就是认识商品在储存期间发生质量劣化的内外因素和变化规律，研究采取相应的控制技术，以维护其使用价值不变，避免受到损失，保障企业经济效益的实现。同时还要研究制定商品的安全储存期限和合理的损耗率，以提高企业管理水平。

商品养护来源于实践，通过实践研究成果上升到理论再指导实践，才能使养护技术不断得到提高、创新和发展。商品养护工作就是针对商品的不同特性积极创造适宜的条件，采取适当的措施，以保证商品储存的安全，保证商品的质量，减少商品的损耗，节约费用开支，为企业创造经济效益和社会效益。

二、商品质量变化的影响因素

商品在库存过程中的质量变化归纳起来有物理变化、化学变化、生理生化变化等。

1. 商品的物理变化

物理变化是只改变物质本身的外表形态，不改变其本质，没有新物质的生成，并且有可能反复进行的质量变化现象。商品的机械变化是指商品在外力的作用下，发生的形态变化。物理机械变化的结果会造成数量的损失和质量的降低，甚至使商品失去使用价值。商品常发生的物理机械变化有商品的挥发、熔化、溶化、渗漏、串味、沉淀、玷污、破碎与变形等。

（1）挥发。挥发是低沸点的液体商品，在空气中经汽化而散发到空气中的现象。挥发的速度与气温的高低、空气流动速度的快慢、液体表面接触空气面积的大小成正比关系。防止商品挥发的主要措施是加强包装密封性。此外，要控制仓库温度，高温季节要采取降温措施，保持较低温度条件下储存。

（2）熔化。熔化是指低熔点的商品受热后发生软化以致化为液体的现象。商品的熔化，除受气温高低的影响外，还与商品本身的熔点、商品中杂质种类和含量高低密切相关。熔点越低，越易熔化；杂质含量越高，越易熔化。商品熔化，有的会造成商品流失、粘连包装、玷污其他商品；有的因产生熔解热而体积膨胀，使包装爆破；有的因商品软化而使货垛倒塌。预防商品的熔化应根据商品的熔点高低，选择阴凉通风的库房储存。在保管过程中，一般可采用密封和隔热措施，加强库房的温度管理，防止日光照射，尽量减少温度的影响。

（3）溶化。溶化是指有些固体商品在保管过程中，能吸收空气和环境中的水分，当吸收量达到一定程度时，就会溶化成液体。易溶性商品具有吸湿性和水溶性两种性能。商品溶化与空气温度、湿度及商品的堆垛高度有密切关系。商品溶化后本身的性质并没有变化，但由于形态改变，给储存带来很大的不便。对易溶化商品应按商品性能，分区分类存放在干燥阴凉的库房内，避免与含水分较大的商品同储。在堆码时要注意底层商品的防潮和隔潮，垛底要垫得高一些，并采取吸潮和通风相结合的温湿度管理方法来防止商品吸湿溶化。

（4）渗漏。渗漏是指液体商品，特别是易挥发的液体商品，由于包装容器不严密、包装质量不符合商品性能的要求及在搬运装卸时碰撞震动破坏了包装，而使商品发生跑、冒、滴、渗的现象。商品渗漏，与包装材料性能、包装容器结构及包装技术优劣有关，还与仓储温度变化有关。因此，对液体商品应加强入库验收和在库商品检查及温湿度控制和管理。

（5）串味。串味指吸附性较强的商品吸附其他气体、异味，从而改变本来气味的变化现象。商品串味与其表面状况、与异味物质接触面积的大小、接触时间的长短以及环境中异味的浓度有关。预防商品的串味，应对易被串味的商品尽量采取密封包装，在储存中不得与有强烈气味的商品同库储藏，同时还要注意仓储环境的清洁卫生。

（6）沉淀。沉淀指含有胶质和易挥发成分的商品，在低温和高温等因素影响下，引起部分物质的凝固，进而发生沉淀和膏体分离的现象。预防商品的沉淀，应根据不同商品的特点，防止阳光照射，做好商品冬季保温工作和夏季降温工作。

（7）玷污。玷污是指商品外表沾有其他脏物，染有其他污秽的现象。其主要原因是生产、运输储存过程中卫生条件差以及包装不严所致。对一些外观质量要求较高的商品，如服装、仪器等要特别注意。

（8）破碎与变形。破碎与变形是指商品在外力作用下所发生的形态上的改变。对于容易破碎和变形的商品，要注意妥善包装，轻拿轻放。在库房内堆垛高度不能超过一定的压力限度。

2. 商品的化学变化

商品的化学变化与物理变化有本质的区别。它的产生，不仅改变了商品的外表形态，也改变了商品的本质，并且有新物质生成，且不能恢复原状。商品化学变化过程即商品质变过程，严重时会使商品失去使用价值。商品的化学变化形式主要有氧化、分解、水解、化合、聚合、裂解、老化、风化、锈蚀等形式。

（1）氧化。氧化是指物品与空气中的氧或其他能放出氧的物质化合的反应。容易发生氧化的物品品种较多，如某些化工原料、纤维制品、橡胶制品、油脂类物品等。棉、麻、丝、毛等纤维织品，长期受阳光照射会发生的变色，也是由于织品中的纤维被氧化的结果。

（2）分解。分解是指某些性质不稳定的物品，在光、电、热、酸、碱及潮湿空气的作用下，由一种物质生成两种或两种以上物质的变化。物品发生分解反应后，不仅使其数量减少、质量降低，有的还会在反应过程中，产生一定的热量和可燃气体而引发事故。

（3）水解。水解是指某些物品在一定条件下，遇水发生分解的现象。不同物品在酸或碱的催化作用下发生水解的情况是不相同的。如肥皂在酸性溶液中，能全部水解，而在碱性溶液中却很稳定；蛋白质在碱性溶液中容易水解，在酸性溶液中却比较稳定，所以羊毛等蛋白质纤维怕碱不怕酸；棉纤维在酸性溶液中，尤其是在强酸的催化作用下，容易发生水解，能使纤维的大分子链节断裂，从而大大降低纤维的强度，而棉纤维在碱性溶液中却比较稳定，所以棉纤维怕酸而耐碱。

(4) 化合。化合是指物品在储存期间，在外界条件的影响下，两种或两种以上的物质相互作用，从而生成一种新物质的反应。化合反应通常不是单一存在于化学反应中的，而是两种反应（分解、化合）依次先后发生的。如果不了解这种情况，就会给保管和养护此类物品带来损失。如化工产品中的过氧化钠，如果储存在密闭性好的桶里，并在低温下与空气隔绝，其性质非常稳定。但如果遇热，就会发生分解放出氧气。过氧化钠如果同潮湿的空气接触，在迅速地吸收水分后，便发生分解，会降低有效成分。

(5) 聚合。聚合是指某些物品，在外界条件的影响下，能使同种分子互相加成而结合成一种更大分子的现象。例如，由于桐油中含有高度不饱和脂肪酸，在日光、氧和温度的作用下，能发生聚合反应，生成 B 型桐油块，浮在其表面，而使桐油失去使用价值。所以，储存和保管养护此类物品时，要特别注意日光和储存温度的影响，以便防止发生聚合反应，造成物品质量的降低。

(6) 裂解。裂解是指高分子有机物（如棉、麻、丝、毛、橡胶、塑料、合成纤维等），在日光、氧、高温条件的作用下，发生了分子链断裂、分子量降低，从而使其强度降低，机械性能变差，产生发软、发黏等现象。例如，天然橡胶在日光、氧和一定温度的作用下，就会变软、发黏而变质。另外，在塑料制品中的聚苯乙烯，在一定条件下，也会同天然橡胶一样，发生裂变。所以，这类物品在保管养护过程中，要防止受热和日光的直接照射。

(7) 老化。老化是指含有高分子有机物成分的物品（如橡胶、塑料、合成纤维等），在日光、氧气、热等因素的作用下，性能逐渐变坏的过程。物品发生老化，能破坏其化学结构、改变其物理性能，使机械性能降低，出现变硬发脆、变软发黏等现象，而使物品失去使用价值。

(8) 风化。风化指含结晶水的物品，在一定温度和干燥空气中，失去结晶水而使晶体崩解，变成非结晶状态的无水物质的现象。

(9) 锈蚀。锈蚀又称腐蚀，是指金属与其所接触的物质发生化学或电化学作用引起的破坏现象，其本质是氧化还原反应。金属制品在储存中易被潮湿大气锈蚀。一般金属锈蚀的临界湿度在 70%左右，金属制品表面粗糙，结构复杂，表面吸附有盐类、尘埃及有害气体等，都会降低锈蚀的临界湿度。

3. 商品的生化变化及其他生物引起的变化

生化变化是指有生命活动的有机体物品，在生长发育过程中，为了维持它的生命，本身所进行的一系列生理变化。如粮食、水果、蔬菜、鲜鱼、鲜肉、鲜蛋等有机体物品，在储存过程中，受到外界条件的影响和其他生物作用，往往会发生这样或那样的变化。这些变化主要有呼吸作用、发芽、胚胎发育、后熟、霉腐、虫蛀等。

(1) 呼吸作用。呼吸作用是指有机物品在生命活动过程中，不断地进行呼吸，分解体内有机物质，产生热量，维持其本身生命活动的现象。呼吸作用可分为有氧呼吸和无氧呼吸两种类型。不论是有氧呼吸还是无氧呼吸，都要消耗营养物质，降低食品的质量。

(2) 发芽。发芽指有机体物品在适宜条件下，冲破“休眠”状态，发生的发芽、萌发现象。发芽会使有机体物品的营养物质转化为可溶性物质，供给有机体本身的需要，从而降低有机体物品的质量。在发芽萌发过程中，通常伴有发热、生霉等情况，不仅增加损耗，而且降低质量。

(3) 胚胎发育。胚胎发育主要指的是鲜蛋的胚胎发育。在鲜蛋的保管过程中，当温度和供氧条件适宜时，胚胎会发育成血丝蛋、血环蛋。经过胚胎发育的禽蛋新鲜度和食用价值大大降低。为抑制鲜蛋的胚胎发育，应加强温湿度管理，最好是低温储藏或截断供氧条件。

(4) 后熟。后熟是指瓜果、蔬菜等食品在脱离母株后继续其成熟过程的现象。瓜果、蔬菜等的后熟作用，将改进色、香、味以及适口的硬脆度等食用性能。但当后熟作用完成后，则容易发生腐烂变质，难以继续储藏甚至失去食用价值。因此，对于这类鲜活食品，应在其成熟之前采收并采取控制储藏条件的办法，来调节其后熟过程，以达到延长储藏期、均衡上市的目的。

(5) 霉腐。霉腐是指物品在霉腐微生物作用下发生的霉变和腐败的现象。在气温高、湿度大的季节，如果仓库的温湿度控制不好，储存的针棉织品、皮革制品、鞋帽、纸张、香烟以及中药材等许多物品就会生霉，肉、鱼、蛋类就会腐败发臭，水果、蔬菜就会腐烂。

(6) 虫蛀。物品在储存期间，常常会遭到仓库害虫的蛀蚀。经常危害物品的仓库害虫有多种，仓库害虫在危害物品的过程中，不仅破坏物品的组织结构，使物品发生破碎和孔洞，而且排泄各种代谢废物污染物品，影响物品的质量和外观，降低物品的使用价值，因此害虫对物品的危害性也是很大的。凡是含有有机成分的物品，都容易遭受害虫蛀蚀。

三、商品保管保养措施

“以防为主、防治结合”是商品保管保养的核心。仓库存储要特别重视物品损害的预防，及时发现和消除事故隐患，防止损害事故的发生。特别要预防发生爆炸、火灾、水浸、污染等恶性事故和造成大规模损害事故。在发生、发现损害现象时，要及时采取有效措施，防止损害扩大，以减少损失。

仓库保管保养的措施主要有：经常对物品进行检查测试，及时发现异常情况；合理地对物品通风；控制阳光照射；防止雨雪水湿物品，及时排水除湿；除虫灭鼠，消除虫鼠害；妥善进行湿度、温度控制；防止货垛倒塌；防霉除霉，剔出变质物品；对特殊物品采取针对性的保管措施等。

1. 温湿度测量

仓库的温湿度管理是一项基本工作，仓库员工要定时观测并记录绝对湿度、相对湿度、温度、风力、风向等。

在库房内放置温湿度表时，温湿度表应放置在库房的中央，离地面约 1.4 m 处，不可放在门窗附近或墙角。

库外测量时应设置百叶箱，内放温湿度计。百叶箱应置于空旷通风的地方，距地面约 1 m，箱门向北。风向标和风速仪应高于附近建筑物。

(1) 温度的测定方法。测量库内外温度时需要使用温度计。经常使用的温度计都是根据水银或酒精热胀冷缩的原理制成的，构造简单。此外还有自记温度计，它是连续测量并自动记录气温变化的仪器，主要由感应部分和自动记录部分组成。感应部分是利用双金属片膨胀系数的不同来测量温度，自动记录部分由筒形的自动记录钟构成。

（2）湿度的测定方法

1）干湿球温度计。干湿球温度计是把两支同样的温度计平行固定在一块板上，其中一支温度计的球用纱布包裹，纱布的一端浸泡在一个水盂里，利用水分蒸发时吸热的原理，两个温度计显示一定的温度差。在测得两支温度计温度的同时，可以查对"温湿对照表"，获得此时库内或大气的相对湿度值。

2）自动记录湿度计。自动记录湿度计可以连续记录空气中的湿度变化，它也是由感应部分和自动记录部分组成的。其中感应部分用脱脂的毛发制成，毛发属于纤维组织，有许多毛细孔，当空气中湿度增大时毛发吸收水分而膨胀，当空气中的水分减少时毛发失去部分水分而收缩。自动记录部分与自记温度计相同。

2. 温湿度控制

必须对仓库提出适合于商品长期安全储存的温度界限，即"安全温度"。空气湿度的表示方法有：绝对湿度、饱和湿度、相对湿度等。绝对湿度（e）是指在单位体积的空气中，实际所含水蒸气的量。可以按密度来计算，即按每立方米空气中实际所含水蒸气的质量来计算，用 g/m^3 表示；饱和湿度（E）是指在一定湿度下单位体积中最大限度能容纳水蒸气的量，用 g/m^3 表示。空气的饱和湿度是随着温度的升高而增大，随温度降低而减小的；相对湿度＝绝对湿度/同温度下的饱和湿度×100％。温湿度控制的方法最常用的有：密封、通风、吸湿。

（1）密封。密封就是将商品严密封闭，减少外界因素对商品的不良影响，切断感染途径，达到安全储存的目的。封前要检查商品含水量、温度、湿度，选择绝热防潮材料（沥青纸、塑料薄膜、芦席等），确定密封时间，封后加强管理。密封的形式有整库密封、整垛密封、整柜密封、整件密封。

（2）通风。通风就是利用库内外空气对流，达到调节库内温湿度的目的。通风既能起到降温、降潮和升温的作用，又可排除库内的污浊空气，使库内空气适宜于储存商品的要求。通风方式有自然通风和机械通风两种。

（3）吸湿。吸湿就是利用吸湿剂减少库房的水分，以降低库内湿度的一种方法。在梅雨季或阴雨天，当库内湿度过大，又不宜通风散潮时，为保持库内干燥，可以放置吸湿剂吸湿。常用的吸湿剂有生石灰、氯化钙、氯化锂、硅胶、木灰、炉灰等。

3. 特种商品的保管

（1）易燃液体的保管

1）在入库时必须严格检查包装是否漏损，在储存期内也应定期检查，发现问题，及时解决。同时，库房必须通风，作业人员应穿戴相应的防护用品，以免发生中毒事件。

2）易燃液体受热后蒸发出的气体，使压力增大导致容器膨胀，严重时可使容器破裂发生爆炸事故，所以容器不可装得过满，同时库房内和库区周围应严禁烟火，加强通风。

（2）易爆品的保管。要轻拿轻放，严禁碰撞、拖拉与滚动。作业人员严禁穿有铁钉的鞋，工作服要严防产生静电。储存易爆商品的仓库必须远离居民区，还应与周围建筑、交通干道、输电线路保持一定安全距离，库房一定要远离火源，必须保持通风、干燥，同时还应安装避雷设备，保持适宜的温湿度。盛放或携带零星易爆商品时，不能用金属容器，要用木、竹、藤制的筐或箱，以免因摩擦而发生爆炸事故。易爆商品必须单独隔离，限量储存。

仓库内的电气设备应符合安全要求，定期检修，下班断电。

（3）其他危险品的保管

1）储存危险品的库房不得有地下室或其他地下建筑，要具有一定的耐火等级、层数、占地面积、安全疏散和防火间距。

2）压缩气体和液化气体必须专库专用；盛装液化气体的容器属压力容器的，必须有压力表、安全阀、紧急切断装置，并定期检查，不得超装。

3）对于易燃固体、自燃物品和遇湿易燃物品，应注意库房温度的控制，装卸搬运时，应轻拿轻放，严禁与氧化剂、氧化性酸类混放。

4）有毒物品应储存在阴凉、通风、干燥的场所，不能露天存放，不能接近酸类物质。库内温度应在32℃以下，相对湿度在80%以下。操作时严禁与皮肤接触，要注意防护。

5）氧化剂和有机过氧化物，应储存在阴凉、通风、干燥的库房内，严禁摩擦、拖拉，防止日晒。

6）腐蚀品应据其性质的不同，进行分类存放，存放酸、碱的库房地面要用砂土、炉灰夯实；盛装酸类的容器不得与盛装其他物品的容器混用。

任务实施

一、肉类商品的报关操作要点

自冷冻加工厂接收牛肉产品开始，就应按照专门操作规程妥善保管，其操作规程要点是：

（1）在肉质加工完毕后立即运至冷库进行低温保管。

（2）定期检查冷库制冷情况和冷链保管的温度情况。

（3）存储期间应注意不得随意升高冷藏温度。

（4）出现特殊情况，应立即转库保存。

二、出现变质等问题的处理

《中华人民共和国经济合同法》第43条规定了仓储保管合同的保管方义务：货物在存储期间由于保管不善发生灭失、短少、变质、污染、损坏的，应负责赔偿损失。因此，当出现任务引入中的问题时，企业应及时到有关卫生、质量部门进行检验，及时与货主进行通报，并应主动承担保管责任，进行合理赔偿。

思考与练习

1. 商品质量变化的影响因素有哪些？

2. 温湿度测量方法有哪些？

3. 温湿度的控制方法有哪些？

任务3 库存控制管理

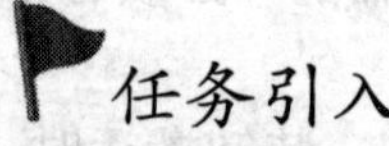

任务引入

QS公司是一家年产各类家电20万台的制造商。公司对各种型号的产品实行统一的库存管理方法，经过一段时间出现了一些问题。例如，某些型号畅销，但是库存不足，丧失销售机会；而另外一些产品滞销，产生大量库存积压。为了解决这一问题，公司决定在库存管理中实行A、B、C分类管理法，针对不同产品制定不同库存策略。表3—3—1是公司产品库存管理分类的定义，表3—3—2是某地区2010年销售情况的统计。

表3—3—1 公司产品库存管理分类定义表

产品分类	销量比例（%）	贡献利润比例（%）
A	5	30
B	25	50
C	70	20

表3—3—2 某地区2010年销售情况统计表

产品型号	平均单价/元	平均库存/台	销量/台	利润/万元
N1	980	300	1 650	20
N2	1 090	280	3 200	11
N3	2 960	20	500	62
N4	1 360	185	1 000	48
N5	1 280	160	2 250	13
N6	1 300	170	1 400	46

本任务要求根据所给销售数据进行ABC分类，将统计数据填入表3—3—3中，并根据分类结果，选择正确的库存控制管理策略和办法。

表3—3—3 销售数据

产品型号	平均单价/元	平均库存/台	销量/台	利润/万元	占总利润比例（%）	累计利润比例（%）	占总销量比例（%）	累计销量比例（%）
N3	2 960	20	500	62				
N4	1 360	185	1 000	48				
N6	1 300	170	1 400	46				
N1	980	300	1 650	20				
N5	1 280	160	2 250	13				

续表

产品型号	平均单价/元	平均库存/台	销量/台	利润/万元	占总利润比例（%）	累计利润比例（%）	占总销量比例（%）	累计销量比例（%）
N2	1 090	280	3 200	11				
合计								

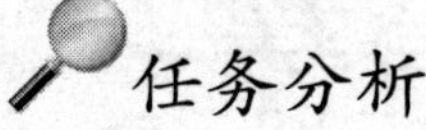

任务分析

企业的库存物资种类繁多，对企业的全部库存物资进行管理是一项复杂且繁重的工作。如果管理者对所有库存物资均匀地使用精力，必然会使其有限的精力过于分散，只能进行粗放式的库存管理，使管理的效率低下。因此，在库存控制中，应加强重点管理的原则，把管理的中心放在重点物资上，以提高管理的效率。ABC 分类法便是库存控制中常用的一种重点控制法。

库存管理中 ABC 分类是按照库存商品价值占总库存商品价值的比例，以及品种数量所占的比例，把库存商品分为不同的种类，实施不同的库存管理策略。一般是把商品价值占总库存价值比例高，但品种数量少的那部分商品定义为 A 类商品；把商品价值占总库存价值比例低，但品种数量占总库存品种数量比例高的那部分商品定义为 C 类商品；其余的定义为 B 类商品。上述任务可以通过 ABC 分类方法进行处理，ABC 分类法也是物流库存控制最有效的方法之一，但除此之外，还有很多其他的方法可以对库存实施有效控制，因此，首先学习物流库存控制管理的相关知识。

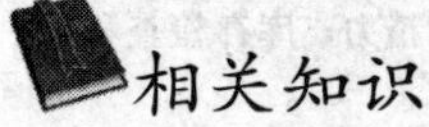

相关知识

库存控制是要求控制合理的库存水平，即用最少的投资和最少的库存管理费用，维护合理的库存，以满足使用部门的需求和减少缺货损失。

一、ABC 分类管理法

在库存管理中，ABC 分类管理法是将库存物品按品种和占用资金的多少分为特别重要的库存（A 类）、一般重要的库存（B 类）、不重要的库存（C 类）三个等级，然后针对不同等级分别进行管理和控制。其要点是从中找出关键的少数（A 类）和次要的多数（B 类和 C 类），并对关键的少数进行重点管理，以收到事半功倍的效果。

ABC 分类管理法的一般步骤如图 3—3—1 所示。

ABC 分类的结果，只是理顺了复杂事物，搞清了各局部的地位，明确了重点。但是，ABC 分类的主要目的在于解决困难，它是一种解决困难的技巧，因此，在分类的基础上必须提出解决的办法，才能真正达到 ABC 分类的目的。按 ABC 分类结果，再权衡管理力量与经济效果，对三类库存物品进行有区别的管理，具体方法见表 3—3—4。

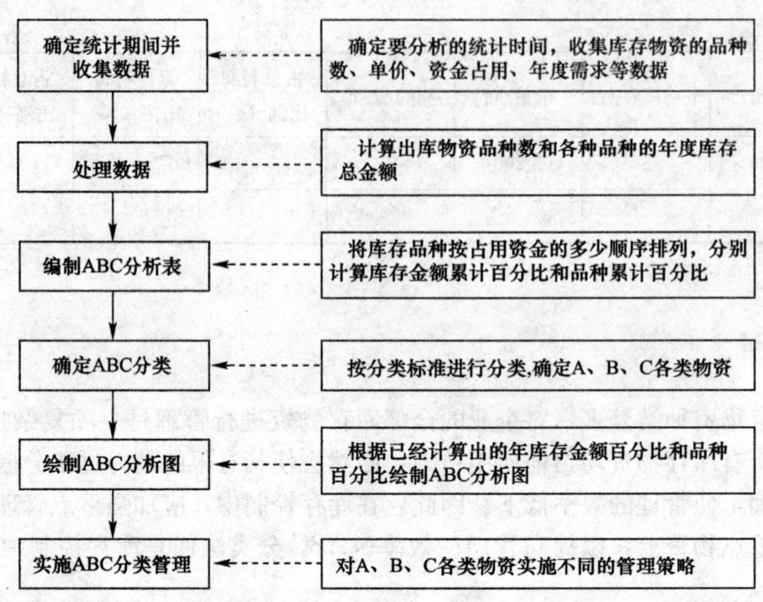

图 3—3—1 ABC 分类法实施步骤

表 3—3—4 **不同库存的管理策略**

库存类型	特点（按资金占用量）	管理方法
A	品种数占 15%～20%，年耗用金额占总库存金额的 75%～80%	进行重点管理。应严格控制其库存储备量、订货数量、订货时间。在保证需求的前提下，尽可能减少库存，节约流动资金。现场管理要更加严格，应放在更安全的地方；为了保持库存记录的准确，要经常进行检查和盘点；预测时要更加精细
B	品种数占库存品种数的 20%～25%，年耗用金额占总库存金额的 10%～15%	进行次重点管理。现场管理不必投入比 A 类更多的精力；库存检查和盘点的周期可以比 A 类长一些
C	品种数占总库存品种数的 60%～65%，年耗用金额占总库存金额的 5%～10%	只进行一般管理。现场管理可以更粗放一些；但是由于品种多，差错出现的可能性比较大，因此也必须定期进行库存检查和盘点，周期可以比 B 类长一些

例 某企业全部库存商品共计 3 424 种，按每一品种年度销售额从大到小顺序，排成表 3—3—5 所列的七档，统计每档的品种数和销售金额，要求用 ABC 分类法确定分类。

表 3—3—5 **品种数和销售金额**

每种商品年销售额 X/万元	品种数	销售额/万元
$X>6$	260	5 800
$4<X\leqslant 6$	68	500
$4<X\leqslant 5$	55	250
$3<X\leqslant 4$	95	340
$2<X\leqslant 3$	170	420
$1<X\leqslant 2$	352	410
$X\leqslant 1$	2 424	670

解　库存物资 ABC 分类可分为数据收集、统计汇总、制作 ABC 分析表、确定 ABC 类别、绘制 ABC 分类管理图和确定管理方法几个步骤。

第一步：数据收集。本例已经给出。

第二步：统计汇总，根据该题给定数据，做出汇总表，见表 3—3—6。

表 3—3—6　　**ABC 分类汇总表**

每种商品年销售额 X/万元	品种数	占全部品种的百分比（%）	品种累计	占全部品种的累计百分比（%）	销售额/万元	占销售总额的百分比（%）	销售额累计/万元	占销售总额的累计百分比（%）
$X>6$	260	7.59	260		5 800	69.13	5 800	69.13
$5<X\leqslant6$	68	1.99	328		500	5.96	6 300	75.09
$4<X\leqslant5$	55	1.61	383		250	2.98	6 550	78.07
$3<X\leqslant4$	95	2.77	478		340	4.05	6 890	82.12
$2<X\leqslant3$	170	4.96	648		420	5.01	7 310	87.13
$1<X\leqslant2$	352	10.28	1 000		410	4.89	7 720	92.01
$X\leqslant1$	2 424	70.79	3 424		670	7.99	8 390	100
合计	3 424	100			8 390			

第三步：根据 ABC 分类标准，制作 ABC 分析表 3—3—7。

分类方法：$X>5$ 为 A 类，$1<X\leqslant5$ 为 B 类，$X\leqslant1$ 为 C 类。

表 3—3—7　　**ABC 分析表**

分类	品种数	占全部品种的百分比（%）	占全部品种的累计百分比（%）	销售额/万元	占销售总额的百分比（%）	占销售总额的累计百分比（%）
A	328	9.6	9.6	6 300	75.1	75.1
B	672	19.6	29.2	1 420	16.9	92.1
C	2 421	70.8	100	670	8	100

第四步：根据上表绘制 ABC 分类管理图（见图 3—3—2）。

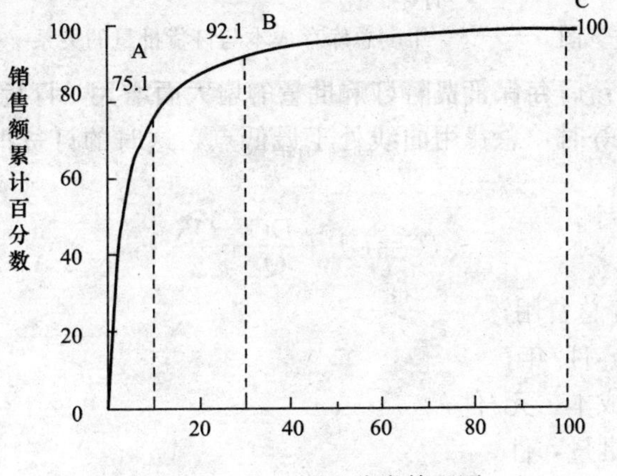

图 3—3—2　ABC 分类管理图

二、关键因素（CVA）分析法

CVA 分析法与 ABC 库存管理法相比有更强的目的性。在使用中，不要确定太多的高优先级物品，因为如果有太多的高优先级物品，结果是哪种物品都得不到重视。在实际工作中可以把两种方法结合使用，效果会更好。表 3—3—8 所示为按 CVA 库存管理法所划分的库存种类及其管理策略。

表 3—3—8　　CVA 分析法及其管理策略

库存类型	特　点	管理措施
最高优先级	经营管理中的关键物品，或 A 类重点客户的存货	不可缺货
较高优先级	生产经营中的基础性物品，或 B 类客户的存货	允许偶尔缺货
中等优先级	生产经营中比较重要的物品，或 C 类客户的存货	允许合理范围内缺货
较低优先级	生产经营中需要，但可替代的物品	允许缺货

三、经济订货批量法（EOQ）

EOQ 通过费用分析求得在库存总费用为最小时的订货批量，用以解决独立需求物品的库存控制问题。EOQ 库存控制模型中的费用主要包括：库存保管费用、订货费、缺货费。

EOQ 的控制原理就在于控制订货批量，使年度总库存成本量小。其中：

年度总库存成本＝年度采购成本＋库存保管费＋订货费

假设：商品需求量均衡、稳定，年需求量为固定常数，价格固定，年度采购成本（指所采购货物的价值＝年需求量×价格）为固定常数，且与订购批量无关。则年度总库存成本与订货批量的关系如图 3—3—3 所示。

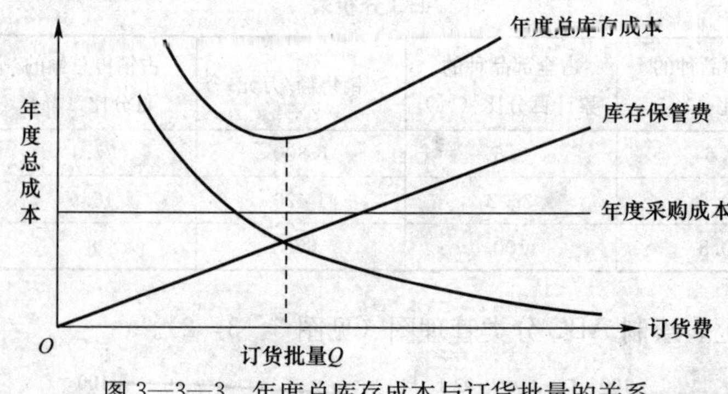

图 3—3—3　年度总库存成本与订货批量的关系

从图 3—3—3 可见，库存保管费随订购批量的增大而增大，订货费随订购批量的增大而减少，而当两者费用相等时，总费用曲线处于最低点，这时的订货批量即为 EOQ。理想的经济订货批量：

$$TC=DP+\frac{DC}{Q}+\frac{QK}{2} \qquad 式（3—3—1）$$

式中 TC——年度库存总费用；

D——年需求量，件/年；

P——单位采购成本，元/件；

Q——每次订货批量，件；

C——单位订货费，元/次；

K——每次货物平均年库存保管费用，元/（件·年）；

$Q/2$——年平均存储量。

理想的经济订货批量指不考虑缺货，也不考虑数量折扣以及其他问题的经济订货批量。在不允许缺货，也没有数量折扣等因素的情况下：

年度总库存成本＝年度采购成本＋库存保管费＋订货费

要使 TC 最小，将式（3—3—1）对 Q 求导数，并令一阶导数为零，得到经济订购批量 EOQ 的计算公式为：

$$EOQ=\sqrt{\frac{2CD}{K}}=\sqrt{\frac{2CD}{PF}} \qquad \text{式（3—3—2）}$$

例　某企业每年需要购买 8 000 套儿童服装，每套服装的价格是 100 元，其年储存成本是 3 元/件，每次订购成本为 30 元。问：最优订货数量是多少？年订购次数和预期每次订货时间间隔为多少（每年按 360 天计算）？

解　D＝8 000 件，C＝30 元/次，K＝3 元/（件·年），采用经济订货批量公式：

$$EOQ=\sqrt{\frac{2CD}{K}}=\sqrt{\frac{2\times30\times8\,000}{3}}=400\text{（件）}$$

$$\text{年订购次数}=\frac{D}{EOQ}=\frac{8\,000}{400}=20\text{（次）}$$

$$\text{间隔}=\frac{360}{20}=18\text{（天）}$$

$$\text{年度库存总费用}=8\,000\times100+\frac{8\,000}{400}+\frac{400\times3}{2}=801\,200\text{（元）}$$

即每次订购批量为 400 件时年库存总费用最小，最小费用为 801 200 元。

四、定量订货法

定量订货法适合以下货物：订购单价便宜，且不便于少量订购的物品，如螺栓、螺母；需求预测比较困难的维修物料；品种数量繁多、库存管理事务量大的物品；计算清点复杂的物品；需求量比较平稳的物品。

1. 定量订货法原理

定量订货法是指当库存量下降到预定的最低库存量（订货点 R）时，按规定（数量一般以经济批量 EOQ 为标准）进行订货补充的一种库存控制方法。它主要靠控制订货点和订货批量两个参数来控制订货进货，达到既最好地满足库存需求，又能使总费用最低的目的。库存量变化如图 3—3—4 所示。

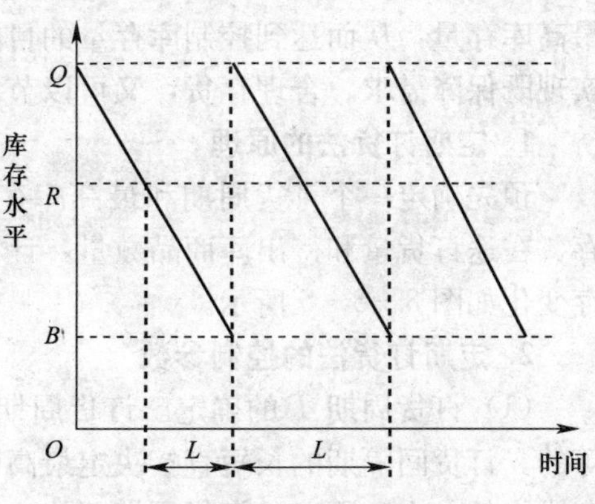

图 3—3—4　库存量变化

L—提前期　R—订货点　Q—订货批量

B—安全库存量

2. 定量订货法控制参数的确定

实施定量订货法需要确定两个控制参数：一个是订货点，即订货点库存量；另一个是订货数量，即经济批量 EOQ。订货数量，即经济批量

EOQ的确定，可以按前文介绍的方法确定。以下重点介绍订货点的确定。

影响订货点的因素有三个：订货提前期、平均需求量和安全库存。根据这三个因素可以简单地确定订货点。计算公式为：

订货点＝平均每天的需要量×提前期＋安全库存　　式（3—3—3）

安全库存＝（预计每天最大耗用量－每天正常耗用量）×提前期　式（3—3—4）

例　某企业甲种物资的经济订购批量为750 t，订货提前期为10天，平均每日正常需求量为25 t，预计日最大耗用量为40 t，求订购点。

解　根据式（3—3—3）和式（3—3—4）得：

订购点＝10×25＋(40－25)×10＝400 t

3. 定量订货法的优缺点

（1）优点

1）控制参数一经确定，则实际操作就变得非常简单了。实际中经常采用双堆法来处理。所谓双堆法，就是将某商品库存分为两堆，一堆为经常库存，另一堆为订货点库存，当消耗完就开始订货，平时用经常库存，并不断重复操作，这样可减少经常盘点库存的次数，方便可靠。

2）当订货量确定后，商品的验收、入库、保管和出库业务可以利用现有规格化器具和计算方式，这可以有效地减少搬运、包装等方面的作业量。

3）充分发挥了经济批量的作用，可降低库存成本，节约费用，提高经济效益。

（2）缺点

1）要随时掌握库存动态，严格控制安全库存和订货点库存，占用了一定的人力和物力。

2）订货模式过于机械，不具有灵活性。

3）订货时间不能预先确定，对于人员、资金、工作业务的计划安排不利。

4）受单一订货的限制，对于实行多品种联合订货，采用此方法时还需要灵活掌握处理。

五、定期订货法

定期订货法一般适用于企业需要严格管理的重要货物。定期订货法是按预先确定的订货时间间隔进行订货补充的库存管理方法。它是基于时间的订货控制方法，它设定订货周期和最高库存量，从而达到控制库存量的目的。只要订货间隔期和最高库存量控制合理，就可能实现既保障需求、合理存货，又可以节省库存费用的目标。

1. 定期订货法的原理

预先确定一个订货周期和最高库存量，周期性地检查库存，根据最高库存量、实际库存、在途订货量和待出库商品数量，计算出每次订货批量并发出订货指令，组织订货。其库存变化如图3—3—5所示。

2. 定期订货法的控制参数

（1）订货周期 T 的确定。订货周期实际上就是定期订货的订货点，其间隔时间总是相等的。订货间隔期的长短直接决定最高库存量的大小，即库存水平的高低，进而也决定了库存成本的多少。所以，订货周期不能太长，否则会使库存成本上升；也不能太短，太短会增加订货次数，使得订货费用增加，进而增加库存总成本。从费用角度出发，如果要使总费用达到最低，可以采用经济订货周期的方法来确定订货周期 T，其公式为：

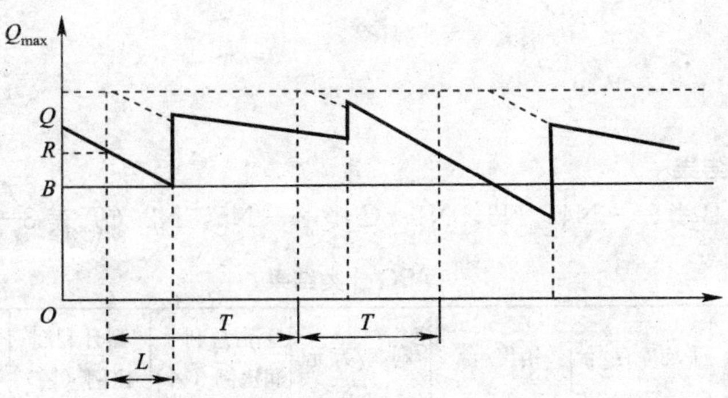

图 3—3—5　库存变化

L—提前期　R—订货点　Q—订货批量　B—安全库存量　Q_{max}—最高库存量　T—订货周期

$$T^{*}=\sqrt{\frac{2C}{KM}}$$ 式（3—3—5）

式中　C——每次订货成本；

K——单位货物的年保管费用；

M——单位时间内库存商品需求量（销售量）；

T^{*}——经济订货周期。

在实际操作中，经常结合供应商的生产周期来调整经济订货期，从而确定一个合理可行的订货周期。当然也可以结合人们比较习惯的时间单位，如周、旬、月、季、年等来确定经济订货周期，从而与企业的生产计划、工作计划相吻合。

（2）订货量的确定。定期订货法的订货数量是不固定的，订货批量的多少都是由当时的实际库存量的大小决定的，考虑到订货点时的在途到货量和已发出出货指令尚未出货的待出货数量（称为订货余额），每次订货量的计算公式为：

订货量＝平均每天的需求量×(提前期＋订购间隔)＋安全库存－实际库存量 式（3—3—6）

安全库存＝(预计每天最大耗用量－每天正常耗用量)×提前期 式（3—3—7）

例　某企业乙种物资的经济订购批量为 750 t，订购间隔期为 30 天，订货提前期为 10 天，平均每日正常需求量为 25 t，预计日最大耗用量为 40 t，订购日的实际库存量为 600 t，订货余额为 0，求订购数量。

解　根据式（3—3—6）和式（3—3—7）得出：

订购量＝25×(10＋30)＋(40－25)×10－600－0＝550 t

订货策略为在订货日应订购 550 t。

（3）定期订货法的优缺点。定期订货法的优点是可以合并出货，减少订货费；周期盘点比较彻底、精确，避免了定量订货法每天盘存的做法，减少了工作量，提高了工作效率；库存管理的计划性强，有利于工作计划的安排，实行计划管理。缺点是需要较大的安全库存量来保证库存需求；每次订货的批量不固定，无法制定出经济订货批量，因而运营成本较高，经济性较差；手续麻烦、每次订货都需检查储备量和订货合同，并要计算出订货量。

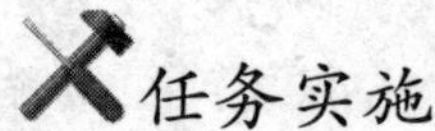

任务实施

一、ABC 分类结果

A 类——N3；B 类——N4，N6，N1；C 类——N5，N2（见表 3—3—9）。

表 3—3—9 ABC 分类结果

产品型号	平均单价/元	平均库存/台	销售/台	利润/万元	占总利润比例（%）	累计利润比例（%）	占总销售比例（%）	累计销售比例（%）
N3	2 960	20	500	62	31.0	31.0	5.0	50
N4	1 360	185	1 000	48	24.0	55.0	10.0	15.0
N6	1 300	170	1 400	46	23.0	78.0	14.0	29.0
N1	980	300	1 650	20	10.0	88.0	16.5	45.5
N5	1 280	1 650	2 250	13	6.5	94.5	22.5	68.0
N2	1 090	280	3 200	11	5.5	100.0	32.0	100.0
合计			10 000	200	100		100	

二、库存策略

对于 A 类产品，实行零库存政策。理由：①A 类产品的利润率高；②A 类产品的品种少、销量少、存货少；③A 类产品的销价高，如果积压占压企业的资金多，非常不利于企业的资金周转；④A 类产品一旦断货，企业失去的销售利润大。

对于 B 类产品，实行紧缩或称压缩库存政策。理由：①B 类产品的利润相对于 C 类较高；②B 类产品的销量占总销量的 25%，但利润占到一半；③B 类产品存货较多；④B 类产品的售价比 A 类低，但如果积压也会占压企业相当一部分资金，对企业的资金周转也会产生不小的影响。

对于 C 类产品，实行宽松库存政策。理由：①C 类产品的利润低，但所占销量最大，产品周转快；②C 类产品的售价和成本最低，占压企业的资金少，对企业的资金周转影响小；③C 类产品一旦断货，企业失去的销售利润很少；④C 类产品便于满足 A 类和 B 类的实际配车缺口。

知识链接

JIT（准时制）

库存会掩盖许多生产中的问题，占用大量的资金，使企业承受因市场变化而导致的库存跌价的风险。如果企业能够实现“零库存”，只生产有市场订单的产品，而且当市场有需求时，能够及时地供给，那么对于企业的经营效益和规避风险有着不言而喻的意义。为了追求一种使库存达到最小的生产系统，日本丰田汽车公司率先提出并完善了准时生产方式——JIT。

JIT 概念的四个主要要素是零库存、备货期短、高频率小批量补货、高质量和无缺陷。

1. 零库存

零库存是一种现代库存管理方法，它基于在准确的时间把准确的数量送到准确的地点。超过需要的一切都是浪费，因此，任何库存都是浪费。日本的 JIT 理念认为，库存是由于计划不周、能力不够、供应商过失、订单处理延迟和生产操作不规范、设备保养差等原因所造成的。JIT 生产可以发现其他生产方式由于过多的库存和过多人员而隐藏的问题。

2. 备货期短

由于采用小批量供货和较短的供货周期，JIT 大大地缩短了备货时间。生产提前期的缩短也使成本下降。

3. 高频率小批量补货

高频率小批量补货可以较少和避免存货，当发现问题时容易得到改进和实现均衡作业以及柔性生产等。

4. 高质量和无缺陷

JIT 要求消除各种引起浪费的不合理的因素，要求生产过程中每一个操作环节都要达到精益求精，将质量管理引入每一个操作中，对产品质量进行及时检测与处理。

思考与练习

1. 简述 ABC、CVA 分析法的含义。
2. 定量订货法、定期订货法各自的适用范围是什么？

任务 4　流通加工作业管理

任务引入

食品流通加工的类型很多。只要留意超市里的货柜就可以看出，那里摆放的各类洗净的蔬菜、水果、肉末、鸡翅、香肠、咸菜等都是流通加工的结果。本任务要求明确食品流通加工的具体项目主要有哪些。

任务分析

这些商品的加工作业如分类、清洗、贴商标和条形码、包装、装袋等是在摆进货柜之前就已进行了的，这些流通加工都不是在产地，已经脱离了生产领域，进入了流通领域。

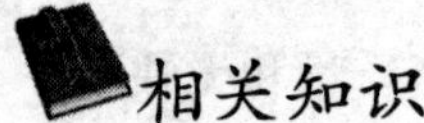

相关知识

一、流通加工的定义

流通加工是指物品在从生产地到使用地的过程中，根据需要施加包装、分割、计量、分拣、组装、价格贴付、商品检验等简单作业的总称。目前，在世界许多国家和地区的物流中心或仓库经营中都大量存在流通加工业务。

流通加工和一般的生产型加工在加工方法、加工组织、生产管理方面并无显著区别，但在加工对象、加工程度方面差别较大，其差别主要表现在以下几点。

（1）流通加工的对象是进入流通过程的商品，具有商品的属性。以此来区别多环节生产加工中的一环。流通加工的对象是商品，而生产加工的对象不是最终产品，而是原材料、零配件和半成品。

（2）流通加工程度大多是简单加工，而不是复杂加工，一般来讲，如果必须进行复杂加工才能形成人们所需的商品，那么，这种复杂加工应专设生产加工过程，生产过程理应完成大部分加工活动，流通加工对生产加工则是一种辅助及补充。特别需要指出的是，流通加工绝不是对生产加工的取消或代替。

（3）从价值观点看，生产加工的目的在于创造价值及使用价值，而流通加工则在于完善其使用价值并在不做大改变的情况下提高价值。

（4）流通加工的组织者是从事流通工作的人，能密切结合流通的需要进行这种加工活动，从加工单位来看，流通加工由商业或物资流通企业完成，而生产加工则由生产企业完成。

（5）商品生产是为交换、为消费而生产的，流通加工的一个重要目的是，为了消费（或再生产）所进行的加工，这一点与商品生产有共同之处。但是流通加工也有时是以自身流通为目的，纯粹是为流通创造条件；这种为流通所进行的加工与直接为消费进行的加工从目的来讲是有区别的，这又是流通加工不同于一般生产加工的特殊之处。

二、流通加工的地位

1. 流通加工有效地完善了流通

流通加工在实现时间、场所两个重要效用方面，确实不能与运输和储存相比。因而，不能认为流通加工是物流的主要功能要素。流通加工的普遍性也不能与运输、储存相比。流通加工不是所有物流中必然出现的，但这绝不是说流通加工不甚重要，实际上它也是不可轻视的，是起着补充、完善、提高、增强作用的功能要素，它能起到运输、储存等其他功能要素无法起到的作用。所以，流通加工的地位可以描述为是提高物流水平，促进流通向现代化发展的不可少的形式。

2. 流通加工是物流中的重要利润源

流通加工是一种低投入高产出的加工方式，往往以简单加工解决大问题。实践证明，有的流通加工通过改变装潢使商品档次跃升而充分实现其价值，有的流通加工将产品利用率一下子提高了 20％～50％，这是采取一般方法提高生产率所难以企及的。根据我国近些年的实践经验，流通加工单仅就向流通企业提供利润一点，其成效并不亚于从运输和储存中挖掘

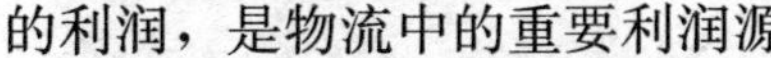

的利润，是物流中的重要利润源。

三、流通加工的类型

1. 弥补生产领域加工不足的深加工

有许多产品在生产领域中的加工只能到一定程度，这是由于存在许多限制因素限制了生产领域不能完成终极的加工。例如：钢铁厂的大规模生产只能按标准规定的规格生产，以使产品有较强的通用性，使生产能有较高的效率和效益；木材如果在产地完成成材加工或制成木制品的话，就会造成运输的极大困难，所以原生产领域只能加工到圆木、板、方材这个程度，进一步的下料、切裁、处理等加工则由流通加工完成。这种流通加工实际是生产的延续，是生产加工的深化，对弥补生产领域加工不足有重要意义。

2. 为适应多样化需要的流通加工

生产部门为了实现高效率、大批量生产，其产品往往不能完全满足客户的要求。为了满足客户对产品多样化的需要，同时又保证社会高效率的大生产，通常将生产出来的单调产品进行多样化的改制加工，它是流通加工中占重要地位的一种加工形式。例如：对钢材卷板的舒展、剪切加工；平板玻璃按需要规格的开片加工；木材改制成枕木、方材、板材等的加工。

3. 为保护产品所进行的加工

在物流过程中，直到用户投入使用前都存在对产品的保护问题，以防止产品在运输、储存、装卸、搬运、包装等过程中遭受损失，使使用价值能顺利实现。主要采取稳固、改装、冷冻、保鲜、涂油等方式。

4. 为提高物流效率、方便物流的加工

有些产品本身的形态使之难以进行物流操作，如鲜鱼的装卸、储存操作困难；过大设备搬运、装卸困难；气体运输、装卸困难等。进行流通加工，可以使物流各环节易于操作。如鲜鱼冷冻、过大设备解体、气体液化等。这种加工往往改变“物”的物理状态，但并不改变其化学特性，并最终仍能恢复其物理状态。

5. 为促进销售的流通加工

流通加工可以从几个方面起到促进销售的作用。如将过大包装或散装物分装成适合一次销售的小包装的分装加工；将原以保护产品为主的运输包装改换成以促进销售为主的装潢性包装，以起到吸引消费者、指导消费的作用；将汽车零配件组装成汽车以便直接销售；将蔬菜、肉类洗净切块以满足消费者要求；等等。这种流通加工有的是不改变“物”的本体，只进行简单改装的加工，也有许多是组装、分块等深加工。

6. 为提高加工效率的流通加工

许多生产企业产品的部分加工工序，由于产品的数量有限，加工效率不高，难以投入先进加工技术和设备。流通加工以集中加工形式，解决了单个企业加工效率不高的弊病。以一家流通加工企业代替了几个生产企业的部分加工工序，促使生产水平得以发展，加工成本得以下降。

7. 为提高原材料利用率的流通加工

流通加工利用其综合性强、用户多的特点，可以采用合理规划、合理套裁、集中下料的办法，提高原材料利用率，减少损失浪费。

8. 衔接不同运输方式使物流合理化的流通加工

在干线运输及支线运输的结点设置流通加工环节，可以有效解决大批量、低成本、长距离干线运输与多品种、少批量、多批次末端运输和集货运输之间的衔接问题。在流通加工点与大生产企业间形成大批量、定点运输的渠道，又以流通加工中心为核心，组织对多用户的配送。也可在流通加工点将运输包装转换为销售包装，从而有效衔接不同目的的运输方式。

9. 以提高经济效益、追求企业利润为目的的流通加工

流通加工的一系列优点可以形成一种“利润中心”的经营形态，这种类型的流通加工是经营的一环，在满足生产和消费要求的基础上取得利润，同时在市场和利润引导下使流通加工在各个领域中能有效地发展。

10. 生产—流通一体化的流通加工

依靠生产企业与流通企业的联合，或者生产企业涉足流通，或者流通企业涉足生产，形成的对生产与流通加工进行合理分工、合理规划、合理组织，统筹进行生产与流通加工的安排，就是生产—流通一体化的流通加工形式。这种形式可以促成产品结构及产业结构的调整，充分发挥企业集团的经济技术优势，是目前流通加工领域的新形式。

四、流通加工的合理化

流通加工合理化的含义是实现流通加工的最优配置，不仅做到避免各种不合理加工，使流通加工有存在的价值，而且做到最优的选择。为避免各种不合理现象，对是否设置流通加工环节，在什么地点设置，选择什么类型的加工，采用什么样的技术装备等，需要做出正确的抉择。目前，国内在进行这方面合理化的考虑中已积累了一些经验，取得了一定成果。实现流通加工合理化主要应考虑以下几个方面。

1. 加工和配送结合

这是将流通加工设置在配送点中，一方面按配送的需要进行加工，另一方面加工又是配送业务流程中分货、拣货、配货之一环，加工后的产品直接投入配货作业，这就无须单独设置一个加工的中间环节，使流通加工有别于独立的生产，而使流通加工与拆装配送巧妙结合在一起。同时，由于配送之前有加工，可使配送服务水平大大提高。这是当前对流通加工做合理化选择的重要形式，在煤炭、水泥等产品的流通中已表现出较大的优势。

2. 加工和配套结合

产品配套包括产品规格系列配套和产品部件、零件配套。配套产品有来自于单一厂家的生产，更多时候分别由不同厂家或生产基地生产。完全配套有时无法全部依靠现有的生产单位，进行适当流通加工，可以有效促成配套，大大提高流通的桥梁与纽带作用。

3. 加工和合理运输结合

上面已提到流通加工能有效衔接干线运输与支线运输，促进两种运输形式的合理化。利用流通加工，在支线运输转干线运输或干线运输转支线运输这些本来就必须停顿的环节，不进行一般的“支转干”或“干转支”，而是按干线或支线运输合理的要求进行适当加工，从而大大提高运输及运输转载水平。

4. 加工和合理商流相结合

这是指通过加工有效促进销售，使商流合理化，也是流通加工合理化的考虑方向之一。根据市场销售的特点和消费者的偏好，根据销售季节的变化对产品进行适应性流通加工，以

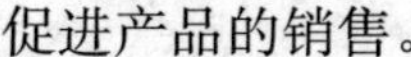

促进产品的销售。

5. 加工和节约资源相结合

节约能源、节约设备、节约人力、减少耗费是流通加工合理化重要的考虑因素，也是目前我国设置流通加工，考虑其合理化的较普遍形式。

6. 加工与降低成本相结合

流通加工的合理性不仅体现在加工成本的降低，更重要的是通过选择实现整体成本的降低，包括加工成本、物流成本、资金成本等的总和。

对于流通加工合理化的最终判断，是看其是否能实现社会效益和企业自身效益，而且是否取得了最优效益。流通企业更应该树立社会效益第一的观念，以实现产品生产的最终利益为原则。企业只有将自己定位为生产流通过程中的补充者、完善者，才有生存的价值。如果只是追求企业的微观效益，不适当地进行加工，甚至与生产企业争利，就有违于流通加工的初衷，或者其本身已不属于流通加工的范畴。

五、食品流通加工

在相关知识中介绍了很多流通加工的一般知识，以下以食品流通加工为例，介绍其流通加工的具体项目：

1. 冷冻加工

冷冻加工是指为了保鲜而进行的流通加工，为了解决鲜肉、鲜鱼在流通中保鲜及装卸搬运的问题，采取低温冻结方式的加工。这种方式也用于某些液体商品、药品等。

2. 分选加工

分选加工是指为了提高物流效率而进行的对蔬菜和水果的加工，如去除多余的根叶等。农副产品规格、质量离散情况较大，为获得一定规格的产品，采取人工或机械分选的方式加工称为分选加工。这种方式广泛用于果类、瓜类、谷物、棉毛原料等。

3. 精制加工

农、牧、副、渔等产品的精制加工是在产地或销售地设置加工点，去除无用部分，甚至可以进行切分、洗净、分装等加工，可以分类销售。这种加工不但大大方便了购买者，而且还可以对加工过程中的淘汰物进行综合利用。比如，鱼类的精制加工所剔除的内脏可以制成某些药物或用作饲料，鱼鳞可以制高级黏合剂，头尾可以制鱼粉等；蔬菜的加工剩余物可以制饲料、肥料等。

4. 分装加工

许多生鲜食品零售起点较小，而为了保证高效输送出厂，包装一般比较大，也有一些是采用集装运输方式运达销售地区。为了便于销售，在销售地区按所要求的零售起点进行新的包装，即大包装改小包装，散装改小包装，运输包装改销售包装，以满足消费者对不同包装规格的需求，从而达到促销的目的。

此外，半成品加工、快餐食品加工也成为流通加工的组成部分。这种加工形式节约了运输的物流成本，保护了商品质量，增加了商品的附加价值。如葡萄酒是液体，从产地批量地将原液运至消费地配制、装瓶、贴商标，包装后出售，既可以节约运费，又安全保险，以较低的成本，卖出较高的价格，附加值大幅度增加。

思考与练习

1. 什么是流通加工？
2. 流通加工有哪些类型？
3. 流通加工的合理化措施主要有哪些？

模块四

出库作业管理

任务1 出库订单管理

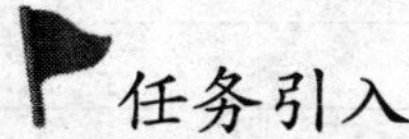

任务引入

AW 物流集团某仓库区位配置（部分）见表 4—1—1。

表 4—1—1 某仓库区位配置

托盘高位货架区	自动化立体库区	隔板货架区	
A 排：整托食品区 A0101～A0303 沃尔玛 A0401～A0603 华联 A0701～A1003 其他	A 排：整箱电子产品 A0101～A0303 华联 A0401～A0603 峰星 A0701～A1003 其他	A 排：拆零日化 A0101～A0303 沃尔玛 A0401～A0603 华联 A0701～A1003 其他	D 排：拆零润滑油 D0101～D0303 壳牌 D0401～D0603 BP D0701～D1003 其他
B 排：整托日化区 B0101～B0303 沃尔玛 B0401～B0603 华联 B0701～B1003 其他	B 排：整箱润滑油 B0101～B0303 壳牌 B0401～B0603 BP B0701～B1003 其他	B 排：拆零电子产品 B0101～B0303 华联 B0401～B0603 峰星 B0701～B1003 其他	E 排：拆零汽车零部件 E0101～E0303 BYD E0401～E0603 丰田 E0701～E1003 其他
C 排：整托日用非化学品区 C0101～C0303 沃尔玛 C0401～C0603 华联 C0701～C1003 其他	C 排：整箱汽车零部件 C0101～C0303 BYD C0401～C0603 丰田 C0701～C1003 其他	C 排：拆零日用非化学品区 C0101～C0303 沃尔玛 C0401～C0603 华联 C0701～C1003 其他	F 排：拆零食品区 F0101～F0303 沃尔玛 F0401～F0603 华联 F0701～F1003 其他

该库区目前处于满库状态，各库位商品编号（部分）见表 4—1—2。

表 4—1—2 商品编码表

项目	名称	代码	位置（左起）	位数
客户	沃尔玛	WM	第一位	2
客户	华联商城	HL	第一位	2
客户	峰星	FX	第一位	2

续表

项目	名称	代码	位置（左起）	位数
客户	壳牌	QP	第一位	2
客户	BP	BP	第一位	2
客户	丰田	FT	第一位	2
客户	BYD	BYD	第一位	2
品牌	惠氏	HS	第三位	2
品牌	康师傅	KS	第三位	2
品牌	达能	DN	第三位	2
品牌	佳洁士	JJ	第三位	2
品牌	汰渍	TZ	第三位	2
品牌	NOKIA	NO	第三位	2
品牌	双飞燕	SF	第三位	2
次级类别	洗衣粉	01	第五位	2
次级类别	食品	02	第五位	2
次级类别	牙膏	03	第五位	2
次级类别	电子产品	11	第五位	2
明细	商品名称	000	第七位	3

2010 年 8 月 10 日 9：20，该公司出库业务受理员接到客户的提货单，详情见表 4—1—3 和表 4—1—4。

表 4—1—3　　提货单 1

货主单位：沃尔玛超市　　日期：2010 - 08 - 10

货品、规格、牌号	数量（箱）	单价/元	总价/元
康师傅红烧牛肉面 120 g	50	24.00	1 200.00
康师傅冰红茶 500 mL	18	30.00	540.00
达能特浓牛奶夹心饼干 130 g	10	120.00	1 200.00

仓储单位：AW 仓储企业　　制单人：　　提货单位：

表 4—1—4　　提货单 2

货主单位：华联商城　　日期：2010 - 08 - 10

货品、规格、牌号	数量（台/付）	单价/元	总价/元
NOKIA 5300	5	500.00	2 500.00
双飞燕鼠标 G9 - 310	8	90.00	720.00

仓储单位：AW 仓储企业　　制单人：　　提货单位：

要求根据所给的仓库区位配置和客户出库订单模拟出库业务受理员完成出库订单的处理、出库准备和出库调度作业，同时完成相关单据的操作和信息系统操作。

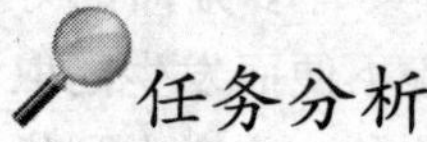

任务分析

该出库任务订单来自两个不同的客户，出库任务中的货物涉及食品、电子产品两类产品，且出库时间也不尽相同。要完成好出库准备作业、调度作业和财务处理三项工作，需由出库作业受理员、收费员等岗位人员根据出库业务特点，按仓库的客户类别、货物类别的分区及货位编号情况，进行出库信息处理和出库准备作业，并协调理货员、保管员、搬运工等完成出库准备、出库单据操作、出库信息系统操作等技能操作。因此，要完成这些技能操作，应首先掌握出库作业流程，出库准备工作内容，参与人员岗位职责等基本知识，以及出库单据的操作、信息系统操作等操作方法与规范。

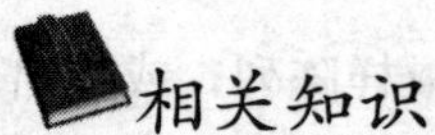

相关知识

出库作业开始于接收存货人的出库信息指令，是出库作业的第一环节，自出库业务受理员接收客户入库订单开始，至协调保管员、理货员、搬运工等各相关岗位出库准备工作结束。虽然出库调度作业量小、环节少，工作内容看似简单，但它是整个出库作业管理的关键，调度的好坏、出库准备是否合理，将直接影响后续库内备货、理货以及点交装车等一系列工作。出库调度应把握迅速、科学、合理的原则，工作内容包括出库调度和出库准备工作两个部分。

一、出库作业

货物出库业务是仓库根据货主单位开出的货物出库凭证所列的品唛、数量，经过核单、付货、复核等一系列作业过程，把在库货物分发出库的业务过程。

货物出库的基本任务主要是根据正式出库凭证发货，出库的货物应按照先进先出，易霉易锈易坏先出，近期失效先出的原则办理；加强对出库货物的复核，做到数量准确，质量完好，包装牢固，标志清晰，将应发货物完好地发给收货单位。

1. 货物出库的要求

货物出库应做到“三不三核五检查”。“三不”即未接单据不登账，未经审单不备货，未经复核不出库；“三核”即在发货时，要核实凭证、核对账卡、核对实物；“五检查”即对单据和实物要进行品名检查、规格检查、包装检查、件数检查、重量检查。具体地说，货物出库要求严格执行各项规章制度，提高服务质量，使用户满意，包括对储存货物的品种、规格等方面的要求，积极与货主联系业务，为用户提货创造各种便利条件，杜绝差错事故。

2. 货物出库的形式

货物出库的形式一般有送货、自提、过户、取样和转仓五种。

(1) 送货。仓库根据货主单位预先送来的“商品调拨通知单”，通过发货作业，把应发商品交由运输部门送达收货单位，这种发货形式就是通常所说的送货制。仓库实行送货，要划清交接责任。仓储部门与运输部门的交接手续，应在仓库现场办理完毕。运输部门与收货单位的交接手续，是根据货主单位与收货单位签订的协议，一般在收货单位指定的到货目的地办理。

送货具有“预先付货、按车排货、发货等车”的特点。仓库实行送货具有多方面的好处：仓库可预先安排作业，缩短发货时间；收货单位可避免因人力、车辆等不便而发生的取货困难；在运输上，可合理使用运输工具，减少运费。仓储部门实行送货业务，应考虑到货主单位不同的经营方式和供应地区的远近，既可向外地送货，也可向本地送货。

(2) 自提。由收货人或其代理人持“商品调拨通知单”直接到库提取，仓库凭单发货，这种发货形式就是仓库通常所说的提货制。它具有“提单到库，随到随发，自提自运”的特点。为划清交接责任，仓库发货人与提货人应在仓库现场，对出库商品当面交接清楚并办理签收手续。

(3) 过户。货物未曾出库，但是货物的所有权已从原存货户转移到新存货户，是一种就地划拨的形式。仓库要根据原存货户开出的正式过户凭证，才予以办理货物过户手续。其特点是货物未出库，但已发生了买卖行为。

(4) 取样。销售部门为使购货单位了解货物情况，以便选购，向仓库取样陈列；或是出于对货物质量的检验的需要，向仓库抽验取样。这种货物发货形式，虽不通过买卖行为，但仓库也必须根据货主单位开出的正式取样凭证，才予发给样品，并做好财务记载。

(5) 转仓。转仓也称移库。货主企业为了方便买卖活动或改变货物储存条件，需要将某批库存货物自甲库转移到乙库，转仓虽不通过贸易行为，但必须根据货主企业开出的正式转仓单，才予办理转仓手续。

3. 货物出库方式

货物出库的方式主要有三种：客户自提、委托发货、仓储企业派自己的货车给客户送货。提货的车到达仓库后，出示出库单据，在库房人员协调下，按规定做好数量记录，检斤人员按货位、品种、数量搬运货物装到车上。保管人员做好出库质量管理，严防散漏、破损，做好数量、重量记录，制定出库检斤表，由复核人员核实品种、数量和提单，制作仓库出门条。出库时交出库门卫，门卫核实后放行。不同仓库在货物出库的操作程序上会有所不同，操作人员的分工也有粗有细，但就整个发货作业的过程而言，一般都是跟随着商品在库内的流程，或出库单的流转而构成各种衔接。

二、出库作业流程

1. 出库作业的基本流程

合理组织出库作业，是做好发货业务管理的重要一环。因此，需要不断地提高仓库人员的业务技术素质，加强各方面的协作，高质量地完成货物发货业务。

出库作业的程序，如图 4—1—1 所示。

(1) 核单。核单即审核货物出库凭证，仓库发货，包括过户、取样、转仓等都必须以货主单位开出的正式出库凭证为依据。核单主要审核的内容有：签证货物调拨单或提货单是否是货主单位开制的，印鉴是否齐全；查对付货仓库名称有无错误；货物品名、规格、数量、牌号、等级等项有无错开、漏开，单据填写字迹是否清楚，有无涂改痕迹，提货单据是否超过了规定的提货有效期限。如发现问题，即应退还业务单位更正。严禁白条提货。

此步骤是出库作业开始的重要环节，要求出库业务受理员对各种形式的出库凭证都能准确辨识关键货物信息。将出库凭证的关键货物信息与库内货物的基础信息进行粗略比对，确定出库的合理性。

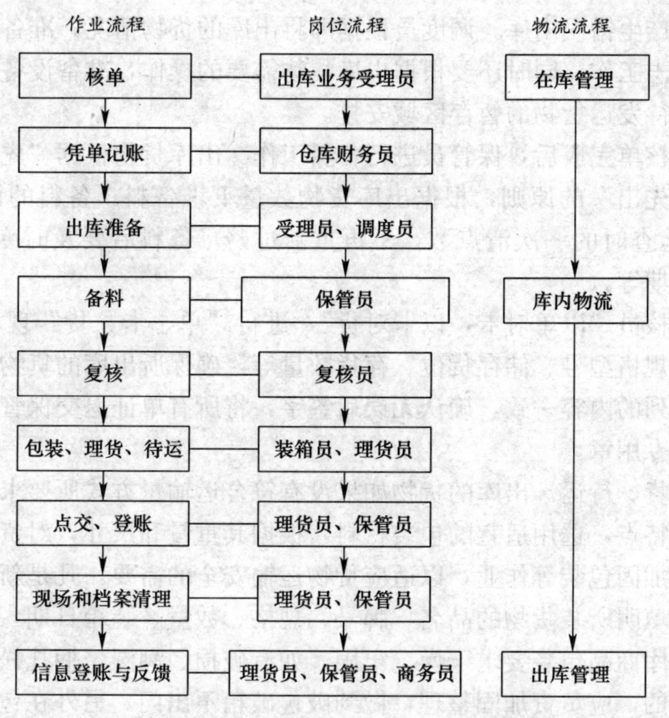

图 4—1—1 出库作业、岗位、物流流程

(2) 凭单记账。审单无误后，仓库财务员根据出库凭证按照规定会计手续进行记账，并核销存量。同时，在出库凭证上批注出库货物的货区、库房、货位、编号和发货后的结存数量，以供保管员查对备货。

此步骤仓库财务员应根据业务受理员审核后的单据，对库内的信息进行分析。确定货物出库的有效区位和结余统计。在自提货物的方式中，在业务受理员核单完成后，提货人可交付货物费用，完成费用结算。

(3) 出库准备。在货物出库业务中，要及时、准确、安全地把货物发给收货单位，必须做好发货前的各项准备工作。第一，检查包装，检查即将出库的货物在经过装卸、堆码后有无包装受损不适宜运输的情况。如果有此类状况，需要进行整理、加固乃至改换包装。第二，准备出库过程的相关作业用品，根据出库任务的具体情况，对包装箱或加固材料、打包机、标签等按其需求数量进行准备，以免出库作业过程中影响出库效率。第三，人力、机具准备，出库业务具有集零为整、工作量大的特点。因此，必须做好人力和机具的准备工作。地唛、出门证等都应准备就绪，以防在人力、物力上脱节，影响出库业务。第四，待运场地准备，应发货物在运输车辆到来之前，属于待运阶段。在此阶段待运货物应按车辆配载的要求分块堆放，即“按车排货”，并将货物分堆在待运场地上，以备车辆到库装货，即日常所说的“货等车”，因此，仓库必须要准备一定的待运场地，以备待运货物存放。但待运场地面积的大小，应从仓库发货的实际需要出发，过大会造成仓容浪费，过小又影响日常排货。

此步骤在实现过程中，需要受理员、调度员的配合和协调。受理员要根据查验库内即将发运货物的可操作性，确保仓库和订单的一致性，为出库组织工作做好准备。以防出库实施过程中的延误故障产生错误出库。调度员根据即将出库的货物情况，准备打包材料、器具并做好包装箱的刷标志工作，同时还要根据出库货物需要的操作，准备设备和搬运人员的类型和数量，并且设计待发运货物的暂存区域安排。

（4）备料。在核单完成后，保管员进行备料工作。出库货物根据“先进先出、易霉易坏先出、接近失效期先出”的原则，根据出库货物数量下堆备料。备料的计量实现“以收代发”，即利用入库检查时的一次清点数，不再重新过磅。备料后要及时变动料卡余额数量，填写实发数量和日期等。

（5）复核。复核员“以单对卡，以卡对货”，进行“单、卡、货”现场三核对，核对凭证号、实发数量、规格型号、储存货位、存货数量等，确保所出库的货物名称、规格、数量等与出库凭证上所列的内容一致。确认无误后签字，将所有单证退交保管员。保管员在发货单诸联上加盖发货专用章。

（6）包装、理货、待运。出库的货物如果没有符合运输量方式所要求的包装，应进行包装。根据货物外形特点，选用适宜的包装材料，根据其重量和尺寸，对货物进行合理编配拼装、换装、改装和加固包装等作业，以适应货物运输安全的需要。凡是新装箱的货物，装箱人要填制装箱单，填明所装货物的品名、牌号、规格、数量、装箱日期，并签字或盖章，供收货单位查对。出库商品包装要求干燥、牢固，如有破损、潮湿、捆扎松散等不能保障货物在运输途中的安全的，应负责加固整理，做到破包破箱不出门。另外在包装中，严禁将互相影响或性能互相抵触的商品混合包装。包装后，要写明收货单位、到站、发货号、本批总件数、发货单位等。然后将包装完毕的货物移入理货区，由理货员按货物运送的不同运输方式、不同运输路线和不同收货地点，分单集中，填制货物启运磅码单，并通知运输部门提货发运。

（7）点交、登账。货物如果是本单位内部领料，则将货物和单据当面点交给提货人，办清交接手续；如是送货或者外单位提货，则与送货人员或运输部门办理交接手续，当面将商品点交清楚。提货人员应在出库凭证上签字或盖章。

点交后，保管员应在出库单上填写实发数、发货日期等内容并签字。然后将出库单连同有关证件资料及时交给货主，以便货主办理货款结算（若核单后没有结算）。保管员把留存的一联出库凭证交给实物明细账登记人员做账。

（8）现场和档案的清理。现场清理包括清理库存商品、库房、场地、设备和工具等。档案清理则是对收发、保养、盈亏数量和垛位安排等情况进行分析。

（9）信息登账与反馈。出库作业在系统中进行操作，将根据操作情况实现作业计划单完成的信息反馈，会显示备货过程中操作完毕后的“拣货反馈”、“理货反馈”，以及“资源反馈”的信息反馈内容。

2. 出库作业单证流转

出库作业单证流转可以按照提货方式分为自提方式和送货方式两种分别来说明。

（1）自提是提货人持提货单来仓库提货的出库形式。出库业务受理员在收到提货单后，经审核无误，为提货人开具发货单一式两联交理货员。财务人员收取货款后，向提货人开具发货清单一式两联。理货人员根据发货单发货并在发货清单上填写实发数。完成后，将发货单和发货清单的一联发还给出库业务受理员，并将发货单和发货清单的二联给提货人，实现提货出库。出库时，提货人提交发货单二联由门卫复核签收后方可放行。具体流程如图4—1—2所示。

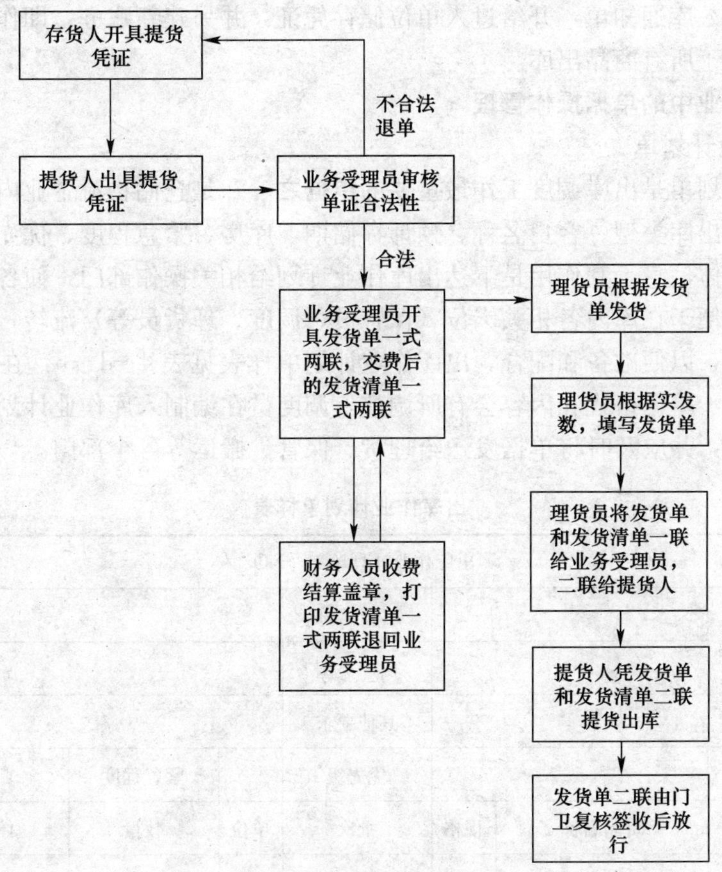

图4—1—2　自提出库作业单证流转

（2）在送货方式下，一般是采用先发货后记账的形式。提货单随同送货单经内部流转送达仓库后，一般是直接送给理货员，而不先经过财务人员。理货员接单后，经过理单、编写储区代号，分送保管员发货，待货发讫后再交给财务人员记账。其流程如图4—1—3所示。

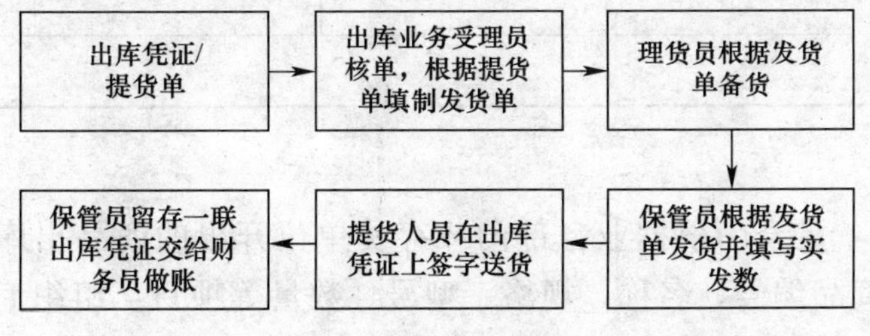

图4—1—3　送货方式出库作业单证流转

对于其他的几种出库方式，其单证的流转与账务的处理过程也基本相同。取样和移库对于货主单位而言并不是商品的销售和调拨，但对仓库来说却是一笔出库业务。货主单位签发的取样单和移库单也是仓库发货的正式凭证，它们的流转和账务处理程序与提货单基本相同。商品的过户，对于仓库来说，商品并不移动，只是所有权在货主单位之间转移。所以，过户单可以代替入库通知单，开给过入单位储存凭证，并另建新账务，即作入库处理；对过出单位来说，等于所有商品出库。

三、出库作业中的单据操作管理

1. 出库作业计划单

出库作业计划单是出库调度工作最重要的单据之一，是仓储物流企业内部的单据，主要记载出库时间、出库类型、客户名称、预计存储期、库房、紧急程度、优先级、出库方式以及出库货物的具体信息。其作用是下达出库作业计划给相关操作部门，使各部门对出库作业有具体的了解，便于在库内各相关岗位（保管员、调度、理货员等）流转，使之预知将要进行什么出库作业，以便准备和配合。出库作业计划单样表见表 4—1—5，在不同的企业和不同的仓储业务下，单据格式和内容会有所调整。调度员在编制入库作业计划单时，应注意信息填制的准确性，并应及时将单据发送给理货、保管、搬运等各个部门。

表 4—1—5　　出库作业计划单样表

出库作业计划单　NO.							
预计出库时间			客户名称				
预计存储期			出库类型				
出库方式			其他要求				
库房			优先级		紧急程度		
货品编码	货品名称	规格	批次	单位	数量	体积	重量
制单人：							

2. 出库凭证

商品出库业务，是仓库根据业务部门或存货单位开出的商品出库凭证（提货单、调拨单），按其所列商品编号、名称、规格、型号、数量等项目，组织商品出库一系列工作的总称。出库凭证是提货的依据，任何白条都不能作为发货凭证。出库凭证上字迹要清晰，不能有任何复制或涂改的痕迹，若出现该问题则应停止出库作业。凭证遗失需要及时与仓库发货人员和财务人员联系，以防货物冒领产生损失。出库凭证表样见表 4—1—6 和表 4—1—7。

表 4—1—6　　　　　　　　　　　**提货单样表**

货主单位：　　　　　　　　　　　　日期：　年　月　日

品名	规格	单位	数量	单价	金额	备注

仓储单位：（盖章）　　　　制单人：　　　　　　提货单位：（盖章）

经手人：

表 4—1—7　　　　　　　　　　　**商品调拨单样表**

领用单位：　　　　　　　　　　　　　　　　　　　　发料日期：　年　月　日

领料日期：　　年　　月　　日　　　　　　　　　　　领料单号：

编号	材料名称	规格	单位	领料数量	实发数量	备注

批准人：　　　　　　　　　　　　发料人：　　　　　　　　　　领料人：

注：此单一式四联，一般只填写一种物料，以便分类和统计。

3. 出库单

出库单是商家之间互相调货的凭证。出库单上注明货物名称、型号、价格以及客户名称等内容，是后期货物结算的依据。

出库单一式四联，分为存根、仓库留存、财务核算和提货人留存，用不同颜色区分。商家提货时，提供提货单，出库业务受理员核单后填写出库单签字执行出库作业，仓库企业可以凭借出库单找提货方收款。出库单见表 4—1—8。

表 4—1—8　　　　　　　　　　　**出库单**

客户名称：　　　　　　　　　　　　　　　　　　　　储存凭证号码：

发货仓库：　　　　　　　　　　　　　　　　　　　　仓库地址：

发货日期：　　年　　月　　日

<table>
<tr><td>货号、品名、规格、牌号</td><td>国别及产地</td><td>包装及件数</td><td>单位</td><td>数量</td><td>单价</td><td>总价</td><td>实发数量</td></tr>
<tr><td></td><td></td><td></td><td></td><td></td><td></td><td></td><td></td></tr>
<tr><td></td><td></td><td></td><td></td><td></td><td></td><td></td><td></td></tr>
<tr><td rowspan="2">危险品标志章及备注</td><td>运费</td><td colspan="3">包装押金</td><td colspan="2">总金额</td><td></td></tr>
<tr><td colspan="6">人民币（大写）</td><td></td></tr>
</table>

批准人：　　　　　　　　　　　　发料人：　　　　　　　　　　领料人：

注：此单一式四联，一般只填写一种物料，以便分类和统计。

4. 发货单

发货单是出库作业过程中的一个重要单据，仓库理货员和保管员根据发货单进行备货，并填写实发数在单据上。发货单的第二联作为提货人的出门证，以示出库业务完成可正常出库，见表 4—1—9。

表 4—1—9　　发货单

出库单号：　　发货单号码：

提货单位：　　发货日期：年　月　日

货号	品名	规格及型号	包装及件数	数量
合计				

业务主管：　　制单：

注：此单一式两联，第一联仓库留存，第二联为出门证。

5. 发货清单

发货清单是提货人到库提货过程中，结清货款后财务人员打印出发货清单交给业务受理员进行出库业务的依据。它是提货人是否交付货款的证明，见表 4—1—10。

表 4—1—10　　发货清单

发货单位：　　年　月　日第　号

编号	品名	规格及型号	包装及件数	数量
合计				

负责人：　　经办人：

注：此单一式两联，第一联仓库留存，第二联随货同行。

四、出库信息系统管理

对于仓储企业，接收到出库信息后，要根据出库作业任务具体信息依次完成下订单、出库预处理和出库反馈三个阶段的系统操作，具体操作内容和方法见表 4—1—11 至表 4—1—13。

表 4—1—11　　信息系统操作指导（客服员信息系统操作）

工作岗位角色	作业进度	操作内容
岗位 1：客服员	出库信息处理	接到出库作业信息后在【订单管理】→【订单录入】模块中新增一个出库订单，录入上述关键货物信息并保存生成作业计划单，替代纸质单据

续表

图示
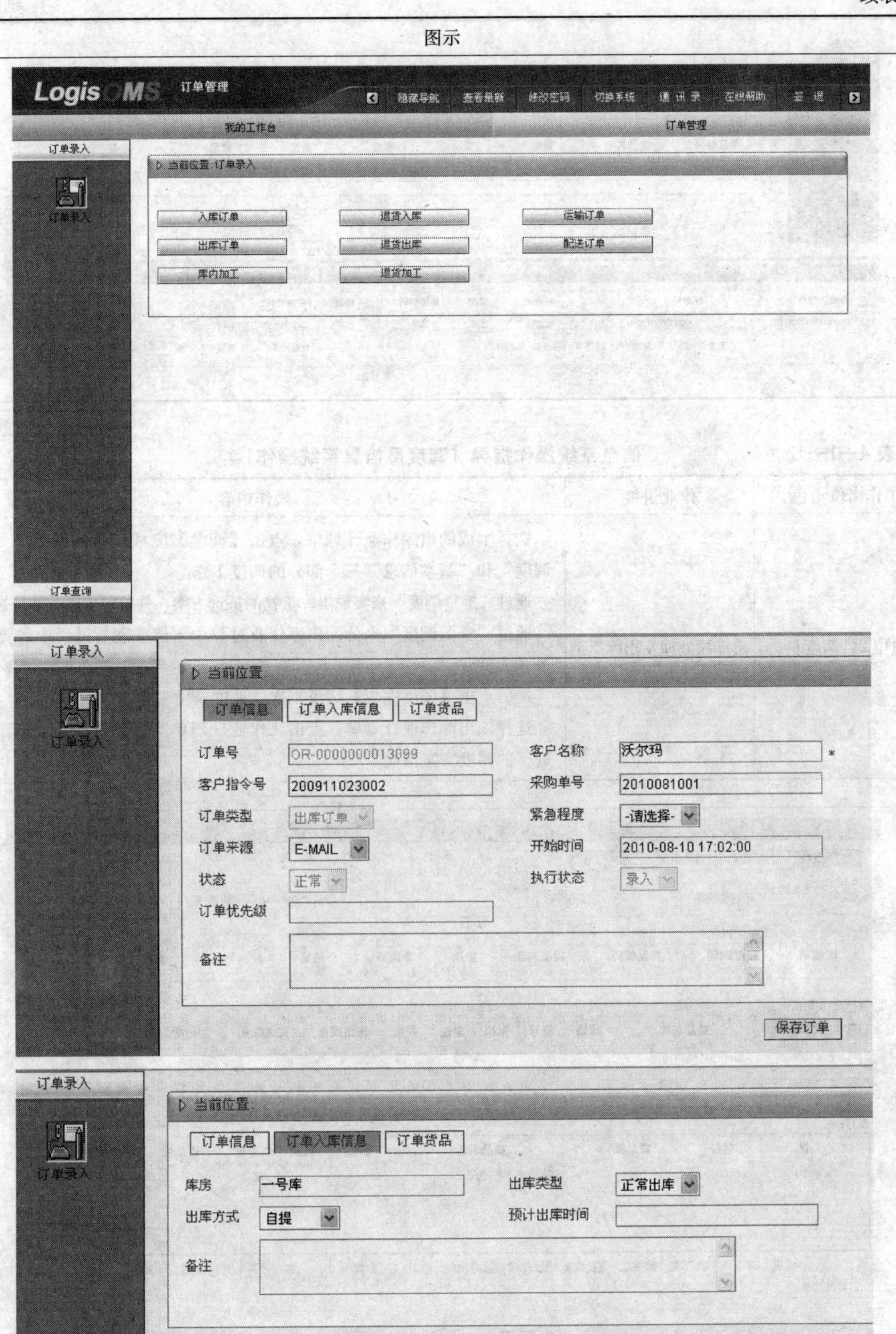

LogisOMS
订单管理
隐藏导航
查看最新
修改密码
切换系统
通讯录
在线帮助
签退
我的工作台
订单管理
订单录入
当前位置：订单录入
入库订单
退货入库
运输订单
出库订单
退货出库
配送订单
库内加工
退货加工
订单查询
当前位置
订单信息
订单入库信息
订单货品
订单号
OR-0000000013099
客户名称
沃尔玛
客户指令号
200911023002
采购单号
2010081001
订单类型
出库订单
紧急程度
-请选择-
订单来源
E-MAIL
开始时间
2010-08-10 17:02:00
状态
正常
执行状态
录入
订单优先级
备注
保存订单
库房
一号库
出库类型
正常出库
出库方式
自提
预计出库时间
备注
保存订单

续表

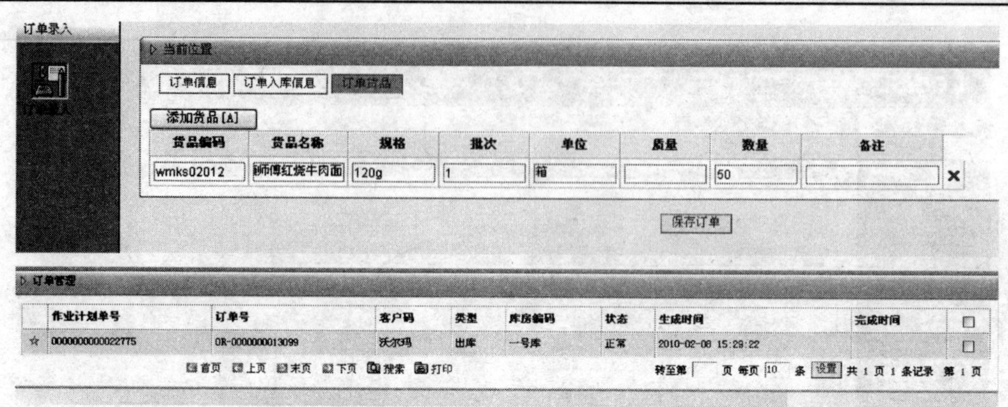

表 4—1—12　　信息系统操作指导（调度员信息系统操作）

工作岗位角色	作业进度	操作内容
岗位 2：调度员	出库预处理及出库反馈	选择生成的出库作业计划单，点击【调度】完成“拣货调度”“资源调度”和“基本信息”三个部分的调度工作 通过“拣货调度”来实现出库货物的拣选方案，并打印出库单和拣选单 通过“资源调度”来分配出库作业过程中下架或理货过程中需要的设备和人员 最后点击【调度完成】结束本次作业的调度工作 选择该出库作业计划单，点击【作业计划单反馈】则可依次查看刚刚进行的调度方案情况

图示

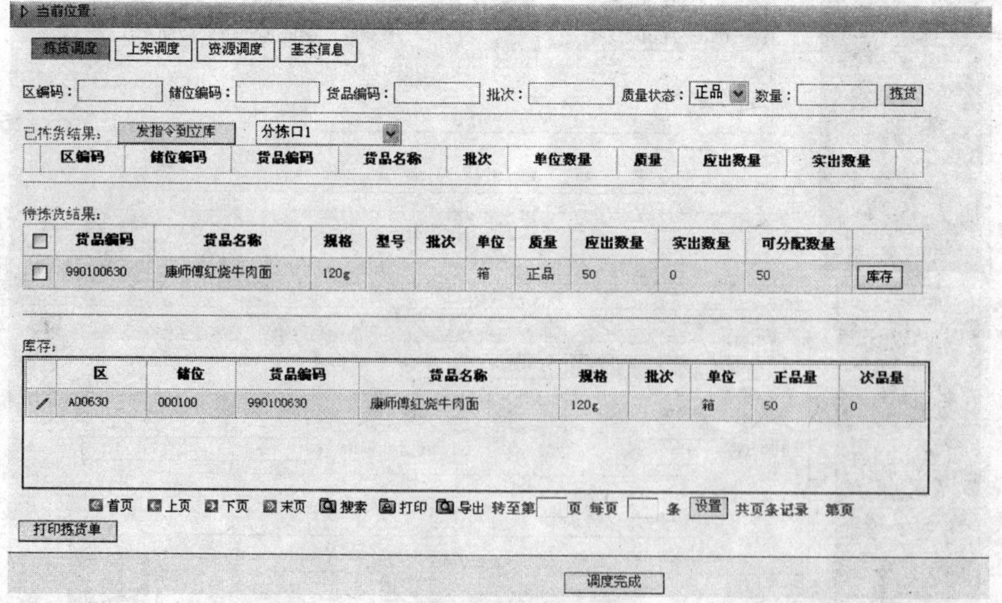

续表

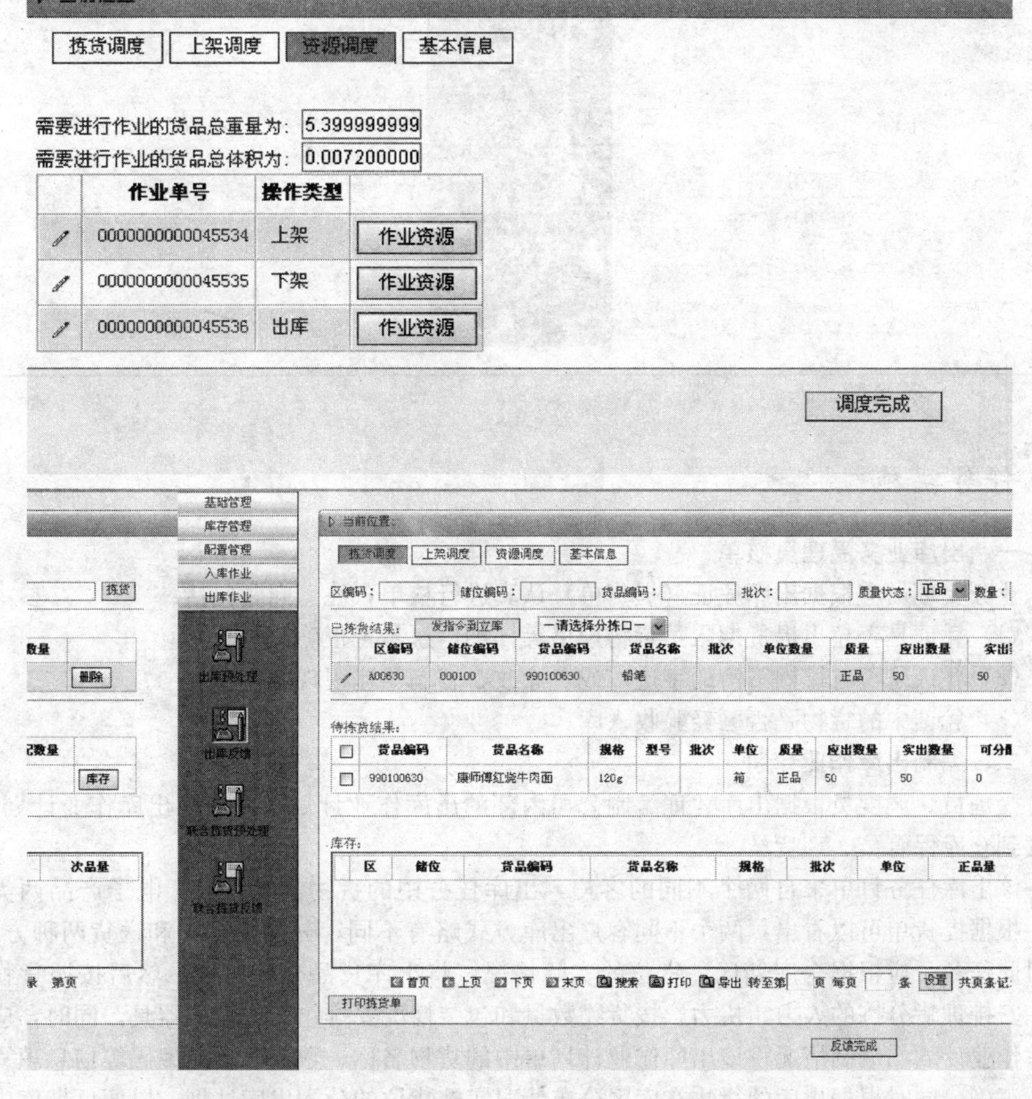

表 4—1—13　　信息系统操作指导（收货库工信息系统操作）

工作岗位角色	作业进度	操作内容
岗位 4：收货库工（理货员、拣选工、搬运工、叉车工等）	出库调度	操作手持终端进入【出库作业】查询入库作业指令，准备进行出库作业

续表

图示

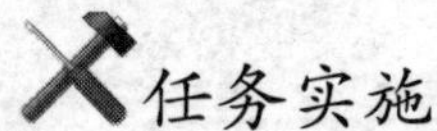任务实施

一、出库业务受理员核单

业务受理员应根据出库凭证（提货单）认真进行核单，注意问题包括：

（1）凭证是否超出提货期限，货物规格等详细信息是否正确。

（2）凭证是否有模糊不清的字迹，或者涂改、复制等违规现象。

（3）凭证中的货物是否已经验收入库。

二、编制出库作业计划

受理员、调度员根据出库凭证编制公司内部的出库作业计划，并填写出库作业计划单，下发到仓库保管员、理货员。

该出库任务订单来自两个不同的客户，出库任务中的货物涉及食品、电子产品两类产品。根据提货单可以看出，两个不同客户出库方式略有不同，分别为自提和送货两种方式。针对此任务，应根据仓库储区、货位的实际情况，将出库货品分配区域，然后按照货物批量，安排理货分拣的人力、机力；按货物数量和包装情况安排包装材料和器具。同时，应按出库作业计划的编制情况将该出库作业计划单中的货物名称、数量、货品编码等信息填写清楚、正确。同时根据出库的货物在库区分布情况实施货位的分配出库计划，以便后期库内拣选工作的进行。分别下达出库调度安排。

根据任务引入中的相关信息，可以编制出库作业计划见表 4—1—14、表 4—1—15。

表 4—1—14　　出库作业计划单 1

出库作业计划单					NO. 2010081001
预计出库时间	2010-08-10 pm3：20	客户名称	沃尔玛超市		
预计存储期	24 天	出库类型	普通出库		
出库方式	送货	其他要求			
库房	托盘高位货架区	优先级	一般	紧急程度	普通

续表

货品编码	货品名称	规格	批次	单位	数量	体积	重量
wmks02012	康师傅红烧牛肉面	120 g	1	箱	50	0.096 m³	16 kg
wmks02101	康师傅冰红茶	500 ml	1	箱	18	0.756 m³	7.2 kg
wmdn02202	达能特浓牛奶夹心饼干	130 g	1	箱	10	0.436 m³	3.9 kg
制单人：吴物							

表 4—1—15　　出库作业计划单 2

出库作业计划单						NO. 2010081002	
预计出库时间	2010-08-10 am11：20		客户名称	华联商城			
预计存储期	4 天		出库类型	普通出库			
出库方式	自提		其他要求				
库房	隔板货架区		优先级	一般	紧急程度	普通	
货品编码	货品名称	规格	批次	单位	数量	体积	重量
hlno11002	NOKIA 手机	5 300	1	台	5	0.007 56 m³	0.620 g
hlsf11105	双飞燕鼠标	G9-310	1	台	8	0.005 52 m³	0.052 g
制单人：吴物							

根据任务所给出的相关信息，出库受理员将接到的出库提单，依照库内的货品编码规则和货位区域，正确填写出库作业计划单。从两份单据可以明确看出货物出库的时间、出库的商品位置和基本的信息情况，给出库作业提供了基本的信息方案。（根据出库作业计划单，请完成出货单和出货清单的填制。）

三、出库准备

仓库为了做好货物发货业务，进行人力、机力和场地的工作安排，包括：

（1）纸箱 1 只。

（2）标准木托盘 1 个。

（3）堆高机一台，地牛 1 台。

（4）准备两个月台场地。

（5）打包机一台、打包带若干。

（6）小推车一台，周转箱一个。

四、出库拣货调度

根据货物的出库数量和货位情况，拣货调度具体分配见表 4—1—16。

表 4—1—16 拣货调度表

区	储位	货品编号	货名	规格	单位	拣出数量
托盘高位货架区 A 排	A0102	wmks02012	康师傅红烧牛肉面	120 g	箱	50
托盘高位货架区 A 排	A0301	wmks02101	康师傅冰红茶	500 mL	箱	18
托盘高位货架区 A 排	A0201	wmdn02202	达能特浓牛奶夹心饼干	130 g	箱	10
隔板货架区 B 排	B0202	hlno11002	NOKIA 手机	5 300	台	5
隔板货架区 B 排	B0102	hlsf11105	双飞燕鼠标	G9－310	台	8

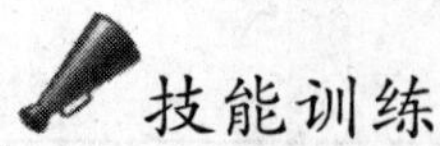

技能训练

实训项目一

根据学校自身实训场所情况，结合本任务的实际出库作业信息，以团队形式组成包括出库业务受理员、调度员、复核员、仓库保管员、理货员、作业人员等岗位的出库作业小组，在不借助信息系统的条件下，实施手工指令的下达和各项操作步骤的实施，以调度员的调度作业为核心，模拟本出库作业任务。

在操作中注意各项单据的填制、操作步骤流程的合理性及各项硬件设备操作的规范性，同时注意团队成员的相互配合和各项信息的沟通与确认。

实训项目二

根据学校自身教学模拟软件的配置情况，结合本任务的实际货物信息，利用仓储教学模拟软件完成出库作业计划的下达，出库作业单、出库单的填制操作，以及出库预处理和调度处理操作，并使用 RF 手持设备和信息系统软件接收相应计划和单据，完成以出库调度作业为核心的信息系统操作。

思考与练习

1. 出库准备工作有哪些？涉及哪些岗位？
2. 什么是出库调度？调度作业内容包括哪些方面？
3. 出库调度需填制哪些单据？

任务 2 分拣作业

任务引入

任务环节 1：在上一任务中，AW 物流公司接到 2010 年 8 月 10 日 9：20 的两个提货单，并在任务一中制作拣货调度表，见表 4—1—16。

请根据拣货调度表，按照拣货工作流程，选择合理的备货、分拣方法进行货物分拣。

任务环节 2：如果上一任务中的两笔提货单分别为表 4—2—1 与表 4—2—2 中的内容，请根据情况制作拣选调度表，并实施合理的备货与分拣方法完成该任务。

表 4—2—1 **提货单 1**

货主单位：沃尔玛超市 日期：2010 - 08 - 10

货品、规格、牌号	数量	单价	总价
康师傅红烧牛肉面 120 g	60 袋	24.00	1 440.00
康师傅冰红茶 500 mL	60 袋	30.00	1 800.00
达能特浓牛奶夹心饼干 130 g	70 袋	120.00	8 400.00
NOKIA 5300	50 台	500.00	12 500.00

仓储单位：AW 仓储企业 制单人：刘浏 提货单位：

表 4—2—2 **提货单 2**

货主单位：华联商城 日期：2010 - 08 - 10

货品、规格、牌号	数量（台/付）	单价	总价
NOKIA 5300	25	500.00	12 500.00
双飞燕鼠标 G9 - 310	30	90.00	2 700.00

仓储单位：AW 仓储企业 制单人：冯云 提货单位：W 货运公司

参考内容：AW 物流公司库内对应任务中的商品包装规格，见表 4—2—3。

表 4—2—3 **商品包装规格**

货品、规格、牌号	包装规格	包装数量	价格
康师傅红烧牛肉面 120 g	箱	24	24.00
康师傅冰红茶 500 mL	箱	12	30.00
达能特浓牛奶夹心饼干 130 g	箱	30	120.00
NOKIA 5300	箱	10	1 000.00
双飞燕鼠标 G9 - 310	箱	10	900.00

任务分析

根据上一任务中的拣货调拨单，库内保管员按照拣选商品所在的储位，依据拣选商品品名，选择优化拣选方法并制作出任务的拣选单。协调相关设备操作员和分拣员完成分拣工作。若在系统操作下完成分拣单的制作，则系统直接根据商品储位进行自动拣选作业，库内分拣员则利用手持设备进行接单操作，借助电子分拣设备和自动立库高效准确地完成分拣工作。该任务需要库内分拣员与操作员根据实际的情况完成手动分拣或自动分拣工作。实施过程要求分拣准确、安全、高效。

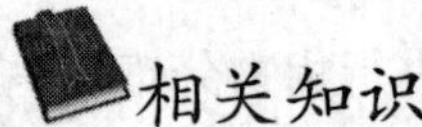

相关知识

拣选工作又称为分拣工作，是出库业务流程中比较核心的一项工作。分拣工作是需要根据货物的品种、出入库先后顺序、客户订单等进行分门别类堆放的一项作业。从成本的角度看，拣货的成本约为堆叠、装卸、运输等成本总和的9倍，占物流搬运成本的绝大部分。因此若要降低物流搬运成本，由拣选时间或作业上着手改进应可达到事半功倍之效。从人力需求的角度来看，目前大多数库内业务属于劳动密集的产业，其中与拣货作业直接相关的人力更占到50%以上，且接货作业时间的占用为库内操作时间的30%～40%。由此可见，规划好拣货作业方法和设备将对提高库内业务实施的运作效率具有决定性的影响。

一、拣选区域

拣选区域是存放短期内即将出货的物品的区域，因此物品在储位上流动频率很高。为便于满足拣选需求，缩短拣选时间，提高拣选效率，降低拣错率，就必须对拣选区域进行合理规划，并合理利用拣选设备提高出货效率。拣选作业区效率的评估与提升在库内业务操作中被视为重要的一环。

拣选作业区域规划原则如下。

1. 存储区与拣选区合理分配

从物料管理的角度来看，存储区和分拣区进行合理区分，便于库内系统化管理。存储区一般以托盘为单位，没有零散箱数。而拣选区每一商品仅有一个货位，虽然有零散箱数，但数量少，管理及盘点均相当明确。因此，与只有一个存储区的库内作业相比，可以更有效地掌握货品动向。

2. 拣选作业分类实施

出货分为两种类型，一种是直接由存储区中出货，主要用于存储区以托盘为单位的整托出库，作业较为简单；另一种是由拣选区出货，主要用于品种多、数量少的零散货物的出库。因此，按照不同出库批量进行分类实施拣选，可以方便寻找货品和缩短库内行走距离。

3. 利用货物动量 ABC 分析管理货位

根据货物出库频率将货物划分为A类货品、B类货品和C类货品。如A类货品为全部商品品目中的10%，其出货量占总出货量的70%。则在策略方面，可以考虑将A类货品放在拣选区和存储区都较为方便提取的位置。

二、拣选方式的选择

1. 按订单拣选（摘果法）

按订单拣选是指让分拣员巡回于储存场所，按某客户的订单挑选出每一种商品，巡回完毕就完成了一次配货作业。将配齐的货品放置到发货场所指定的货位，然后再进行下一个要货单位的配货。这种作业方式的优点是简单，不容易被遗漏，无前置时间，在规定的服务时间内对客户的响应较快，责任分工明确。缺点是效率低，对于少量多批次的货物会造成拣选路径重复费时。这种拣选方式适用于订单数少但货量大，用户不稳定、波动较大，用户之间的需求差异大，需求种类多，统计和共同取货难度较大，用户配送要求不一，紧急的，限制一定时间的情况。适用于配送中心建立初期，作为一种过渡性办法。

2. 分批拣选方法（播种法）

分批拣选方法是指将每批订单的同种商品累加起来，从储存货位上取出，集中搬运到理货场，然后将每一要货单位所需的数量取出，分放到待运区域，直至配货完毕。分拣员合并一组订单各自拣选，每工作时段仅做一次计划，可能存在再次合并的可能，因而会需求额外的区域进行重新分拣。分批拣选策略的优点是，适合订单数量大、行数小、体积小的订单，可以缩短拣取时的行走搬运距离，提高单位时间的拣取量，对于少量、多批次货物十分有效。这种拣选方式的主要缺点是必须等订单达到一定数量才做一次处理，订单处理前置时间长，需要设立复查功能来避免拣选和分拣的失误。这种方法的适用对象是用户稳定且用户数量较多，用户的需求有很强的共同性，需求的差异较小，种类有限，易于统计和不至于使分货时间太长，用户配送时间的要求没有严格限制的企业仓库。

订单拣选和分批拣选是两种最基本的拣货方法，比较而言，订单拣选弹性较大，临时性的产能调整较为容易，适合客户少、品种多的订货；订货大小差异较大，订单数量变化频繁，有季节性趋势，且货品外形体积变化较大，货品特性差异较大，分类作业较难进行的出库业务。分批拣选作业方式同时在系统化、自动化后产能调整能力较小，适用于订单多少变化小，订单数量稳定，且货品外形体积较规则固定的出库业务。除这两项基本的拣货方式外，由两者引申出的拣货方式还有分区拣选、分类式拣选和联合拣选。

3. 分区拣选方法

分区拣选就是将拣选作业场地进行区域划分。按分区原则的不同，有以下四种分区方法。

(1) 按货品特性分区。货品特性分区就是根据货品原有的性质，将需要特别储存搬运或分离储存的货品进行区分隔离，以保证货品的品质在储存期间保持不变。

(2) 按拣选单位分区。将拣选作业区域按拣选单位划分，如箱装拣选区、单品拣选区等。其目的是使储存单位与拣选单位分类统一，以方便分拣与搬运单元化，使分拣作业单纯化。

(3) 按拣选方式分区。不同的拣选单位分区中，按拣选方式和设备不同，又可以分为若干区域。通常以货品销售的ABC分类为原则，按出货量的大小和分拣次数的多少做ABC分类，然后选用合适的拣选设备和拣选方式。

(4) 按工作分区。在相同的拣选方式下，将拣选作业场地再作划分，由一个或一组固定的分拣员负责分拣某区域内的货品。该方法的主要优点是拣选人员需要记忆的存货位置和移动距离减少，拣选时间缩短，还可以配合订单分割方法，运用多组分拣人员在短时间内共同完成订单的分拣，但要注意工作平衡问题。

4. 分类式拣选方法

该种方法是指一次处理多张订单，并且在拣选各种商品的同时，把商品按照客户订单分类放置的方法。例如，一次拣取4张订单时，每次拣选用台车或笼车带上4家客户的篮子，然后一边拣选一边分客户放置。如此操作可减轻事后分类的麻烦，可提高拣货效率，比较适合每张订单量不大的情况。

5. 联合拣选方法

联合拣选是订单拣选和分批拣选的组合方法。根据订单品目数量决定订单适于订单拣选还是分批拣选的方法。

三、拣选设备的选用

分拣工作不但可以用人工操作完成，同时也可以运用自动化设备进行处理。一般用于拣选作业的自动化设备有如下几种。

1. 电子标签拣选系统（Digital Picking System，DPS）

电子标签拣选系统（DPS），是以一连串装于货架格位上的电子显示装置（电子标签）取代拣货单，指示应拣取的物品及数量，辅助分拣人员的作业，减少目视寻找的时间。利用此系统可以减少拣错率，大幅提高效率。该系统是按订单顺序拣选，它是满足一个订单一个客户原则，先把订单进行拆分——以 25 条为单位进行拆分拣选。该系统主要用于分拣单品货物，进行数量少、品种多的分拣作业。电子标签拣选设备如图 4—2—1 所示。

图 4—2—1　电子标签拣选系统

2. 全自动分拣系统

全自动分拣系统通常由供件系统、分拣系统、下件系统、控制系统等四个部分组成。在控制系统的协调作用下，实现对象从供件系统进入分拣系统进行分拣，然后由下件系统完成对象的物理位置的分类，从而达到对象分拣的目的。该系统的主要特点是能够连续、大批量的分拣选物；分拣误差率极低；分拣作业基本实现无人化。全自动分拣系统如图 4—2—2 所示。

四、分拣作业中的单据操作管理

拣货单是在仓库管理中采取了库位管理的情况下才采用的，为了能更加规范化地管理库存，可启用仓库库位管理——针对每次物品移库，采购出入库，调拨出入库进行物品管理。拣货单分为两种方式，一种是根据销售订单拣货（通常适用于加盟店要货），一种是根据配货单拣货（通常适用于直营店要货），通过从指定仓库拣货到该仓库中的指定库位（拣货单）进行后续配货管理。拣货单见表 4—2—4。

图 4—2—2　自动分拣系统

表 4—2—4　　拣货单样表

<table>
<tr><td colspan="7">拣货单 No.</td></tr>
<tr><td>作业单号</td><td colspan="2"></td><td>库房</td><td colspan="3"></td></tr>
<tr><td colspan="7"></td></tr>
<tr><td>位置</td><td>货品编码</td><td>货品名称</td><td>应拣</td><td>实拣</td><td>质量</td><td>备注</td></tr>
<tr><td></td><td></td><td></td><td></td><td></td><td></td><td></td></tr>
<tr><td></td><td></td><td></td><td></td><td></td><td></td><td></td></tr>
</table>

五、分拣作业操作要求

在分拣作业中，拣选的时间及拣选方法的应用，往往是影响接单出货时间长短的主要因素。同时，拣选的精确度则是影响出货品质的重要环节，因此对拣选作业尽量追求“七不一无”。

（1）不要等待：零闲置时间，以动作时间分析、人机时间分析方式改善。

（2）不要拿取：尽量减少人工搬运。

（3）不要走动：尽量缩短作业人员或机械行走距离。

（4）不要思考：拣选作业时尽量不要有对拣选物的判断，即不依赖熟练工，且降低差错率。

（5）不要寻找：加强储位管理，减少作业人员寻找时间。如利用拣选的 WMS 自动查找储位和电子标签显示的功能。

（6）不要书写：尽量不要拣选单，实现无纸化作业。这要求有自动化的 WMS 和 PDA 手持条码扫描设备和机载拣选显示计算机等先进设备。

（7）不要检查：尽量利用条码由电脑检查，同样也要有 PDA 手持条码扫描等设备。

（8）无缺货：做好商品管理、储位管理、库存管理、拣货管理。安全库存量、订货时机、补货频率等状况利用计算机随时掌握。

六、分拣员岗位职责

1. 销卡

大多数仓库的货卡是悬挂在货垛上的，但也有采用集中保管的，在货物出库时应先销卡、后付货。

2. 理单

根据出库单的货位，按出库单顺序排列，以便迅速找位付货。

3. 核对

在按照货位找到应付货时，要“以单对卡、以卡对货”，进行“单、卡、货”三核对，以免出错。

4. 点数

要仔细点清应付的数量，防止差错。

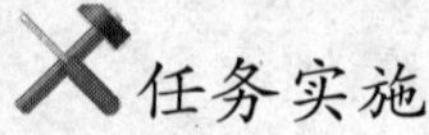

任务环节1实施方法

根据任务1中的出库拣货调度表（见表4—1—16），分拣员应进行货品记录的销卡工作，然后进行对应货区储位的拣选方法的选择。该任务主要涉及托盘货架区A排和隔板货架区B排，并且根据出库单可以看出两个货区正好能够满足两个客户各自订单的需求，两者之间完全独立没有共同品目的商品。因此，分拣作业可以按照订单拣选方法分别实施拣选工作。根据拣货调度表制作拣货单见表4—2—5。

表4—2—5 任务1拣货单

拣货单 No. 9001100302						
作业单号	ZY2010081001	库房	一号库			
位置	货品编码	货品名称	应拣	实拣	质量	备注
托盘高位货架区 A0102	wmks02012	康师傅红烧牛肉面	50箱			120 g
托盘高位货架区 A0301	wmks02101	康师傅冰红茶	18箱			500 mL
托盘高位货架区 A0201	wmdn02202	达能特浓牛奶夹心饼干	10箱			130 g

拣货单 No. 9001100303						
作业单号	ZY2010081002	库房	一号库			
位置	货品编码	货品名称	应拣	实拣	质量	备注
隔板货架区 B0202	hlno11002	NOKIA手机	5台			5 300
隔板货架区 B0102	hlsf11105	双飞燕鼠标	8台			G9－310

根据拣货单内容，分拣员利用地牛和堆高机完成托盘高位货架区的整箱拣取工作，同时隔板货架区的分拣员利用周转箱或篮子完成单品货物的拣取工作。拣出的整箱货物应该合理堆码到备货月台并点数检查，隔板货架拣取的货品应送到打包人员处进行配装打包。完成拣选后应按实际拣选数量填写拣货单并签字。

任务环节 2 实施方法

根据任务 2 给出的提货单，首先应根据货品寻找储位并完成拣选调度表的制作，见表 4—2—6。

表 4—2—6 任务 2 拣选调度表

区	储位	货品编号	货名	规格	单位	拣出数量
托盘高位货架区 A 排	A0102	wmks02012	康师傅红烧牛肉面	120 g	箱	2
隔板货架区 F 排	F0101	wmks02012	康师傅红烧牛肉面	120 g	袋	12
托盘高位货架区 A 排	A0301	wmks02101	康师傅冰红茶	500 mL	箱	5
托盘高位货架区 A 排	A0201	wmdn02202	达能特浓牛奶夹心饼干	130 g	箱	2
隔板货架区 F 排	F0102	wmdn02202	达能特浓牛奶夹心饼干	130 g	袋	10
自动立体库区 A 排	A0201	hlno11002	NOKIA 手机	5 300	箱	7
隔板货架区 B 排	B0202	hlno11002	NOKIA 手机	5 300	台	5
自动立体库 A 排	A0302	hlsf11105	双飞燕鼠标	G9 - 310	箱	3

制作拣货调度表的过程中，可以根据货品内容指定出库货区货位，并根据出库货品数量将两个单子中出库相同的货品（NOKIA 手机）进行汇总，以便统一拣取。同时，根据提货单中提货数量合并成整箱，利于出库，减少拆箱再包装的环节。依照以上拣货调度表，可以制作拣货单见表 4—2—7。

表 4—2—7 任务 2 拣货单

拣货单 No. 9001100305						
作业单号	ZY2010081012	库房	一号库			
位置	货品编码	货品名称	应拣	实拣	质量	备注
托盘高位货架区 A0102	wmks02012	康师傅红烧牛肉面	2 箱			120 g
托盘高位货架区 A0301	wmks02101	康师傅冰红茶	5 箱			500 mL
托盘高位货架区 A0201	wmdn02202	达能特浓牛奶夹心饼干	2 箱			130 g

拣货单 No. 9001100306						
作业单号	ZY2010081013	库房	一号库			
位置	货品编码	货品名称	应拣	实拣	质量	备注
隔板货架区 F0101	wmks02012	康师傅红烧牛肉面	12 袋			120 g
隔板货架区 F0102	wmdn02202	达能特浓牛奶夹心饼干	10 袋			130 g
隔板货架区 B0202	hlno11002	NOKIA 手机	5 台			5 300

拣货单 No. 9001100307						
作业单号	ZY2010081014		库房	一号库		
位置	货品编码	货品名称	应拣	实拣	质量	备注
自动立体库区 A0201	hlno11002	NOKIA 手机	7 箱			5 300
自动立体库区 A0302	hlsf11105	双飞燕鼠标	3 箱			G9－310

该任务的拣选工作可以运用联合拣选方法进行操作。利用系统操作自动立体库拣出双飞燕鼠标 3 箱，送到发货区华联超市备货月台，然后再拣出 NOKIA 手机 7 箱，将其中 5 箱送到发货区沃尔玛超市备货月台，其余两箱送到华联超市备货月台，依次完成拣取和分货过程。在隔板货架区需要利用周转箱或篮子分拣出 NOKIA 手机 5 台、达能饼干 10 袋和康师傅红烧牛肉面 12 袋分别送至打包处打包。在托盘高位货架区利用堆高机和地牛托盘拣出康师傅红烧牛肉面 2 箱、康师傅冰红茶 5 箱和达能饼干 2 箱，依次送至发货区对应的客户备货月台。

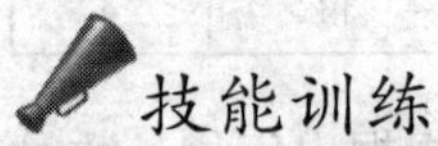

技能训练

实训项目一

根据学校自身实训场所情况，结合本任务的实际拣选作业流程，以团队形式组成包括库内保管员、分拣员、操作员、打包员等岗位的出库作业小组，在不借助信息系统的条件下，实施手工制作分拣单下达指令和各项操作步骤。

在操作中注意各项单据的填制、分拣方法选择的合理性及各项硬件设备操作的规范性，同时注意团队成员的相互配合和各项信息的沟通与确认。

实训项目二

根据学校自身教学模拟软件的配置情况，结合本任务的实际货物信息，利用仓储教学模拟软件完成出库预处理和调度处理操作后，使用 RF 手持设备完成分拣作业，以及利用电子标签分拣系统等完成电子分拣操作过程。

思考与练习

1. 根据实际出库情况可以将分拣作业分成几种处理方法？
2. 分拣作业中应遵循的要求有哪些？
3. 分拣员的岗位职责有哪些？

任务3　出库验收及交接作业

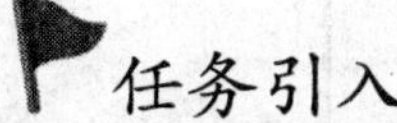

任务引入

本任务要求根据任务2中任务环节1的分拣结果，按照出库内容合理完成备货与出库交接的流程，并完成手续交接过程。

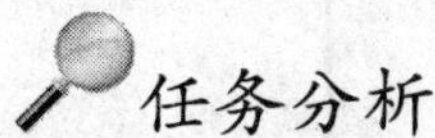

任务分析

依照任务2中任务环节1的出库情况，应该将分拣完成的货物按需要进行包装、标志重刷和配装、组托等工作，然后根据不同的运输需要进行月台备货，等待车辆。最后，依照出库单上的提货方式办理各项交接手续。

相关知识

备货与出库交接是完成出库作业的最后工作。备货工作主要承接分拣工作完成后，进行货品包装整理与标志刷新、粘贴条码等工作。出库交接方式主要依据货物出库类型与客户进行单据交接和交货过程，是出库作业的最后一个环节。

一、备货工作

1. 复核工作

为了保证出库物品不出差错，分拣完成后应进行复核。复核工作主要是根据各种单据和实物进行。在发货作业的各道环节上，都贯穿着复核工作。例如，理货员核对单货，门卫凭票放行，财务员核对账单等。这些分散的复核形式，起到分头把关的作用。

分拣作业后的复核的过程，主要根据出库单的品名、型号、规格、数量等核对实物，并检查配套是否齐全，技术证件是否齐全，外观质量和包装是否完好。

2. 包装整理、标志重刷

仓库应清理原货包装，清除积尘、脏物。对包装已残损的，要更换包装。若提货人要求重新包装则及时安排全部包装作业。对于包装标志脱落、标志不清的应进行补刷补贴，若提货人要求标注新标志，应进行重新刷标志等工作。

包装标志分为运输标志、指示性标志、警告性标志和危险品标志四种。

（1）运输标志，即唛头。运输标志是贸易合同、发货单据中有关标志事项的基本部分。它一般由一个简单的几何图形以及字母、数字等组成。唛头的内容包括：目的地名称或代号，收货人或发货人的代用简字或代号、件号（即标明该批货物的总件数），体积（长×宽×高），重量（毛重、净重、皮重）以及生产国家或地区等，如图4—3—1所示。

（2）指示性标志。按商品的特点，对于易碎，有防湿、防颠倒等要求的商品，应在包装

LANJIGARH 贸易标志（唛头）、商品标志：

SHIPPER: SSNP
PORT OF DESTINATION: VIZAG
CONSIGNEE: VEDANTA ALUMINIUM LIMITED LANJIGARH, INDIA
PROJECT: 210 MW COAL BASED CO-GENERATION POWER PLANT
LANJIGARH, KALAHANDI DISTRICT, ORISSA, INDIA.

UNIT NO:
PACKAGE NO.:
品名:
CONTENTS:
GROSS WT.: KGS NET WT.: KGS
MEASUREMENT CM×CM×CM
商检批次号:

中国 XXXXXX 制造
MADE IN CHINA

图 4—3—1　包装箱上唛头

上用醒目图形或文字标明“小心轻放”“防潮湿”“此端向上”等。用来指示运输人员、装卸人员、保管人员在作业时需要注意的事项，以保证物资的安全。这种标志主要表示物资的性质，物资堆放、开启、吊运等的方法，如图 4—3—2 所示。

（3）警告性标志。对于危险物品，例如易燃品、有毒品或易爆炸物品等，在外包装上必须醒目标明，以示警告，如图 4—3—3 所示。

（4）危险品标志。危险品标志是用来表示危险品的物理、化学性质，以及危险程度的标志。它可提醒人们在运输、储存、保管、搬运等活动中引起注意，如图 4—3—4 所示。

3. 零星货物组合

为了方便作业，对同一去向的货品进行配装，使用大型容器收集或者堆装在托盘上，以免提货时遗漏。严禁互相影响或性能互相抵触的物品混合包装，零散货物组合配装要完成刷标志等工作，以便装卸和运输。

4. 根据要求装托盘或成组

若提货人要求装托盘或者成组，应及时进行相应作业并保证作业质量。

5. 转到备货区备运

将要出库的货物预先搬运到备货区，以便能及时装运。

6. 出库交接的检验

（1）自提方式的检验。自提方式的检验是提货人到库提货，仓库管理员会同提货人共同查验货物，逐件清点，检验货物状态。在货物装车前，要对来库车辆进行检查，确定车辆是否符合装车作业的要求，并对车辆不合理装运情况进行记载或要求车方妥善处理。

（2）送货方式的检验。送货方式是指由仓库负责安排车辆，并进行装车。装车前应对车厢进行清扫及必要的铺垫，出库管理员应督促装车人员妥善装车，装车完毕，进行适当的捆扎固定。

图 4—3—2　指示标志

7. 登账、归档

货物全部出库完毕，出库管理员应及时将货物从仓储保管账上核销，以便仓库内账货相符。将留存的提货凭证、货物单证、记录、文件等归入货物档案。将已空出的货位标注在货位图上，以便重新安排货物。若库内实现信息化管理，出库作业计划安排及分拣实施过程，由库内保管员利用手持设备完成分拣备货工作后，系统则自行接收出库下架货物信息，完成下架货物信息确认，系统库存自行更新。

图 4—3—3 警告性标志

 一级放射性物品标志 （符号：黑色，底色：白色附一条红竖线）	 二级放射性物品标志 （符号：黑色；底色：上黄下白，附两条红竖线）	 三级放射性物品标志 （符号：黑色；底色：上黄下白，附三条红竖线）
 杂类标志 （符号：黑色；底色：白色）	 易燃气体标志 （符号：黑色或白色；底色：正红色）	 易燃固体标志 （符号：黑色；底色：白色红条）
 有机过氧化物标志 （符号：黑色；底色：柠檬色）	 感染性物品标志 （符号：黑色；底色：白色）	 腐蚀品标志 （符号：上黑下白；底色：上白下黑）

图 4—3—4 危险品标志

二、出库交货单据

出库单据交接除了本章任务 1 中提到的发货单、发货清单以外，还有货物资料卡以及货物异常报告，见表 4—3—1 和表 4—3—2。

表 4—3—1　货物资料卡

货物名称	
货物编号	
入库时间	
规格与等级	
单价	
收入数量	
出库数量	
结存余额	
存储位置	
备注	

表 4—3—2　货物异常报告

序号　　　　　　　　　　　　　　　　　　　　日期

货物编号	品名	规格	数量	异常情况

货物资料卡主要用于出库后库内货物登账、归档过程中的核销工作，保证货、卡一致。货物异常报告则用于货物交接过程中出现退货和异常货物未实现正常出库的货物。

三、发货员岗位职责

发货员岗位职责包括：

（1）严格对出库货物进行复核，当出库货物与所载内容不符合时应及时处理。

（2）严格监督货物的装载上车，进行现场指挥管理。

（3）清理现场，收集苫垫材料，妥善保管，以待再用。

（4）与提货人当面点交货物，并在发货清单上签字。

任务实施

任务 1 中的出库货物分为整箱货物与零散打包货物两种。拣选工作结束后，任务 1 中拣选出的货物数量见表 4—3—3。

表 4—3—3　　拣出货物数量

货名	规格	单位	拣出数量
康师傅红烧牛肉面	120 g	箱	50
康师傅冰红茶	500 mL	箱	18
达能特浓牛奶夹心饼干	130 g	箱	10
NOKIA 手机	5 300	台	5
双飞燕鼠标	G9－310	台	8

根据整箱出库的货品和数量进行合理组托，零散货物进行配装打包、贴标签等工作，均放置在备货区。依照发货单核对货品详细信息完成复核工作，发货单见表 4—3—4。

表 4—3—4　　发货单

出库单号：2010081001　　发货单号码：2010081101

提货单位：沃尔玛超市　　发货日期：2010-08-11

货号	品名	规格及型号	包装及件数	数量
wmks02012	康师傅红烧牛肉面	120 g	箱	50
wmks02101	康师傅冰红茶	500 mL	箱	18
wmdn02202	达能特浓牛奶夹心饼干	130 g	箱	10
合计			2 940.00	

业务主管：付小　　制单：吴希

注：此单一式两联，第一联仓库留存，第二联为出门证。

出库单号：2010081002　　发货单号码：2010081102

提货单位：华联商城　　发货日期：2010-08-11

货号	品名	规格及型号	包装及件数	数量
hlno11002	NOKIA 手机	5 300	台	5
hlsf11105	双飞燕鼠标	G9－310	台	8
合计			3 220.00	

业务主管：付小　　制单：吴希

注：此单一式两联，第一联仓库留存，第二联为出门证。

发货单第一联留存库内，第二联作为提货人出门证。待车辆装车完毕，货物出库则基本完成。

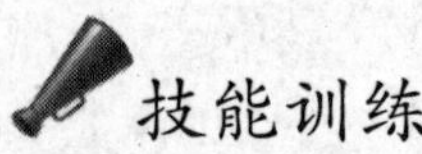

技能训练

实训项目一

根据学校自身实训场所情况，结合本任务的实际出库作业流程，以团队形式组成包括库内保管员、发货员、操作员等岗位的出库作业小组，在不借助信息系统的条件下，实施手工制作分拣单下达指令和各项操作步骤。

在操作中注意各项单据的填制、出库货物的成组的规范性，同时注意团队成员的相互配合和各项信息的沟通与确认。

实训项目二

根据本章任务 2 中的分拣实训任务 2 的出库内容，按照出库的流程要求，完成出库作业的单据操作，并以团队形式分岗位完成出库作业流程。

思考与练习

1. 出库的备货作业具体包括哪些内容?
2. 出库时的出货单具有哪些作用?

任务4 回收物流仓储管理

任务引入

根据调查显示，90%的消费者认为网站方便的退货程序对于他们作出购买决策起着重要作用。如何针对不同的网络购物（简称网购）付款方式选择不同的退货程序，最大限度地节省顾客用于退货的时间和花费，提高顾客满意度？如何对退回产品进行合理处理，最大限度节省逆向物流成本，提高企业（商家）的市场竞争力？

任务分析

退货实质上是逆向物流的一个组成部分。逆向物流是物流活动中非常特殊的一个环节，其相关操作成本也是企业物流成本的重要组成和影响因素。由于退货的存货价值降低，导致流动资金（购买原材料，付工资等）量减少；退货会增加短期负债、延长订货周期、因为销售损失而降低销售收入。选择合理的策略，正确地处理退货逆向物流，是企业提高顾客满意度、节约物流成本和增强自身竞争力的一个重要手段。

相关知识

一、逆向物流的概念

最早的“逆向物流”的概念是由 Stock 在 1992 年给美国物流管理协会的一份研究报告中提出的：它是一种包含了产品返回、物料替代、物品再利用、废弃处置、再加工处理、维修与再制造等流程的物流活动。图 4—4—1 所示为传统库存系统和逆向物流系统的对比。

图 4—4—1　传统库存系统和逆向物流系统的对比
a）传统库存系统　b）逆向物流库存系统

在我国，由国家质量技术监督局发布、2001 年 8 月 1 日起正式实施的《中华人民共和国国家质量标准物流术语》中所讲的“逆向物流”就是狭义的逆向物流，它不包括废弃物物流，具体表述如下。

“回收物流（Returned Logistics）是指不合格物品的返修、退货以及周转使用的包装容器从需方返回到供方所形成的物品实体流动。”比如回收用于运输的托盘和集装箱，接收客户的退货，收集容器、原材料边角料，零部件加工中的缺陷再制品等的销售方面物品实体的反向流动过程。

“废弃物物流（Waste Material Logistics）是指将经济活动中失去原有使用价值的物品，根据实际需要进行收集、分类、加工、包装、搬运、储存等，并分送到专门处理场所时形成的物品实体流动。”

综上所述，逆向物流有广义和狭义之分。狭义的逆向物流是指对那些由于环境问题或产品已过时的原因使产品、零部件或物料回收的过程。它是将废弃物中有再利用价值的部分加以分拣、加工、分解，使其成为有用的资源重新进入生产和消费领域。广义的逆向物流除了包含狭义的逆向物流的定义之外，还包括废弃物物流的内容，其最终目标是减少资源使用，并通过减少使用资源达到废弃物减少的目标，同时使正向以及回收的物流更有效率。图 4—4—2 所示为逆向物流的过程。

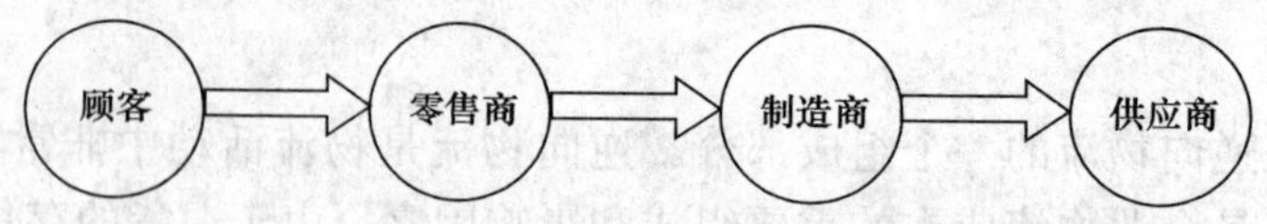

图 4—4—2　逆向物流的过程

二、回收物流

回收物流是为重新获取产品的价值或使其得到恰当的处置，对原材料、产品库存、产成品和相关信息，从消费地到起始地高效率、低成本流动而进行规划、实施和控制的过程。目前废弃物品重新再利用的方式主要有直接再利用、再生、修理、再制造四种形式。其中后两种形式在回收作业时牵涉企业的核心技术，所以通常由原制造商通过构建闭环型的回收物流网络来完成，如图 4—4—3 所示为闭环型回收物流网络框图。其中生产与再制造的部分过程使用相同的设施，因而它们不能同时运作。

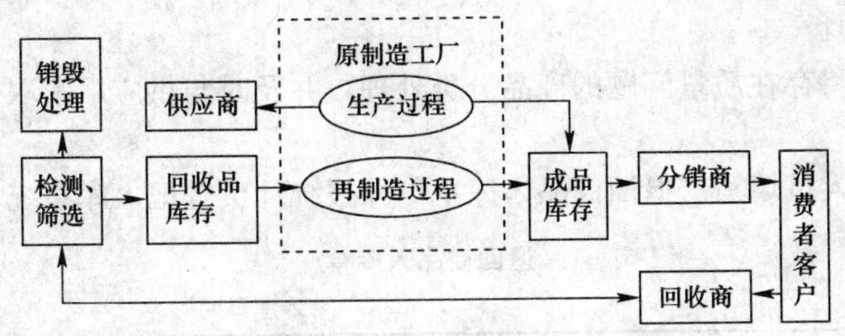

图 4—4—3 闭环型回收物流网络框图

在环保意识、法律约束与经济因素的推动下，越来越多的企业开始投入回收物流的活动中。回收物流与再生产密不可分，因为回收活动的价值增值过程即为再生产过程。再生产可以将一个产品或部件修复如新，并且这类回复利用工作能节省成本，因此，再生产活动的利润远高于原料生产过程。图 4—4—4 所示为回收物流再生产系统图。

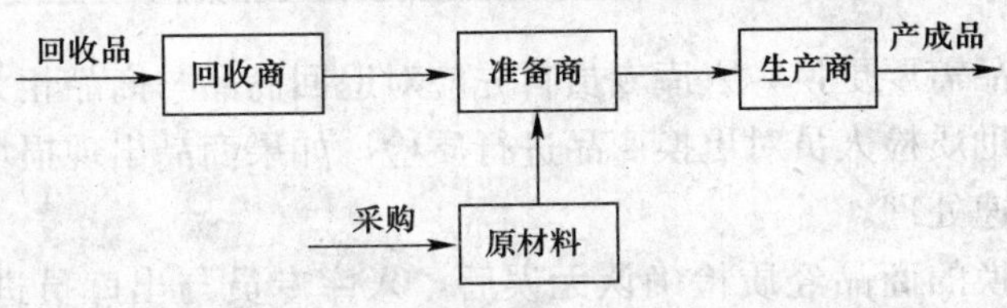

图 4—4—4 回收物流再生产系统图

三、零售业商品退货逆向物流仓储管理

生活中的常规购物（即买卖发生地点为实体店），如有退货产生，其退货过程一般如图 4—4—5 所示。

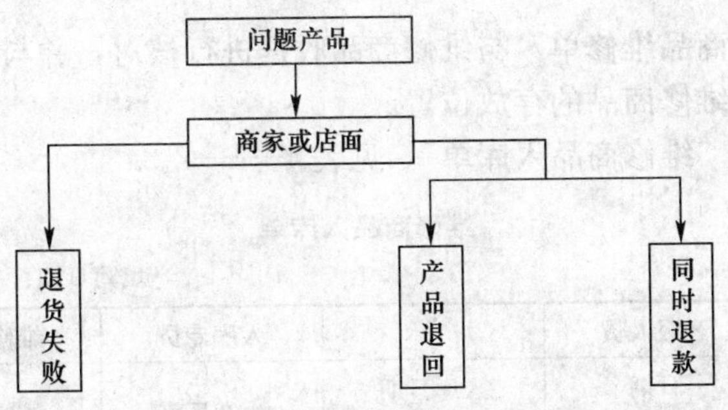

图 4—4—5 常规购物退货流程

从图 4—4—5 中可以看出，一次常规退货成功完成时，顾客和商家是一手交钱、一手交货的，即在产品被商家同意退回的同时，顾客可以拿回购买该产品所花费的资金。

1. 退换商品入库细则

（1）对于客服部退回的商品，根据“商品退回通知单”上注明的信息，仓储部人员与质检人员及时查明原因。

（2）仓储部相关人员对退回的商品以及商品销售单等相关票据进行核对，证实商品与单据相符后，如果是由于商品品质问题造成的退货，仓储部人员协助质检人员进行退货的质检工作。

（3）入库专员将存在质量问题的商品分类处理，并及时与供应厂家取得联系，进行商品更换等相关事项。

（4）入库管理人员填写“退回商品入库单”并报统计员登记入库系统，见表4—4—1。

表4—4—1　　退回商品入库单

编号：　　　　　　　　　　　　　　　　　　入库日期：

<table>
<tr><td>客户</td><td></td><td>检验员</td><td></td><td>入库专员</td><td></td><td>客服人员</td><td></td></tr>
<tr><td>品名</td><td>规格</td><td>生产厂家</td><td>入库日期</td><td>退/换</td><td colspan="2">退回原因</td><td>储位</td></tr>
<tr><td></td><td></td><td></td><td></td><td></td><td colspan="2"></td><td></td></tr>
<tr><td></td><td></td><td></td><td></td><td></td><td colspan="2"></td><td></td></tr>
<tr><td></td><td></td><td></td><td></td><td></td><td colspan="2"></td><td></td></tr>
<tr><td></td><td></td><td></td><td></td><td></td><td colspan="2"></td><td></td></tr>
</table>

（5）如果退回商品需要更换，入库专员首先应对退回商品与商品相关收据进行核对，商品、单据相符后，协助质检人员对更换商品进行质检，如果商品出现损坏、缺陷，应及时与客服部进行沟通，快速处理。

（6）退回需要更换的商品经质检确认无误后，入库专员与出库员进行票据交接并填写“商品入库单”，报统计员进行商品入库登记。

2. 维修商品入库细则

（1）入库专员对客服部送回需维修或已修好的商品办理临时入库手续。

（2）入库专员根据维修商品的分类安排商品临时入库，协助客服部门联系质检人员对维修商品进行检验。

（3）入库专员将“商品维修单”与维修商品收据进行核对，并与客服部沟通维修商品修理期限。综合考虑安排维修商品的存放位置。

（4）入库专员填写“维修商品入库单”，见表4—4—2。

表4—4—2　　维修商品入库单

编号：　　　　　　　　　　　　　　　　　　填写日期：

<table>
<tr><td>客户</td><td></td><td colspan="2">客服人员</td><td colspan="2"></td><td>入库专员</td><td>维修厂商</td><td colspan="2"></td></tr>
<tr><td rowspan="2">品名</td><td rowspan="2">规格</td><td colspan="2">日期</td><td colspan="2">入库日期</td><td rowspan="2">生产厂家</td><td rowspan="2">维修原因</td><td colspan="2">临时储位</td></tr>
<tr><td>送修</td><td>送回</td><td>送修</td><td>送回</td><td>送修</td><td>送回</td></tr>
<tr><td></td><td></td><td></td><td></td><td></td><td></td><td></td><td></td><td></td><td></td></tr>
<tr><td></td><td></td><td></td><td></td><td></td><td></td><td></td><td></td><td></td><td></td></tr>
<tr><td colspan="10">客服人员签字确认：
日期：</td></tr>
<tr><td>备注</td><td colspan="9"></td></tr>
</table>

3. 网络购物退货细则

网络购物退货过程有其不同于实体购物退货的特点，故网络购物退货逆向物流的流程和处理方式也与常规退货的处理方式不同。

网络购物的支付方式本身即与常规购物不同，故其退货时货、款的交付方式和时间也与常规购物存在很大差别。网购的支付方式目前有三种形式：货到付款、网上银行支付、第三方担保交易。

货到付款是顾客选中产品后发出订单，商家根据订单发货，顾客收到货品确认无误后支付货款。

网上银行支付方式要求顾客开通网上银行业务，在选中产品发出订单的同时通过网上银行直接将货款支付给商家，商家收到货款后发货。

第三方担保交易。顾客需开通第三方担保交易业务，网上选中产品后发出订单，同时将货款先支付给第三方，商家根据订单发货至顾客，顾客收到产品后需在网上确认，此时货款才会从第三方处划到商家账户。

据上所述，三种支付方式的货款流动方向各不相同，如图 4—4—6 所示。

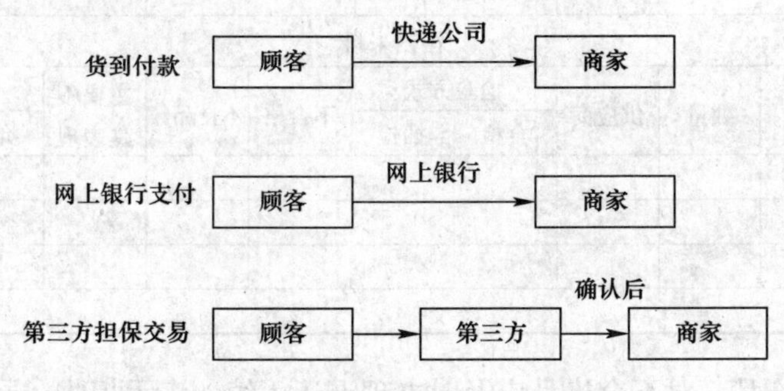

图 4—4—6　网购不同支付方式的货款流向

退货是购买的逆过程，因此，在买卖双方达成一致准备退货时，货款的流向将由商家返回顾客。因网上购物存在三种不同的支付方式，故网购发生退货时货款的退回过程也相对复杂。因付款方式的不同产生不同的退货程序，这是网络购物退货过程的一个重要特点。

目前，因各种付款方式产生的不同退货方式的流程如下。

(1) 货到付款支付方式相对灵活，在此种情况下退货过程一般为：收到产品时顾客即不满意，在尚未支付的情况下当场拒收，即不产生钱和物的交换，产品直接由快递公司送回。

(2) 第三方担保交易因顾客在下订单的同时已将货款打入商家账号，故在收到产品时实际已发生钱物交换。如欲退货，需与商家协商，经同意后顾客将产品寄出到商家指定地点，商家收到产品后将货款退回。在此情况下，退货方式有两种可能。

1) 顾客收到产品后，尚未在网上确认支付，即货款尚未由第三方转到商家，此时如想退货，可直接与商家协商，同意后，顾客在网上申请退款，并将产品按商家所说地址发回给商家。货款从第三方处返回顾客，商家未参与货款的流动过程。

2) 顾客收到产品后通过网络确认支付，货款由第三方转入商家账号，此时，顾客如欲退货，经协商成功后，顾客按指定地点寄出产品，商家收货后将货款通过网银或 ATM 机退回。

四、生产制造业逆向物流的仓储管理

1. 物料验收环节对不合格品的处理办法

(1) 不合格物资的处理。对不合格物资，入库验收专员应在其外包装上贴“不合格”标签，以示区别，并方便入库作业人员根据标志办理合格品入库定位手续；入库验收专员于每日工作结束时，将本日所收物资的数量汇总填入验收日报表，见表 4—4—3。

表 4—4—3　　验收日报表

检验主管：________

编号：　　日期：____年____月____日　　制表人：________

国外来料												
序号	品名	规格	数量	供应商	检验方式		不合格	不良品数	主要不良表现	处置		
					全检	抽检				允收	拒收	选别
国内来料												
序号	品名	规格	数量	供应商	检验方式		不合格	不良品数	主要不良表现	处置		
					全检	抽检				允收	拒收	选别
本日备注												

(2) 退还不合格品。对不合格品应及时办理退还手续，表示拒收；同时，配合采购部门催促供应商前来收回，并告知供货商，若逾时不收回，本库房将不负保管责任。

(3) 退货处理。办理不合格物资的退货手续时，应开具物资交运单并附材料验收报告表，见表 4—4—4，呈相关领导签认，作为异常物资出厂凭证。商品验收报告表、入库验收报告单分别见表 4—4—5 和表 4—4—6。

表 4—4—4　　材料验收报告表

编号：　　填写日期：

材料名称		材料规格		材料数量		
采购单位		采购日期		验收专员		
验收记录	检验项目	检验结果	不良数	是否合格	备注	总评 □合格 □不合格
						“不合格通知单”的编号
总经理				验收主管		
质量经理				验收专员		
仓库验收记录				验收数量	□足　□溢交　□短缺	

表 4—4—5　　商品验收报告表

编号：　　　　　　　　　　　　　　　　填写日期：

<table>
<tr><td>订单号码</td><td colspan="2"></td><td>商号</td><td colspan="2"></td><td>厂商编号</td><td colspan="3"></td><td>点收日期</td><td colspan="2"></td></tr>
<tr><td>借方科目</td><td colspan="2"></td><td>贷方科目</td><td colspan="2"></td><td>入库单位</td><td></td><td>需期</td><td></td><td>交期</td><td colspan="2"></td></tr>
<tr><td>件号</td><td>品名规格</td><td>厂牌</td><td>单位</td><td>收货数</td><td>实收数</td><td>单价</td><td>金额</td><td>拒收数</td><td>拒收数现状</td><td>本订单未交量</td><td>再交</td><td>不交</td></tr>
<tr><td></td><td></td><td></td><td></td><td></td><td></td><td></td><td></td><td></td><td></td><td></td><td></td><td></td></tr>
<tr><td></td><td></td><td></td><td></td><td></td><td></td><td></td><td></td><td></td><td></td><td></td><td></td><td></td></tr>
<tr><td></td><td></td><td></td><td></td><td></td><td></td><td></td><td></td><td></td><td></td><td></td><td></td><td></td></tr>
<tr><td colspan="9">合计</td><td colspan="4">打卡（1）（2）</td></tr>
<tr><td colspan="7"></td><td colspan="2">发票号码</td><td colspan="4"></td></tr>
<tr><td colspan="2">使用单位</td><td colspan="3"></td><td colspan="2">用途</td><td colspan="6"></td></tr>
<tr><td>备注</td><td colspan="2"></td><td colspan="3">货物验收主管</td><td colspan="2"></td><td colspan="2">验收专员</td><td colspan="3"></td></tr>
</table>

表 4—4—6　　入库验收报告单

编号：　　　　　　　　　　　　　　　　填写日期：

<table>
<tr><td>入库名称</td><td colspan="3"></td><td>数量</td><td colspan="2"></td></tr>
<tr><td>验收部门</td><td colspan="3"></td><td>验收人员</td><td colspan="2"></td></tr>
<tr><td>验收</td><td colspan="3"></td><td>验收</td><td colspan="2">□合格</td></tr>
<tr><td>记录</td><td colspan="3"></td><td>结果</td><td colspan="2">□不合格</td></tr>
<tr><td>入库</td><td colspan="3">入库单位</td><td>入库部门</td><td colspan="2"></td></tr>
<tr><td>记录</td><td>经办主管</td><td></td><td>验收专管</td><td></td><td>验收专员</td><td></td></tr>
</table>

（4）不合格物料退料流程如图 4—4—7 所示，不合格物料退料流程关键节点说明见表 4—4—7。

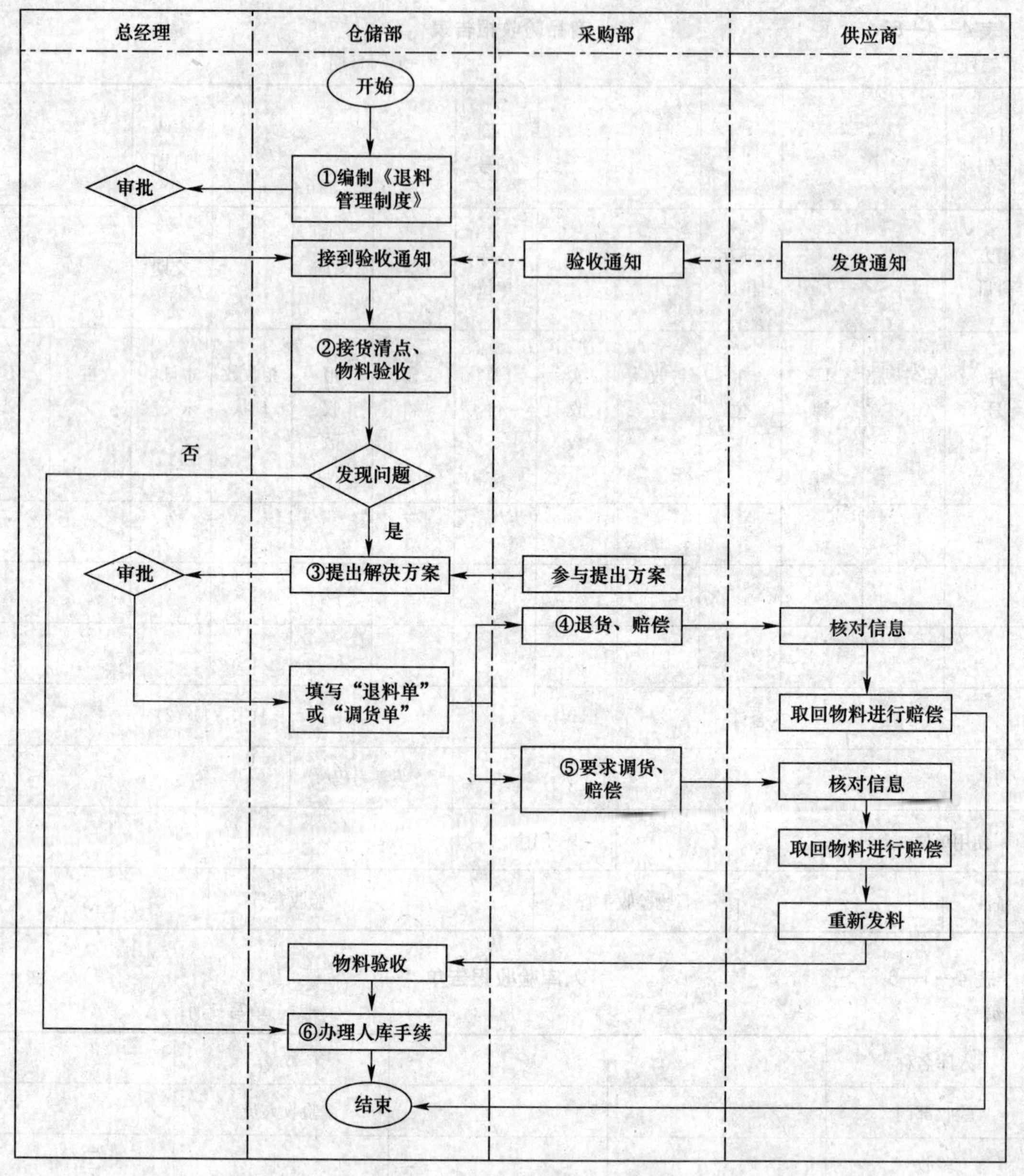

图 4—4—7　不合格物料退料流程图

表 4—4—7　**不合格物料退料流程关键节点说明**

任务概要	不合格物料的退料处理
关键节点	相关说明
①	仓储部入库验收主管依据企业的相关规定，所采购物料的性质、特点及常见的供应商供货问题等多种因素，编制《退料管理制度》，上报总经理审批后贯彻执行

续表

任务概要	不合格物料的退料处理
关键节点	相关说明
②	仓储部入库验收主管根据采购部相关人员递交的供应商发货单、物料验收通知单，组织验收人员进行验收前的准备，料到后清点核对，确认数量、规格、外观质量均无问题后，结合质量管理部质检人员的质量检验报告，给出本批物料能否入库的结论
③	入库验收专员若在验收过程中发现物料存在质量问题，应及时上报主管及仓储部经理，仓储部经理会同采购部相关人员，根据存在的问题，提出具体的解决方案并上报总经理审批；总经理审批确认后，入库验收专员填写退料单（见表 4—4—8）或调货单，转交采购部
④	采购部根据物料验收结果及退料单，与供应商交涉退回、赔偿事宜
⑤	采购部根据物料验收结果及调货单，与供应商协商后，由供应商取回不合格物料，重新发料，并赔偿因此给企业造成的损失
⑥	对于供应商重新发来的物流，仓储部入库验收工作人员仍需按照验收作业规范及流程进行验收，在确定物料合格后，方可办理入库手续

表 4—4—8　　退料单

退料部门：　　　　编号：

原领料批号：　　　　日期：

退料名称	料号	退料量	实收量	退料原因					
				溢领	省料	不适用	品质差	订单取消	其他
备注									

登账：　　点收：　　主管：　　退料人：

（5）成品退库处理步骤

1）联络退库成品的承运商。公司的仓储部接到销售部送达的成品退货单（见表 4—4—9）后，应先审查有无注明依据及处理办法说明。若没有相关说明，应将成品退货单退回销售部补全相关项目；若相关项目均齐全，则依成品退货单上的客户名称及承运地址联络承运商运回。

表 4—4—9　　成品退货单

客户名称：　　传真单：　　退货日期：

No.	货号	品名	规格	数量	出货单号	退货原因

2）验收退回的成品

①退回的成品运回公司后，仓储部应会同质量管理部、技术部有关人员确认退回原因是否属实。若确属事实，应将实退数量填在成品退货单上，并经验收人员、质检人员签章后，留仓储部存档并作为承运商申请费用的依据以及作为向客户取回原发票的依据。

②仓储部收到尚无成品退货单的退货品时，应立即联络销售部相关负责人，确认无误后先暂予保管，等收到成品退货单后再依前条规定办理。

3）处理退回的成品。退回的成品在经过验收入库后，仓储部应督促相关部门及时领回处理。

4）更正退货。若销售部确认退货品系属误退时，应于原开成品退货单上注明“退货品不符”，并将货品送回仓储部。本项退回的运费应由客户承担。

2. 生产部门退料工作管理办法

（1）退料作业管理

1）余料退回。生产使用部门将其领用的剩余物料退回仓储部，余料退回时，退料部门应填写退料单，经部门主管审批后到仓储部办理退料。

2）坏料退回。坏料退回是指损坏、不能使用的物料退回时，应开具坏料报告单，由质量管理人员进行质量检验，经部门主管审批后到仓储部办理退料。

3）废料退回。废料是在生产过程中留下来的残料，本身还有残余价值。生产部门在一定期间内将其收集，并开立废料报告单，经部门主管审批后到仓储部办理退料。

4）退料流程

①领用的物料在使用时遇有物流质量异常、用料变更或结余时，生产使用部门应将经部门主管签字后的退料单连同物料缴回仓库

②物流质量异常欲退料时，应先将退料品及退料单送质量管理部检验，并将检验结果标注于退料单内，再连同料品缴回仓库。

③对于生产使用部门单退回的物料，仓储人员根据检验退回的原因制定处理对策，如由供应商造成，应立即与采购人员协调处理。

④处理意见交由仓储部经理与主管副总审批后办理。

⑤仓储部每天应及时登记退回的物料，并注明原因。

（2）退料处理

1）余料存放。仓储部单设退料区，并根据退料的类别进行堆放，在余料卡上填写入库的日期及数量，按先进先出的原则送生产部门使用。

2）退料资料汇总。仓储部将退料过程中的资料进行汇总，作为日后盘点与查处的依据。

3. 经销商返厂处理程序

（1）凡仓库商品出现残损、串号，花色、型号、规格、等级等与订货要求不符需要返厂的，由出库专员办理返厂手续，填制商品入库通知单（红字，一式五联），同时填制返厂单（一式五联），见表4—4—10和表4—4—11。

（2）出库专员将退库的商品返厂，厂方经手人在商品入库通知单和返厂单上签字。

（3）出库专员根据签字后的商品入库通知单第一联登记库房经销库存明细账；第五联转交营业部门；第二联至第四联及返厂单第二联至第四联转财务部。

（4）财务部接到上述单据审核无误后，凭第三联登记经销库存明细账，同时填制当日营业部门的进销存日报表。

（5）返厂单第二联至第四联及商品入库通知单第二联至第四联附在营业部门的进销存日报表后，转仓储部账管员。

（6）仓储部审核财务部转来的上述单据，审核无误后做记账凭证。

（7）商品入库通知单第四联和返厂单第四联转仓储部统计人员。

表 4—4—10　　商品入库通知单

编号：　　　　填写日期：

<table>
<tr><td>日期</td><td>到货日期</td><td></td><td colspan="5">供货单位</td><td></td><td colspan="2">收货人</td><td></td></tr>
<tr><td></td><td>入库日期</td><td></td><td colspan="5">合同单号</td><td></td><td colspan="2">储位</td><td></td></tr>
<tr><td></td><td>验收日期</td><td></td><td colspan="5">运单号</td><td></td><td colspan="2">入库单号</td><td></td></tr>
<tr><td colspan="12">商品入库详信息</td></tr>
<tr><td rowspan="2">商品编号</td><td rowspan="2">商品名称</td><td rowspan="2">计量单位</td><td colspan="5">数量</td><td rowspan="2">质量</td><td colspan="2">价格</td><td rowspan="2">说明</td></tr>
<tr><td>交货</td><td>多交</td><td>短交</td><td>退货</td><td>实收</td><td>购入</td><td>基本</td></tr>
<tr><td></td><td></td><td></td><td></td><td></td><td></td><td></td><td></td><td></td><td></td><td></td><td></td></tr>
<tr><td></td><td></td><td></td><td></td><td></td><td></td><td></td><td></td><td></td><td></td><td></td><td></td></tr>
<tr><td></td><td></td><td></td><td></td><td></td><td></td><td></td><td></td><td></td><td></td><td></td><td></td></tr>
</table>

表 4—4—11　　返厂单

客户名称：　　　　传真单：　　　　返厂日期：

No.	货号	品名	规格	数量	出货单号	返厂原因

4. 包装材料的处理

对于包装材料，可积存至一定数量后对外出售，也可通知供应商收回。

任务实施

对退货的处理本身关系到商家能否有效地提高顾客满意度，如果处理方式得当，就可节约企业的物流成本，缩短退货周期，这对提高顾客满意度起着至关重要的作用。网上商家实质上是制造商的零售商，按照常规处理，零售商将收到的退货返回给制造厂家，由厂家进行统一处理。厂家对退货处理的重视程度和响应时间的快慢直接影响到零售商对退货的响应，进一步影响顾客的购买行为。故对退货问题的解决需要制造商和零售商的共同努力。同一制造商的网上零售商众多，由单个零售商进行退货处理显然会增加整个供应链的成本，故选择由制造商负责主要的退货处理工作。

本方案采用集中退货处理中心进行退货的处理工作。因为退货行为本身具有很大的不确定性，退回产品的种类和数量也无法事先预知，如果对退货进行单独处理（如小批量地运送回制造商处等）显然会大大增加退货的处理成本。集中退货处理中心将各种退货集中到同一个地方进行处理，可实现规模经济。

首先，退货集中处理可将退回货品进行分类，同类产品的可集中运输，提高运输车船的容积利用率，减少多次重复运输和交叉运输，减少物流运输成本，同时还能优化企业资源配置，增强企业的竞争力。

其次，集中处理可使退回产品的多个处理环节连续进行，节省退货的处理时间，加快产品的处理速度，缩短退货周期，提高顾客满意度。

最后，制造商可根据退货有效地改进产品，提高制造商自身的产品竞争力。

集中退货处理中心的功能主要有以下几个方面：

（1）分拣退货。即对退回的产品进行分类。现实中，顾客退货的理由多种多样，被退回产品的质量良莠不齐，有的存在缺陷，是残次品；有的是因尺寸号码不合适；有的仅是外观上有点瑕疵，甚至没有问题。不同质量的退货需要采用不同的处理方法，集中退货处理中心的基本任务就是将退货按质量等级分为四类：没有问题的退货和不需重新修理加工的产品返回到各零售商处再次出售；简单维修后出售。对有缺陷的，适当处理后可以使用的产品进行必要的修理后返回商家再次出售；回收利用。不能使用的产品可分解，回收其中可再次利用的部分；报废。没有使用价值的产品做报废处理。

（2）货物修理和拆解。集中退货处理中心能够对需修产品进行修理，以重新售卖。同时，中心又能对不可再用，但有回收利用价值的产品进行合理的分解，回收可用零部件等。

（3）集中装运。分类退货以后，集中退货处理中心需将各类产品或回收的可用部件运送到不同的需求点。再次出售的运送到商家，回收部件运送到制造厂，报废产品运送到垃圾回收站。其优势是可把去往同一地点的货品集中运输，减少单次小批量的运输作业，达到节约运输成本的目的。

（4）信息交换功能。集中退货处理中心采用即时通信软件、电子数据交换系统（EDI）等，实现与制造商、网上商家的信息共享。

目前网络购物的退货过程通常都是先由顾客将需退的产品寄回给商家，商家收到产品后方返回货款。集中退货处理中心可采用上门服务的方式，在顾客与网上商家协商好要退货时，商家将信息共享给退货中心，中心派人上门接收退货，然后将收到退货的信息再次共享于商家，商家即可在很短的时间内实现退款。这样可以大大节省顾客用于退货的时间，明显缩短退货周期。集中退货处理中心由制造商组织建设，或制造商委托给第三方物流服务提供商实施。其具体的功能实现如图 4—4—8 所示。

另外，因网上购物时商家是通过快递公司将产品送达顾客处的，所以在某些情况下（如货到付款方式），快递公司也需要参与产品的退货过程。集中退货处理中心需与快递公司建立合理、良好的合作关系。

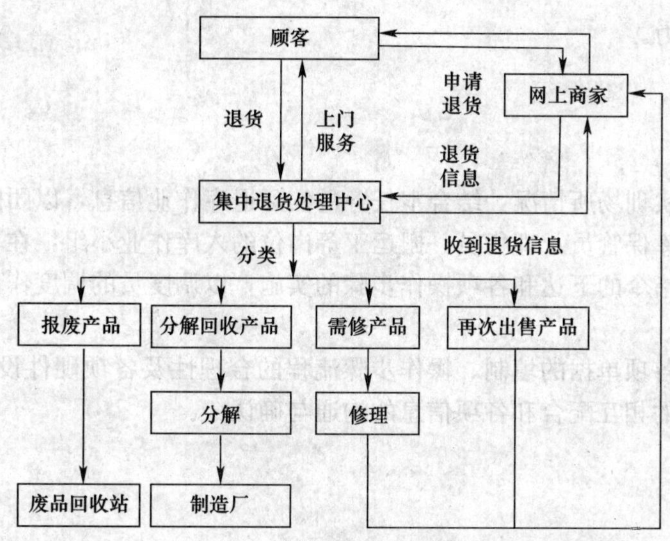

图 4—4—8　集中退货处理中心具体功能实现流程

针对因不同网上购物付款方式产生的不同退货方式，具体方案有以下几种。

1. 顾客在收到产品时当场拒收

这种情况因为尚未发生钱物交易，不存在货款的流动。快递公司将产品直接送回到集中退货处理中心，进行适当处理。

2. 付款后欲退货

因顾客已支付购物货款，此时如欲退货，顾客与网上商家联系，协商一致后商家将退货信息通知集中退货处理中心，中心派人上门接收退货，同时退还货款。此种情况因退货中心参与了货款的流动，故需与商家建立相应的支付关系。

顾客购物时若采用网上银行支付方式，则在收到产品前就已经将货款支付给了网上商家。退货时，与商家网上协商好后，商家将退货信息通知集中退货处理中心，中心派人上门接收退货。之后退货处理中心通知商家已收到退货，商家通过网上银行将已付货款返还顾客。

3. 顾客确认支付之前欲退货

顾客购买商品时先将货款支付给第三方，因尚未发生确认，故此时退货货款只需由第三方处返回顾客。顾客向商家申请退货，协商同意后商家通知集中退货处理中心上门接收退货，同时与第三方联系，将货款退回。

4. 顾客确认支付后欲退货

顾客确认后，货款已于第三方处转入商家账户。若退货协商一致，商家将退货信息告知集中退货处理中心以上门服务，接收退货后集中退货处理中心及时通知商家，商家通过网银等方式将货款退回到顾客账户。

通过采用集中退货处理中心，并使其与网上商家、制造商通过各种技术实现信息共享，与快递公司建立良好的合作关系，可显著缩短顾客单次退货的时间花费，增强顾客对网络交易安全性的信心，在提高现有客户满意度的同时又能争取新的网购客户，从而提高制造商、网上零售商的竞争力。

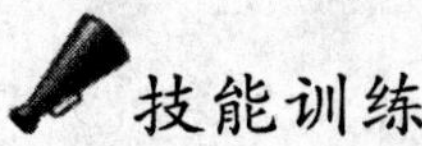

技能训练

根据学校自身实训场所情况，结合本任务的实际退库作业信息，以团队形式组成包括客服员、调度员、仓库保管员、理货员、搬运工等岗位的入库作业小组，在不借助信息系统的条件下，实施手工指令的下达和各项操作步骤的实施，以调度员的调度作业为核心，模拟本退库作业任务。

在操作中注意各项单据的填制、操作步骤流程的合理性及各项硬件设备操作的规范性，同时注意团队成员的相互配合和各项信息的沟通与确认。

思考与练习

1. 什么是回收物流？
2. 零售业退货物流的基本管理流程是什么？
3. 谈谈自己退货、换货、返修商品的亲身经历，并运用学到的知识加以分析说明。

模块五

配 送 管 理

任务1 配送业务模式与流程

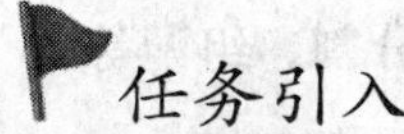

任务引入

某物流中心面积达4.4万平方米，有74个出货门，日处理能力高达33万箱，最高可支持90家大型超市店面的货物储存与配送工作。日前，物流中心业务部接收到旗下门店的订单需要在规定时间之内进行配送，订单内容见表5—1—1。

表5—1—1 **订购单**

供应商名称：××配送中心 订单号码：201008030001 订购日期：2010-08-05

项号	品名	单位	数量	细数（个/箱）	规格（cm）	单价	总 价
1	康师傅红烧牛肉面	箱	500	36	50×30×20	×	×
2	康师傅西红柿牛腩面	箱	500	36	50×30×20	×	×
3	奥利奥牛奶味饼干	箱	600	50	45×25×20	×	×
4	NOKIA 5300	箱	20	6	60×30×25	×	×
5	NOKIA N73	箱	20	6	60×30×25	×	×
6	60 mL 高夫经典香水	箱	20	18	30×25×20	×	×
店长签章	张×	经理	王×	采购部长	赵×	采购员	李×

请模拟配送主管的角色，结合实际为新入职的员工进行培训。培训内容：说明此配送中心的配送功能并对配送活动进行分类；选择配送模式；并为相关产品设计相应的配送流程。

任务分析

首先要认知配送和配送的功能是什么，明确配送的分类标准；结合大型连锁超市配送的特点，并根据资源状况选择正确的配送模式；为完成这项业务，配送中心需要进行以下业务活动。

（1）订单的处理。

（2）筹集部分缺货并储存。

（3）按照客户的要求进行货物分拣、配装。

（4）将配好的货物沿着配送路线送达门店。

（5）结合相关产品的特性设计相应的配送流程。

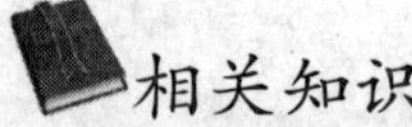

相关知识

一、配送的定义

配送是现代物流的重要功能之一，是现代市场经济体制、现代科学技术和现代物流思想的综合产物，是企业经营活动的重要组成部分，它能给企业创造更高的效益，是企业增强自身竞争力的重要手段。那么，何谓配送？在不同的国家或地区，在理论界、企业界有着不同的定义。在《中华人民共和国国家标准物流术语》（GB/T 18354—2001）中给出的定义是：“在经济合理区域范围内，根据用户要求，对物品进行拣选、加工、包装、分割、组配等作业，并按时送达指定地点的物流活动”。

配送是一种特殊的、综合的物流活动形式，它将商流与物流紧密结合起来，既包含商流活动，也包含物流活动中若干功能要素，是物流的一个缩影或在较小范围内的物流活动。

二、配送的分类

为满足不同产品、不同企业、不同流通环境的要求，可以采用各种形式的配送。配送的种类根据不同的划分标准有不同的类型。

1. 按配送主体所处的行业分类

（1）生产企业配送。生产企业配送是围绕制造业企业所进行的原材料、零部件的供应配送，各生产工序上的生产配送以及企业为销售产品而进行的对客户的销售配送均属此类。

制造业配送由供应配送、生产配送和销售配送三部分组成，各个部分在客户需求信息的驱动下连成一体，通过各自的职能分工与合作，贯穿于整个制造业配送中。

农业配送是一种特殊的、综合的农业物流活动，是在农业生产资料、农产品的送货基础上发展起来的。农业配送是指在与农业相关的经济合理的区域范围内，根据客户要求，对农业生产资料、农产品进行分拣、加工、包装、分割、组配等作业，并按时送达至指定地点的农业物流活动。

（2）商业企业配送。商业企业的主体包括批发企业和零售企业，二者对于配送的理解、要求、管理等都不相同。批发企业配送的客户不是流通环节的终点消费者，而是零售商业企业。因此，批发商业企业必然要求配送系统不断满足其零售客户多批次、少批量的订货及流通加工等方面的需求。而对于零售企业来说，其配送的客户是流通环节终点的各类消费者，因此，一方面，由于经营场所的面积有限，他们希望上游供应商（包括批发企业）能向其提供小批量的商品配送；另一方面，为了满足各种不同客户的需要，他们又都希望尽可能多地配备商品种类。

（3）物流企业配送。物流企业是专门从事物流活动的企业，因此物流企业配送并不像前面三类企业一样拥有货物的所有权，而是根据所服务客户的需求，为客户提供配送支持服务。现在，比较常见的物流企业配送形式是快递业提供的门到门的物流服务。

2. 按配送商品的特征不同分类

（1）单（少）品种大批量配送。工业企业需要较大量的商品，单独一个品种或几个品种就可达到较大输送量，可实行整车运输，这种商品往往不需要再与其他商品搭配，可由专业性很强的配送中心实行这种配送。由于配送量大，可使车辆满载并使用大吨位车辆。配送中心内部设置、组织、计划等工作也较简单，因此配送成本较低。如果从生产企业将这种商品直接运抵客户，同时又不致使客户库存效益下降时，采用直送方式往往有更好的效果。

（2）多品种、少批量配送。现代企业生产除了需要少数几种主要物资外，从种类数来看，处于B、C类的物资品种数远高于A类主要物资，B、C类物资的品种数多，但单品种需要量不大，若采取直送或大批量配送方式，由于一次进货批量大，必然造成客户库存增大等问题，类似情况也存在于向零售品商店补充一般生活消费品的配送，所以这些情况适合采用多品种、少批量配送方式。

多品种、少批量配送是按客户要求，将所需的各种物品（每种需要量不大）配备齐全，凑整装车后由配送据点送达客户。这种配送作业水平要求高，配送中心设备复杂，配货送货计划难度大，必须由高水平的组织工作来保证。这是一种高水平、高技术的配送方式。

多品种、少批量配送也正符合现代“消费多样化”和“需求多样化”的新观念，所以，是许多发达国家推崇的方式。

多品种、少批量配送往往伴随多客户、多批次的特点，配送频度往往较高。

（3）配套成套配送。按企业生产需要，尤其是装配型企业的生产需要，将生产每一台设备所需全部零部件配齐，按生产节奏定时送达生产企业，生产企业随即可将此成套零部件送入生产线装配产品。这种配送方式，配送企业承担了生产企业大部分的供应工作，使生产企业专注于生产，与多品种、少批量配送效果相同。

3. 按配送的时间及数量分类

（1）定时配送。定时配送是指按规定时间间隔进行配送，如数天或数小时一次等，每次配送的品种及数量可按计划执行，也可在配送之前以商定的联络方式（如电话、计算机终端输入等）通知配送品种及数量。这种方式时间固定，易于安排工作计划、易于计划使用车辆，对客户来讲，也易于安排接货力量（如人员、设备等）。但是，由于配送物品种类经常变化，配货、装货难度较大，在要求配送数量变化较大时，也会使配送运力安排出现困难。定时配送包括日配、隔日配送、周配送、旬配送、月配送、准时配送等。

（2）定量配送。定量配送是指按规定的批量在一个指定的时间范围内进行配送。这种方式数量固定，备货工作较为简单，可以按托盘、集装箱及车辆装载能力的规定定量配送，能有效利用托盘、集装箱等集装方式，也可做到整车配送，配送效率较高。由于时间不严格限定，可以将不同客户所需物品凑整车后配送，运力利用也较好。对客户来讲，每次接货都处理同等数量的货物，有利于人力、物力的准备。

（3）定时定量配送。定时定量配送是指按照规定配送时间和配送数量进行配送。这种方式兼有定时、定量两种方式的优点，但特殊性强，计划难度大，适合采用的对象不多，不是一种普遍的方式。

(4) 定时定路线配送。即在规定的运行路线上制定到达时间表，按运行时间表进行配送，客户可按规定路线及规定时间接货及提出配送要求。

采用这种方式有利于安排车辆及驾驶人员。在配送客户较多的地区，也可避免由过分复杂的配送要求所造成的配送组织工作及车辆安排的困难。对客户来讲，既可对一定路线、一定时间进行选择，又可有计划地安排接货力量。但这种方式的应用领域也是有限的。

(5) 即时配送。即时配送是完全按客户突然提出的配送要求的时间和数量随即进行配送的方式，是有很高的灵活性的一种应急的方式。采用这种方式的品种可以实现保险储备的零库存，即用即时配送代替保险储备。

4. 按加工程度不同分类

(1) 加工配送。加工配送是指和流通加工相结合的配送。在配送据点中设置流通加工环节，或是流通加工中心与配送中心建立在一起。当社会上现成的产品不能满足客户需要，客户根据本身工艺要求需要使用经过某种初加工的产品时，可以在加工后通过分拣、配货再送货到户。

流通加工与配送相结合，使流通加工更有针对性，减少了盲目性，配送企业不但可以依靠送货服务、销售经营取得收益，还可通过加工增值取得收益。

(2) 集疏配送。集疏配送是只改变产品数量组成形态而不改变产品本身物理、化学形态的与干线运输相配合的配送方式。如大批量进货后小批量、多批次发货，零星集货后以一定批量送货等。

5. 按配送企业专业化程度分类

(1) 综合配送。综合配送是指配送商品种类较多，不同专业领域的产品在一个配送网点中组织对客户的配送。这一类配送由于综合性较强，故称之为综合配送。

综合配送可减少客户为组织所需全部物资进货的负担，只需和少数配送企业联系，便可解决多种需求。因此，它是对客户服务意识较强的配送形式。

综合配送的局限性在于，由于产品性能、形状差别很大，在组织时技术难度较大。因此，一般只是在性状相同或相近的不同类产品方面实行综合配送，差别过大的产品难以综合化。

(2) 专业配送。专业配送是按产品性状不同适当划分专业领域的配送方式。专业配送并非越细分越好，实际上同一性状而类别不同的产品，也是有一定综合性的。

专业配送的主要优势是可按专业的共同要求优化配送设施，优选配送机械及配送车辆，制定适用性强的工艺流程，从而大大提高配送各环节的工作效率。专业配送主要适用于大型生产生活物资的流通领域，现在已形成的专业配送形式主要有中、小件杂货的配送，金属材料的配送，燃料煤的配送，水泥的配送，燃料油的配送，木材的配送，化工产品的配送，生鲜食品的配送和家具及家庭用具的配送。

三、企业配送模式

1. 自营配送模式

自营配送模式是指企业物流配送的各个环节由企业自身筹建并组织管理，实现对企业内部及外部货物配送的模式。这种模式有利于企业供应、生产和销售的一体化作业，系统化程度相对较高，既可满足企业内部原材料、半成品的配送需要，又可满足企业对外进行市场拓展的需求。其不足之处表现在，企业为建立配送体系的投资规模将会大大增加，在企业配送规模较小的时候，配送的成本和费用也相对较高。

2. 第三方配送模式

第三方就是为交易双方提供部分或全部配送服务的那一方。第三方配送模式就是指交易双方把自己需要完成的配送业务委托给第三方来完成的一种配送运作模式。

大型连锁零售公司通常配送业务量巨大，它们即使建有自己的配送中心和较为完善的配送体系，在某些业务方面仍然需要与第三方物流公司进行业务合作，即超市配送的部分外包，在配送方面实行厂商协作共同完成。特别是在长途运输、区域仓库等方面的业务，外包的优势较为明显。

中小型连锁企业由于规模小导致配送业务量相对较小和资金实力方面的欠缺，不适于自己建设如配送中心等一些项目投资大、回收期长的服务性工程，因此这些企业通常会采用与社会性专业配送企业结成战略联盟的方式，将配送业务外包，有效利用第三方物流配送（TPL），完成仓储和配送任务以完全实现或近似实现本企业零库存的目的。相对于日本大约有30%的连锁超市将其配送业务外包给社会化的专业配送企业，我国连锁企业在物流配送方面使用第三方物流的比例还比较低，行业的规模和服务水平还有待提高。

3. 共同配送模式

共同配送是连锁零售企业之间为了提高配送效率以及实现配送合理化所建立的一种功能互补的配送联合体。共同化配送是由多家连锁零售企业联合起来，实现整体的物流配送合理化，在互惠互利原则指导下，共同出资建设配送中心，共同制订计划，共同对某一地区的用户进行配送，共同使用配送车辆的配送模式，特别是一些经营规模较小或门店数量较少的连锁零售企业常采用这一模式。既能减少连锁零售企业的物流设施投资，使物流设施布局合理化，充分合理地利用物流资源，有效控制商品质量，杜绝假冒伪劣商品，保障消费者的权益；同时还可促进实现质量管理的制度化，便于将分散于各中小型连锁企业的物流设施集中起来并形成合力，从而能高效率、低成本地为有关企业提供满意的物流服务。共同配送的核心在于充实和强化配送的功能，提高配送效率，实现配送的合理化和系统化。作为开展共同配送的联合体成员，首先要有共同的目标、理念和利益，这样才能使联合体有凝聚力和竞争力，才能有利于共同目标和利益的实现。开展共同配送、组建联合体要坚持的原则是：功能互补、平等自愿、互惠互利、协调一致。

4. 互用配送模式

互用配送模式是指几个企业为了各自的利益，以契约的方式达到某种协议。互用对方配送系统而进行的配送模式。其优点在于企业不需要投入较大的资金和人力，就可以扩大自身的配送规模和范围，但需要企业有较高的管理水平以及相关企业的组织协调能力，同时，互用配送模式稳定性差。

5. 供应商配送模式

供应商配送模式简单来说就是由生产企业直接将连锁零售企业采购的商品在指定的时间范围内送到各个连锁门店甚至到货架的物流活动。通常中小超市公司由厂方直送商品的比例较高，而大型连锁超市公司趋向于通过自己的配送中心对门店实施配送。

我国的大型生产企业，如很多大型电器厂家（如海尔、海信等）、食品生产企业（如康师傅等）以及一些有实力的日化产品厂家（如宝洁等）在全国范围内建立了自己的分销体系，将分销渠道直接介入到连锁企业的分销配送活动当中。并且根据商品的属性、运输距离、自己的运输能力以及季节等条件安排有关配送的活动。

四、配送业务基本流程

1. 配送业务一般流程

配送业务基本作业流程大致可归纳为图 5—1—1 所示内容。

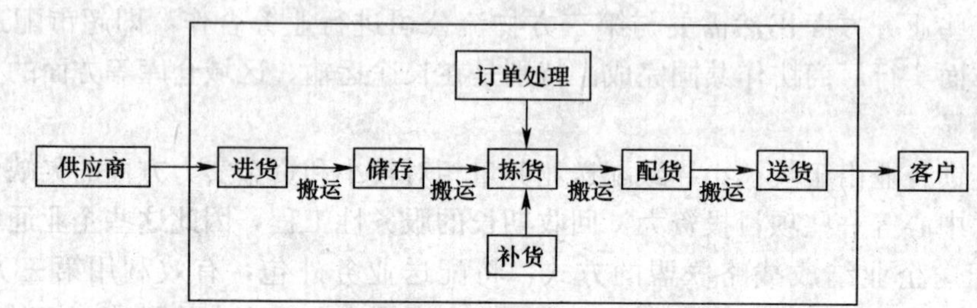

图 5—1—1　配送中心作业流程

由供应货车到达码头开始，经“进货”作业确认进货品后，便依次将货品“储存”入库。为确保在库货品得到良好的保护管理，需进行定期或不定期的“盘点”检查。当接到客户订单后，先将订单依其性质作“订单处理”，之后即可按处理后的订单信息将客户订购的货品从仓库中取出，即“拣货”作业。拣货完成一旦发觉拣货区所剩余的存量过低，则必须由储区来“补货”，当然，若整个储区的存量亦低于标准，便应向上游采购进货。从仓库拣出的货品经整理后即可进行组装配货，而后便可将出货品装上配送车，将之送到各个客户点交货。

整个作业过程包括进货、搬运、储存、盘点、订单处理、拣货、配货、补货和送货。

（1）进货。进货作业包括货品的实体接收，从货车上将其货物卸下，并核对该货品的数量及状态（数量检查、品质检查、开箱等），然后记录必要信息或录入计算机。

（2）搬运。是将不同形态之散装、包装或整体之原料、半成品或成品，在平面或垂直方向加以提起、放下或移动，可能是要运送，也可能是要重新摆置物料，而使货品能适时、适量移至适当的位置或场所存放。在配送中心的每个作业环节都包含着搬运作业。

（3）储存。储存作业的主要任务是把将来要使用或者要出货的物料做保存，且经常要做库存品的检核控制，储存时要注意充分利用空间，还要注意存货的管理。

（4）盘点。货品因不断地进出库，在长期的累积下库存资料容易与实际数量产生不符，或者有些产品因存放过久、存放不恰当，致使品质功能受影响，难以满足客户的需求。为了有效地控制货品数量，需要对各储存场所进行盘点作业。

（5）订单处理。由接到客户订货开始至准备着手拣货之间的作业阶段，称为订单处理，包括有关客户、订单的资料确认，存货查询，单据处理以及出货配发等。

（6）拣货。每张客户的订单中都至少包含一项以上的商品，将这些不同种类、数量的商品由配送中心取出集中在一起，此即所谓的拣货作业。拣货作业的目的也就在于正确且迅速地集合顾客所订购的商品。

（7）配货。根据每个用户（企业）对于商品的品种、规格、型号、数量、质量、送达时间和地点等的不同要求，按合理的配送路径和装车要求对商品进行组配。

(8) 补货。补货作业包括从保管区域（Reserve Area）将货品移到拣货区域（Home Area），并作相应的信息处理。

(9) 送货。是指将拣取分类完成的货品做好出货检查，装入合适的容器，做好标志，根据车辆趟次别或厂商别等指示将物品运至出货准备区，最后装车配送。

2. 不同类型配送中心作业流程

配送中心的特殊作业流程是由配送中心类型、担负的流通职责、提供的服务等决定的，其流程和配送中心基本作业流程相比有很大区别。

(1) 不带储存库的配送中心作业流程。有的配送中心专以配送为职能，而将储存场所尤其是大量储存场所转移到配送中心之外的其他地点，专门设置补货型的储存中心，配送中心中则只有为一时配送备货的暂存，而无大量储存。暂存设在配货场地中，在配送中心不单独设储存库。配送中心的特殊作业流程如图 5—1—2 所示。

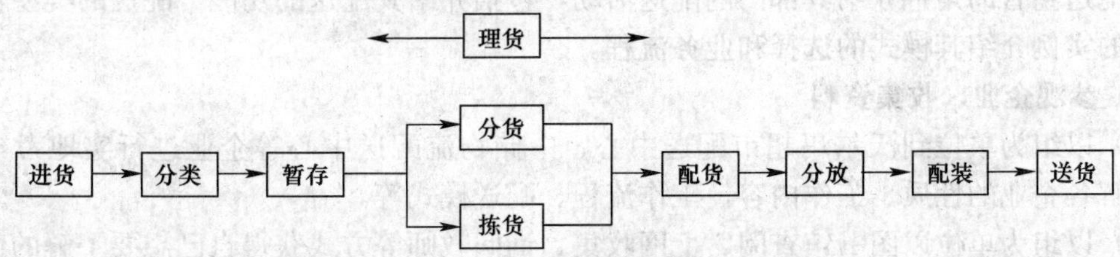

图 5—1—2 不带储存库的配送中心作业流程

这种配送中心的主要工序及主要场所都用于理货、配货，区别只在于大量的储存在配送中心外部而不在其中。

这种类型的配送中心，由于没有集中储存的仓库，占地面积比较小，也可以省却仓库、现代货架的巨额投资。至于补货仓库，可以采取外包的形式，采取协作的方法解决，也可以自建补货中心，或者在若干配送中心基础上，共同建设一个更大规模集中储存型补货中心。此外，还可以采用虚拟库存的办法来解决。

(2) 加工型配送中心的作业流程。加工型配送中心也不是单一的模式，随着加工方式的不同，配送中心的作业流程也有区别。

这种加工型配送中心作业流程的特点，以平板玻璃为例，进货是大批量、单（少）品种的产品，因而分类的工作不重或基本上无须分类存放。其储存后进行的加工，和生产企业按标准、系列加工不同，一般是按用户要求进行的。因此，加工后产品便直接按用户分放、配货。所以，这种类型配送中心有时不单设分货、配货或拣选环节。配送中心中加工部分及加工后分放部分占较多位置。加工型配送中心作业流程如图 5—1—3 所示。

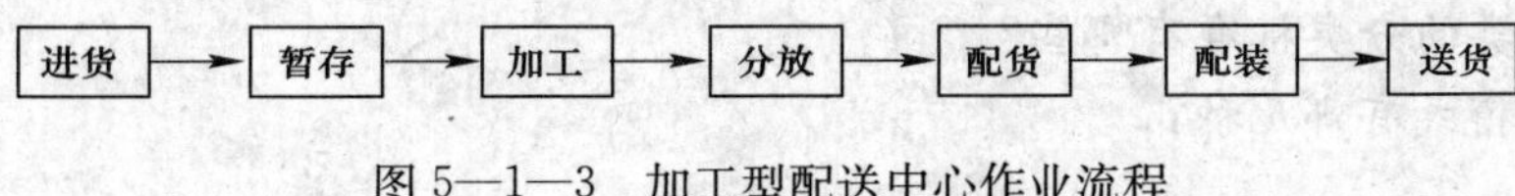

图 5—1—3 加工型配送中心作业流程

(3) 分货型配送中心的作业流程。分货型配送中心是将大批量、品种较单一的产品进货，转换成小批量发货式的配送中心，不经配煤、成型煤加工的煤炭配送和不经加工的水泥、油料配送的配送中心大多属于这种类型。分货型配送中心的作业流程如图 5—1—4 所示。

接货 → 储存 → 装货 → 送货

图 5—1—4　分货型配送中心的作业流程

这种配送中心流程十分简单，基本不存在分类、拣选、分货、配货、配装等工序，但是由于是大量进货，要求储存能力较强，储存工序及装货工序是主要工序。

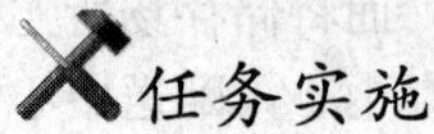

任务实施

一、明确任务目标

以配送主管的角色介绍其部门的配送活动，包括介绍其配送的功能、配送的类型，并结合具体的实例介绍其模式的选择和业务流程。

二、参观企业、收集资料

(1) 以组为单位到沃尔玛超市配送中心、中储物流配送中心等企业进行实地考察和参观，了解各企业的性质、工作内容、工作流程、配送模式等。

(2) 以组为单位以图书馆查阅、上网收集、询问教师等方式获得自己想要了解的信息。

(3) 进行组内讨论，将本组所收集的资料和心得进行交流，并进行分类。

三、分析整理资料

在分析整理资料之前，明确自身角色及培训的对象。介绍沃尔玛超市配送中心的特点可以通过视频、图像、数据等手段进行描述分析，并通过分析比较沃尔玛超市配送中心在配送模式选择和业务流程设计过程中的一般性和特殊性。

技能训练

参观大型超市或其他商业企业，了解其配送模式，并结合企业的自身情况、经济环境、地方政策支持，分析其配送模式选择的利与弊；分析其配送流程，结合所学的知识对其进行流程梳理，并提出改进意见，形成书面报告。

思考与练习

1. 配送的功能是什么？

2. 配送种类的分类标准有哪些？

3. 配送的模式有哪几种？

任务2 配送作业管理

任务引入

某校内物流公司，主要业务是为学校八个食堂进行所需物资的配送工作，以有效地控制食堂物资的来源途径，保证食品质量，进而保证学生及教职员工的用餐安全。目前主要配送过的商品有米、面、油、蔬菜、肉类、鸡蛋、土豆、西红柿和副食调料。配送形式主要以日配为主。

假设目前配送中心有大米 300 袋，白面 250 袋，色拉油 70 桶，火腿肠 50 箱，土豆 100 kg，西红柿 50 kg，鸡蛋 30 kg，粉丝 20 kg。3 月 20 日下午食堂商户下达订单 10 份，请对该订单进行处理（其中大米、白面的规格是每袋 25 kg，色拉油是每桶 5 kg，火腿肠是每箱 100 根）。具体订货情况见表 5—2—1。

表 5—2—1　某校内物流配送中心订货情况

序号	客户名称	商品种类	数量	价格	送货时间	客户位置
1	A	白面	30 袋	2.6 元/kg	3 月 21 日下午 5：00 前	第一食堂
		鸡蛋	17 kg	6.1 元/kg		
		西红柿	22 kg	4.3 元/kg		
		火腿肠	5 箱	1 元/根		
		白菜	20 kg	1.2 元/kg		
		猪肉	15 kg	17 元/kg		
2	B	白面	30 袋	2.6 元/kg	3 月 21 日下午 5：00 前	第二食堂
		粉丝	15 kg	6.2 元/kg		
		土豆	60 kg	5 元/ kg		
		色拉油	5 桶	6 元/kg		
		猪肉	25 kg	17 元/kg		
3	C	大米	30 袋	2.4 元/kg	3 月 21 日下午 4：30 前	第一食堂
		白面	20 袋	2.6 元/kg		
		色拉油	10 桶	6 元/kg		
		粉丝	16 kg	6.2 元/kg		
		鸡肉	20 kg	10 元/kg		
		猪肉	25 kg	17 元/kg		
		西红柿	20 kg	10 元/kg		
		鸡蛋	13 kg	6.1 元/kg		

续表

序号	客户名称	商品种类	数量	价格	送货时间	客户位置
4	D	大米	30 袋	2.4 元/kg	3 月 21 日下午 4：40 前	第二食堂
		白面	20 袋	2.6 元/kg		
		色拉油	6 桶	6 元/kg		
		白菜	20 kg	1.2 元/kg		
		猪肉	15 kg	17 元/kg		
		鸡肉	20 kg	10 元/kg		
		火腿肠	2 箱	1 元/根		
5	E	猪肉	20 kg	17 元/kg	3 月 21 日下午 4：45 前	第三食堂
		白面	20 袋	2.6 元/kg		
		色拉油	10 桶	6 元/kg		
		火腿肠	10 桶	1 元/根		
		鸡肉	20 kg	10 元/kg		
		粉丝	13 kg	6.2 元/kg		
		西红柿	26 kg	4.3 元/kg		
		鸡蛋	9.5 kg	6.1 元/kg		
6	F	大米	30 袋	2.4 元/kg	3 月 21 日下午 4：30 前	第四食堂
		白面	10 袋	2.6 元/kg		
		色拉油	9 桶	6 元/kg		
		白菜	22 kg	1.2 元/kg		
		猪肉	30 kg	17 元/kg		
		鸡肉	28 kg	10 元/kg		
		火腿肠	3 箱	1 元/根		
7	G	大米	30 袋	2.4 元/kg	3 月 21 日下午 5：00 前	第五食堂
		白面	10 袋	2.6 元/kg		
		色拉油	14 桶	6 元/kg		
		白菜	25 kg	1.2 元/kg		
		猪肉	31 kg	17 元/kg		
		鸡肉	19 kg	10 元/kg		
		西红柿	26 kg	4.3 元/kg		
8	H	大米	30 袋	2.4 元/kg	3 月 21 日下午 4：50 前	第六食堂
		猪肉	35 kg	17 元/kg		
		色拉油	5 桶	6 元/kg		
		白菜	30 kg	1.2 元/kg		
		西红柿	40 kg	4.3 元/kg		
		鸡蛋	15.5 kg	6.1 元/kg		

续表

序号	客户名称	商品种类	数量	价格	送货时间	客户位置
9	I	大米	10袋	2.4元/kg	3月21日下午4：50前	第七食堂
		猪肉	41 kg	17元/kg		
		白菜	36 kg	1.2元/kg		
		土豆	30 kg	5元/ kg		
		粉丝	12 kg	6.2元/kg		
		火腿肠	4箱	1元/根		
10	J	大米	30袋	2.4元/kg	3月21日下午5：00前	第八食堂
		白面	10袋	2.6元/kg		
		色拉油	3桶	6元/kg		
		白菜	32 kg	1.2元/kg		
		猪肉	45 kg	17元/kg		
		鸡蛋	22 kg	6.1元/kg		
		土豆	25 kg	5元/ kg		
		西红柿	40 kg	4.3元/kg		

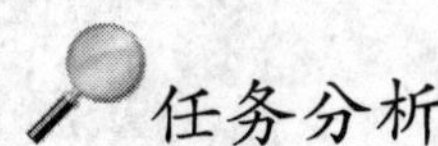

任务分析

要正确完成上述任务必须要弄清楚订单处理作业的一般程序，明确订单的接收方式，并且注意选择订单的输入方式及对订单内容的确认方式。物流中心按订单选择正确的分拣方式、拣货策略，做好配货工作。

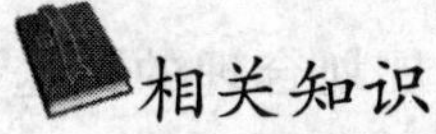

相关知识

一、配送订单处理作业

1. 订单处理的一般程序

订单处理作业的一般程序如图5—2—1所示，从接到客户订货开始至准备着手拣货之间的作业阶段，称为订单处理作业。该阶段包括接收订单、订单数据处理及订单状况管理。订单处理是实现企业顾客服务目标最重要的影响因素。改善订单处理过程，缩短订单处理周期，提高订单满足率和供货准确率，提供订单处理全程跟踪信息，可以大大提高服务水平与顾客满意度，同时也能够减少库存，在提高服务水平的同时降低物流总成本，使企业获得竞争优势。

2. 订单处理的内容

(1) 确认订单相关信息。接到配送作业订单后，应对配送相关信息进行确认，包括：

1）客户基本信息确认。包括企业名称、联系人等。

2）配送货物信息确认。包括货品名称、规格、数量、重量、尺码、保管方式等，以便

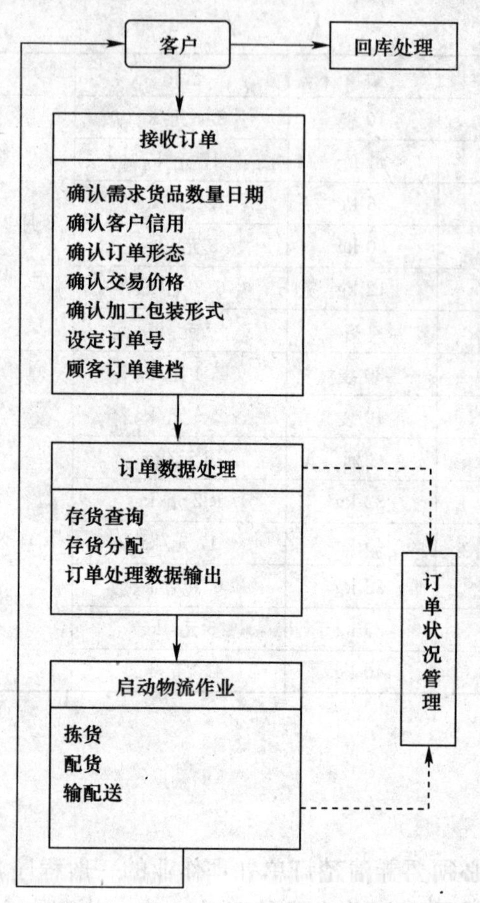

图 5—2—1　订单处理作业的一般程序

安排适合的车辆进行配送。

3）配送地点信息确认。包括其具体配送地址和联系方式等，以便规划合理的配送路线。

（2）订单输入与存档。上述信息确认后，应对配送订单在计算机系统上进行录入，以协调各部门及岗位协同实施配送作业。订单输入的方式可以是人工输入，也可以是联机输入，后者由于其效率高、错误少被越来越多地采用。

将订单输入系统后，订单数据信息便在系统中存档，为保证日后业务的查询及灵活传递，还可以将信息打印后进行文件归档。

（3）库存分配。订单资料输入系统确认无误后，最主要的处理作业是如何将大量的订货资料，做最有效的汇总分类、调拨库存，以便后续的物流作业能有效地进行。

（4）订单数据处理输出。订单资料经由上述的处理后，即可开始打印一些出货或作业单据，以展开后续的物流作业。

1）拣货单（出库单）。拣货单据的产生，在于提供商品出库指示资料，作为拣货的依据。拣货资料的形式需配合物流中心的拣货策略及拣货作业方式来加以设计，以提供详细且可提高效率的拣货信息，便于拣货的进行。

拣货单的打印应考虑商品储位，依据储位前后相关顺序打印，以减少人员重复往返取货，同时拣货的数量、单位也需详细标示。随着拣货、储存设备的自动化，传统的拣货单据形式已不符合需求，利用计算机、通信等方式处理显示拣货资料的方式已取代部分传统的拣货窗口，如利用计算机辅助拣货的拣货棚架、拣货台车以及自动存取的 AS/RS（Automated Storage and Retrieval Sysem，自动存取系统）。采用这些自动化设备进行拣货作业，需注意拣货资料的格式与设备显示器的配合以及系统与设备间的资料传送及回馈处理。

2）送货单。物品交货配送时，通常需附上送货单据给客户清点签收。因为送货单主要是给客户签收、确认出货的资料，所以其正确性及明确性很重要。要确保送货单上的资料与实际送货资料相符，除了出货前的清点外，出货单据的打印时间及修改也需注意。

（5）订单状况管理。订单经由接单作业进入物流中心，经过输入、查核确认，库存分配等处理，最后产生出货指示资料，开始拣货、出货配送，最后经由客户签收、取款结案等循环作业，整个订单处理作业才算结束，才能成为系统上的历史资料。订单处理作业在这个循环里每个节点的处理能够按正常程序进行，以及前后节点间的接替正确无误，都是系统应该保证的。因此，对于实际作业中无可避免的订单异动情况，系统应可加以修正，以维持系统的正确性以及避免因异动造成损失，订单资料经由销货分配产生出货指示资料，并不代表订单处理作业已结束，还应对订单后续的执行情况予以跟进管理。

1）订单进度追踪。要掌握订单进度状况需先了解订单从开始进入系统到结束离开系统（或与系统无直接关系），这中间订单状态如何转换进行，以及系统档案如何设计，以便掌握其状态。

2）订单异动处理。掌握订单的状态变化及详细记录各阶段档案资料后，对于订单的异动处理则能更顺手，只要了解此订单异动时所处的状态，再针对其对应的档案加以修正处理。如客户取消订单、客户增订、拣货时发生缺货、配送前发生缺货、送货时客户拒收/短缺等都应根据实际情况进行跟进处理。

二、进货作业

进货作业属于配送备货中的一个重要环节，一个配送中心或配送公司，一般来说首先要进一部分货物，并进行储存。接受订单后，根据客户需求量，现有库存量、库存容量，缺货情况及时进货。进货作业包括订货、接货、检验、分类、入库交接与登记等作业。

1. 订货

配送中心收到和汇总用户的订货单后，首先要确定配送货物的种类和数量，然后要查询本企业现有库存物资中有无所需要的现货。如有现货，则转让拣选流程；如果没有或者虽然有现货但数量不足，则要根据缺货资料及时向供应商发出订单，进行订货。或者根据各用户的需求情况及与供货商签订的协议，进行预测并提前订货，以备发货。

2. 接货

（1）制订接收计划。当配送企业接到接收物资的计划、通知或订货合同之后，要尽快制订物资接收实施计划，其中包括：预先计划临时存放位置，安排库容场地和堆积排列方式；

根据物资技术要求，安排验收项目的场所、方法等；根据物资数量，提出人员、运力需求数量和组织分工方案。

（2）做好准备工作。物资接收方案一经确定，应立即通知有关单位和人员开展准备工作，对于大批量接收，必要时要进行全库动员，明确分工责任；要对车辆、装卸搬运机械进行检查或维修；备齐各种工具材料，包括装卸车工具、计量器具、堆积排列工具、苫垫材料、验收器具与仪表、劳保用品等；清理装卸、点交、验收场地；养护道路；实地测量安排物资存放的场地和存放方式。

（3）组织交接卸货。物资到站（库）时，首先要验明发货单位和货物情况，查验各种交货凭证。发现问题要查明情况，区分责任，标上明显标志，做好详细记录。如果确认无误，就组织人员、搬运机械卸货，办理交接事宜。组织交接时接收方必须进行货物初检，以确认所接收货物为所需物品。对任何入库方，对货物进行初检都是关键环节。

3. 检验

货物检验是依据合同或标准，对标的物品的品质、数量、包装进行检查、验收的总称。

4. 分类与入库

将货物按照订单急缓、客户类型、保管要求进行分类，并入库。

5. 交接与登记

入库时应做好交接、查验与登记工作。

三、分拣配货作业

拣货作业是指根据订单，将顾客订购的货物从保管区或拣货区取出，或直接在进货过程中取出，并运至配货区的作业过程。配送作业是指配送中心人员对分拣出来的货物根据用户或配送路线进行分类，集中放置在集货暂存区的作业过程。一直以来，拣货作业和配货作业都是配送中心各作业环节最费时，也是占用人工最多的作业之一。近年来，随着配送中心配送货物数量以及配送范围的不断扩大，分拣配货作业量也成倍增加。为了提高分拣配货作业的效率，很多配送中心一方面合理选择分拣配货的方法和工艺，另一方面通过引进自动分拣系统来提高拣选效率。

1. 拣货策略

拣货策略主要包括分区、订单分割、订单分批、分类四个因素，这四个因素相互配合可以产生多种拣货策略。

（1）分区。分区是指将拣货作业场地做区域划分。按分区的原则不同可分为：按拣货单位分区，按拣货方式分区，按工作分区等。

（2）订单分割。当订单所订购的商品种类较多，或设计一个要求及时快速处理的拣货系统时，为了使其能在短时间内完成拣货处理，可利用订单分割策略将订单切分成若干的子订单，交由不同的拣货人员同时进行拣货作业以加速拣货作业完成。订单分割策略必须与分区策略配合运用，才能有效地发挥其优势。

（3）订单分批。订单分批是指为了提高拣货作业效率而把多张订单集合成一批，进行批次拣取的作业。即将每批次订单中的同一商品种类汇总拣取，然后把商品分类至每一客户订单形成批量拣取，这样不仅减少了拣取时平均行走搬运的距离，也缩短了重复寻找储位的时间，进而提高了拣货效率。

（4）分类。若采用订单分批策略，随后必须有相配合的分类策略，在拣取的同时将货物分类到各订单中，或者按合计总量拣取后，再进行集中分类。

2. 配货作业

货物配送是一件很复杂、工作量很大的活动，尤其是在用户多、所配品种规格多、需求批量小、需要频度又很高时，就必须在很短时间内完成配货作业。在某种程度上，配货作业决定着配送企业的服务质量及经济效益，可以看成是配送的关键环节。图5—2—2所示为配货作业流程。

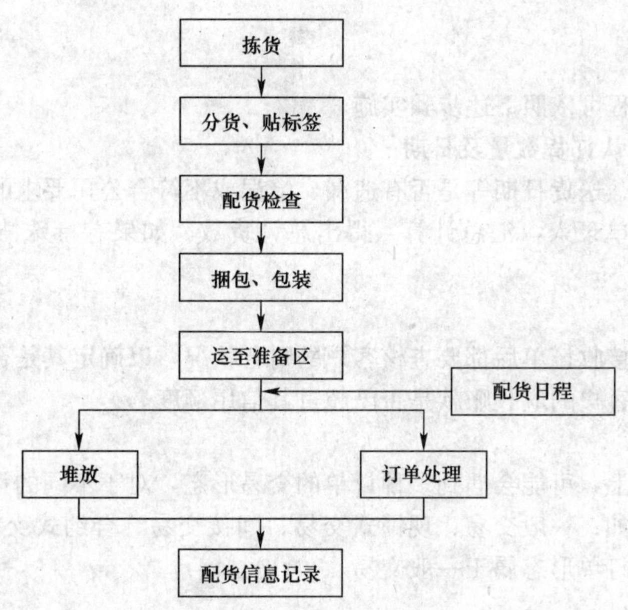

图5—2—2　配货作业流程图

（1）分货及贴标签。分拣作业完成以后，配货作业首先要对分拣出来的货物根据用户或配送路线进行分类，集中放置在集货暂存区。如果在拣货的同时已经完成了分货，这一步可以省略。分货的方法主要有人工分货以及自动分类机分货。分货完毕后可以把印有客户名称、地点、所需商品、数量等信息的标签贴于配货的货箱上。贴标签工作也可以根据需要在分拣货物的同时操作。

（2）配货检查。分货后需要进行配货检查，以保证发运前的货物品种、数量、质量无误。配货检查比较原始的方法是人工检查，也就是人工点数、查看货物外观质量等。为了提高人工检查的效率，可以将货物有规律放置，如进行“五五码放”等以便于清点；或者采用称重的方法，先称出货物总质量，再对照货物的单位质量，计算并核对配货数量；还可以采用抽查的技术。随着信息技术的发展，现在还可以通过应用一些信息技术来进行配货检查，如通过扫描货物上的条码、应用语音输入技术等进行配货检查。

（3）包装、打捆。包装、打捆是配货作业中一项重要的内容，可以保护货物，提高运输效率，便于配送到户以及客户识别各自的货物等。配货作业中的包装主要是指物流包装，其主要作用是为了保护货物并将多个零散包装的物品放入大小合适的箱子中，以实现整箱集中装卸、成组化搬运等，同时减少搬运次数，降低货损，提高配送效率。另外，包装也是产品信息的载体，通过在外包装上书写产品名称、原料成分、质量、生产日期、生产厂家、产品条形码、储运说明等，可以便于客户和配送人员识别产品，进行货物的装运。通过扫描包装上的条形码还可以进行货物跟踪，根据包装上的装卸搬运说明可以指导配送人员对货物进行正确的操作。

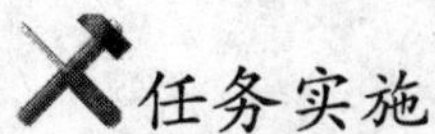

任务实施

该任务的作业流程可依照下述步骤实施。

1. 接受订单，确认订货数量及日期

检查品名、数量、送货日期等是否有遗漏、笔误或不符合公司要求的情形。然后根据客户原始订单，进行订单录入，汇总计算，得出总订货数。如果有特殊情况，应及时与客户沟通。

2. 客户信用确认

不论何种订单，接收订单后都要查核客户的财务状况，以确定其是否有能力支付该订单的账款。通常是检查客户的应收账款是否已超过其信用额度。

3. 确认定单形态

在接受订货业务上，可能会遇到多种订单的交易形态，对于不同的订单形态应采取不同的交易及处理方式。如：一般交易、现销式交易、间接交易、合约式交易、寄库式交易等。在本次实训任务中，订单形态属于一般交易。

4. 确认订货价格

不同的客户、不同的订货量，可能有不同的价格，输入价格时系统应加以检核。

5. 加工包装确认

对于客户订购的商品，应确定是否有特殊的包装、分装或贴标等要求，或者是否有相关赠品的包装等。

6. 设定订单号码

每一订单都要有其单独的订单号码，号码由控制单位或成本单位指定，除了便于计算成本外，还可用于制造、配送等一切有关工作，如用于工作说明单及进度报告。

7. 建立客户档案，客户档案的内容一般包括

客户名称、代号、等级状态；客户信用度；客户销售付款及折扣率的条件；开发或负责此客户的业务员；客户配送区域；客户收账地址；客户点配送路径的顺序；客户点适合的车辆形态；客户点的下货特征；客户的配送要求；过期订单指示。

8. 存货查询和存货分配

存货查询的目的在于确认库存是否能满足客户需求。若缺货则应提供商品资料或此商品的已采购未入库信息，以便于接单人员与客户进行协调，从而提高接单率及接单处理效率。

分配存货时可以采用单一订单分配及批次分配两种。

9. 计算拣取的标准时间

计算拣取的标准时间是为了有计划地安排出货时间。

10. 依订单排定出货时间及拣货顺序

通常会依客户需求、拣取标准时间及内部工作负荷来拟定。

11. 分配后存货不足情况处理

对于现有货物数量无法满足客户需求，客户又不愿以替代品替代的情况，应按照客户意愿与公司政策来决定应对方式。具体可采取的处理方法有：重新调拨、不送、延迟交货、取消订单、删除不足额订单。

12. 订单资料处理输出

订单资料经上述处理后，即可开始打印出货单据：拣货单和送货单。拣货单用于指示商品出库，作为拣货的依据；送货单是用于客户签收和确认出货资料的凭证。

13. 按订单供货

按订单供货是整个订货处理过程中最复杂的部分。注意确定供货优先等级的标准，可以参考以下原则：

（1）按接收订单的时间先后处理。

（2）处理时间最短的先处理。

（3）批量最小的、最简单的订单先处理。

（4）按预先设定的顾客优先等级处理。

（5）按向顾客承诺的到货日期先后进行处理。

（6）离承诺到货日期时间最近的先处理。

14. 订单处理状态跟踪

总结：在本次实训任务中，大米、白面、色拉油及火腿肠都有库存，而且可以满足订单需求，但是其他物资没有存货，需要及时采购，以满足供应。等所有订单物资集满后，进行统一分拣，完成配送活动。

思考与练习

1. 简述订单处理的一般流程。

2. 接受订单的方式有哪些？

3. 简述进货作业的一般步骤。

4. 简述拣货作业的基本流程。

任务3 配送运输积载技术

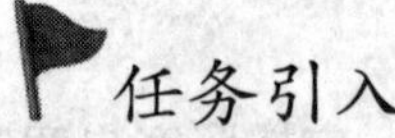

任务引入

某物流配送有限公司决定用一辆载重5 t的卡车送运两种不同的商品给同一个客户，这两种商品分别是彩电、冰箱，其质量分别是1 t和3 t，其对应的单位价值量是6和4。如何配装，才能充分利用货车的运载能力以达到装载价值最大化。

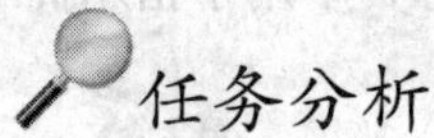

任务分析

该项任务属于配送运输的车辆积载技术。首先要明确配送运输通常是一种短距离、小批量、高频率的运输形式，它以服务为目标，尽可能满足客户要求；车辆积载技术作为配送合理化的重要措施之一，正确合理的积载可以提高车辆在容积和载货两方面的装载效率，进而提高车辆运能运力的利用率，降低配送运输成本。在具体积载过程中，要明确在具体环境中哪些因素会影响到积载效率，如货物特性、包装情况、是否能拼装等；并且需要遵循一定的积载原则。类似的案例实践中有很多，要想顺利圆满地进行处理，应深入学习配送运输的积载技术。

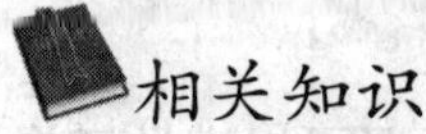

相关知识

一、配送运输概述

1. 概念

配送运输是指将顾客所需要的货物通过运输工具从供应点送至顾客手中的活动。其间可能是从工厂等生产的仓库直接送至客户，也可能通过批发商、经销商或由配送中心、物流中心转送至客户手中。配送运输通常是一种短距离、小批量、高频率的运输形式。如果单从运输的角度看，它是对干线运输的一种补充和完善，属于末端运输、支线运输。它以服务为目标，以尽可能满足客户要求为优先。

2. 影响配送运输的因素

影响配送运输效果的因素很多。动态因素，如车流量变化、道路施工、配送客户的变动、可供调动的车辆变动等；静态因素，如配送客户的分布区域、道路交通网络、车辆运行限制等。各种因素互相影响，很容易造成送货不及时、配送路径选择不当、贻误交货时间等问题。因此，对配送运输的有效管理极为重要，否则不仅影响配送效率和信誉而且将直接导致配送成本的上升。

3. 配送运输的特点

（1）时效性。时效性即确保在客户指定的时间内交货，这是客户最基本也是最重要的要求，也是配送运输服务性最直接的体现。配送运输是从客户到交货的最后环节，也是最容易引起时间延误的环节。影响时效性的因素有很多，除配送车辆故障外，所选的配送线路不当、中途客户卸货不及时等均会造成时间上的延误，因此，必须在认真分析各种因素的前提下，用系统化的思想和原则，有效协调，综合管理，合理地选择配送线路、配送车辆和送货人员，使每位客户在其所期望的时间能收到所期望的货物。

（2）安全性。配送运输的宗旨是将货物完好无损地送到目的地。影响安全性的因素有货物在装卸作业、运送过程中的机械震动和冲击及其他事故、客户地点及作业环境、配送人员的素质等，因此，在配送运输管理中必须坚持安全性的原则。

（3）沟通性。配送运输是配送的末端服务，通过送货上门服务直接与客户接触，代表着公司形象。所以，必须充分利用配送运输活动中与客户沟通的机会，巩固和发展公司的信誉，为客户提供更优质的服务。

（4）方便性。配送以服务为目标，以最大限度地满足客户要求为优先，因此，应尽可能地让顾客享受到便捷的服务。通过采用高弹性的送货系统，如紧急送货、顺道送货与退货、辅助资源回收等，为客户提供真正意义上的便利服务。

（5）经济性。实现一定的经济利益是企业运作的基本目标，因此，对合作双方来说，以较低的费用，完成配送作业是企业建立双赢机制加强合作的基础。所以客户的要求不仅是高质量、及时方便的配送服务，还必须提高配送运输的效率，加强成本控制与管理，为客户提供优质、经济的配送服务。

二、配送运输的基本作业程序

1. 划分基本配送区域

为使整个配送有一个可循的基本依据，应首先将客户所在地的具体位置做一系统统计，并将其在作业区域上进行整体划分，将每一客户划分到不同的基本配送区域之中，以作为下一步决策的基本参考。如，按行政区域或依交通条件划分不同的配送区域，在这一区域划分的基础上再作弹性调整来安排配送。

2. 车辆配载

由于配送货物品种、特性各异，为提高配送效率，确保货物质量，在接到订单后，首先必须将货物依特性进行分类，然后分别选取不同的配送方式和运输工具，如按冷冻食品、速食品、散装货物、箱装货物等分类配载；其次，配送货物也有轻重缓急之分，必须按照先急后缓的原则，合理组织运输配送。

3. 暂定配送先后顺序

在考虑其他影响因素，做出确定的配送方案前，应先根据客户订单要求的送货时间将配送的先后作业次序作一概括的预订，为后面车辆积载做好准备工作。计划工作的目的，是为了保证达到既定的目标，所以，预先确定基本配送顺序可以既有效地保证送货时间，又尽可能地提高运作效率。

4. 车辆安排

车辆安排要解决的问题是安排什么类型、吨位的配送车辆进行最后的送货。一般企业拥有的车辆型号有限，车辆数量亦有限，当本公司车辆无法满足要求时，可使用外雇车辆。在保证配送运输质量的前提下，是组建自营车队，还是以外雇车为主，则需视经营成本而定。

但无论自用车辆还是外雇车辆，都必须事先掌握有哪些车辆可以供调派并符合要求，即这些车辆的容量和额定载重是否满足要求；其次，安排车辆之前，还必须分析订单上货物的信息，如：体积、质量、数量等对于装卸的特别要求等，综合考虑各方面因素的影响之后，做出最合适的车辆安排。

5. 选择配送线路

知道了每辆车负责配送的具体客户后，如何以最快的速度完成对这些货物的配送，即如何选择配送距离短、配送时间短、配送成本低的线路，这需要根据客户的具体位置、沿途的交通情况等做出优先选择和判断。除此之外，还必须考虑有些客户或其所在地的交通环境对送货时间、车型等方面的特殊要求，如有些客户不在中午或晚上收货，有些道路在高峰期实行特别的交通管制等。

6. 确定最终的配送顺序

做好车辆安排及选择最好的配送线路后，依据各车负责配送的具体客户的先后，即可将客户的最终派送顺序加以明确的确定。

7. 完成车辆积载

明确了客户的配送顺序后，接下来就是如何将货物装车，以什么次序装车的问题，即车辆的积载问题。原则上，知道了客户的配送顺序后，只要将货物依“后送先装”的顺序装车即可。但有时为了有效利用空间，可能还要考虑货物的性质（怕震、怕压、怕撞、怕湿）、形状、体积及重量等做出弹性调整。此外，对于货物的装卸方法也必须依照货物的性质、形状、重量、体积等来做具体决定。

三、配送运输合理化

在组织配送运输的过程中，往往会出现不合理运输。比如在各运输方式间或在同一运输方式线路上，发生相同或可替代产品的对流或相向运输、重复运输以及过远运输、迂回运输和违反各种运输合理分工原则，而造成不必要的货物周转或装卸工作量，浪费运力，增加运输费用的运输。合理化运输的五个要素包括：

1. 运输距离

运输里程的远近，是判断运输合理与否的最基本因素。应尽可能就近运输，避免舍近求远，浪费运输吨公里。要尽量避免过远、迂回运输。

2. 运输环节

围绕着运输业务活动，还要进行装卸、搬运、包装等工作，多一道环节，需多花费很多劳动。因此，应尽量组织直达、直拨运输，消除一切不必要的中间环节，尽可能减少二次运输。

3. 运输工具

要根据不同货物的特点，发挥各种运输工具的优势，最大限度地发挥运输工具的特点和作用。同时还要不断提高装载技术。

4. 运输时间

“时间就是金钱，速度就是效益”。运输不及时，容易失去销售机会，造成商品积压或脱销，尤其是国际贸易市场瞬息万变，时间的节省尤其重要。因此，应加速运输工具的周转，充分发挥运力效能，提高运输线路的通过能力。

5. 运输费用

运费是衡量运输经济效益的一项重要指标，也是组织合理运输的主要目的之一。运输费用的高低，不仅关系到企业的经济效益，影响到商品的销售成本，同时也会影响到整个物流系统的竞争能力。

以上五个要素，既相互联系，又相互影响，有时甚至是矛盾的。这就要求运输部门进行综合比较分析，选择最佳运输方案。在通常情况下，运输时间短、运输费用省，是考虑合理运输的两个主要因素，它主要体现了运输的经济效益。

四、车辆积载技术

1. 影响配送车辆积载的因素

（1）货物特性因素。如轻泡货物，由于车辆容积的限制和运行限制（主要是超高），而无法满足车辆运输吨位，造成吨位利用率降低。

（2）货物包装情况。如车厢尺寸不与货物包装容器的尺寸成整倍数关系，则无法装满车厢。如货物宽度为 80 cm，车厢宽度为 220 cm，将会剩余 60 cm。

（3）不能拼装运输。应尽量选派核定吨位与所配送的货物重量接近的车辆进行运输。而有些货物比如危险品，按有关规定必须减载运行才能保证安全。

（4）由于装载技术的原因，造成不能装足吨位。

2. 车辆积载的原则

（1）轻重搭配的原则。车辆装货时，必须将重货置于底部，轻货置于上部，避免重货压坏轻货，并使货物重心下移，从而保证运输安全。

（2）大小搭配的原则。货物包装的尺寸有大有小，为了充分利用车厢的内容积，可在同一层或上下层合理搭配不同尺寸的货物，以减少箱内的空隙。

（3）货物性质搭配原则。拼装在一个车厢内的货物，其化学性质、物理属性不能互相抵触。如不能将散发臭味的货物与具有吸臭性的食品混装；不能将散发粉尘的货物与清洁货物混装。

（4）到达同一地点的适合配装的货物应尽可能一次积载。

（5）确定合理的堆码层次及方法。可根据车厢的尺寸、容积，货物外包装的尺寸来确定。

（6）装载时不允许超过车辆所允许的最大载重量。

（7）装载易滚动的卷状、桶状货物，要垂直摆放。

（8）货与货之间，货与车辆之间应留有空隙并适当衬垫，以防止货损。

（9）装货完毕，应在门端处采取适当的稳固措施，以防开门卸货时，货物倾倒造成货损。

（10）尽量做到“后送先装”。

3. 提高车辆装载效率的具体办法

（1）研究各类车厢的装载标准，根据不同货物和不同包装体积的要求，合理安排装载顺序，努力提高装载技术和操作水平，力求装足车辆核定吨位。

（2）根据客户所需要的货物品种和数量，调派适宜的车型承运，这就要求配送中心根据经营商品的特性，配备合适的车型结构。

（3）凡是可以拼装运输的，尽可能拼装运输，但要注意防止差错。

厢式货车有确定的车厢容积，车辆的载货容积为确定值。设车厢容积为V，车辆载重量为W。现要装载质量体积为R_a、R_b的两种货物，使得车辆的载重量和车厢容积均被充分利用。

设：两种货物的配装重量为W_a、W_b

$$\begin{cases} W_a+W_b=W \\ W_a\times R_a+W_b\times R_b=V \end{cases}$$

$$W_a=\frac{V-W\times R_b}{R_a-R_b}$$

$$W_b=\frac{V-W\times R_a}{R_b-R_a}$$

例：某仓库某次需运送水泥和玻璃两种货物，水泥质量体积为0.9m³/t，玻璃质量体积为1.6 m³/t，计划使用的车辆的载重量为11 t，车厢容积为15 m³。试问如何装载能使车辆的载重量能力和车厢容积都被充分利用?

设：水泥的装载量为W_a，玻璃的装载量为W_b。

其中：$V=15\ m^3$，$W=11\ t$，$R_a=0.9\ m^3/t$，$R_b=1.6\ m^3/t$

$$W_a=\frac{V-W\times R_b}{R_a-R_b}=\frac{15-11\times 1.6}{0.9-1.6}=3.71\ t$$

$$W_b=\frac{V-W\times R_a}{R_b-R_a}=\frac{15-11\times 1.6}{1.6-0.9}=7.29\ t$$

则：该车装载水泥3.71 t，玻璃7.29 t时车辆达到满载。

通过以上计算可以得出两种货物的搭配使车辆的载重能力和车厢容积都得到充分的利用。但是其前提条件是：车厢的容积系数介于所要配载货物的容重比之间。如所需要装载的货物的质量体积都大于或小于车厢容积系数，则只能是车厢容积不满或者不能满足载重量。当存在多种货物时，可以将货物比重与车辆容积系数相近的货物先配装，剩下两种最重和最轻的货物进行搭配配装。或者对需要保证数量的货物先足量配装，再对不定量配送的货物进行配装。

五、配送车辆装载与卸载

1. 装卸的基本要求

装载卸载总的要求是省力、节能、减少损失、快速、低成本。

（1）装车前应对车厢进行检查和清扫。因货物性质不同，装车前需对车辆进行清洗、消毒，必须达到规定要求。

（2）确定最恰当的装卸方式。在装卸过程中，应尽量减少或根本不消耗装卸的动力，利用货物本身的重量进行装卸。如利用滑板、滑槽等。同时应考虑货物的性质及包装，选择最适当的装卸方法，以保证货物的完好。

（3）合理配置和使用装卸机具。根据工艺方案科学地选择并将装卸机具按一定的流程合理地布局，以达到搬运装卸的路径最短。

（4）力求减少装卸次数。物流过程中，发生货损货差的主要环节是装卸，而在整个物流过程中，装卸作业又是反复进行的，从发生的频数来看，装卸环节造成的货损货差超过其他环节。装卸作业环节不仅不增加货物的价值和使用价值，反而有可能增加货物破损的几率和延缓整个物流作业速度，从而增加物流成本。

(5) 防止货物装卸时的混杂、散落、漏损、砸撞。特别要注意有毒货物不得与食用类货物混装，性质相抵触的货物不能混装。

(6) 装车的货物应数量准确，捆扎牢靠，做好防丢措施；卸货时应清点准确，码放、堆放整齐，标志向外，箭头向上。

(7) 提高货物集装化或散装化作业水平。成件货物集装化，粉粒状货物散装化是提高作业效率的重要手段。所以，成件货物应尽可能集装成托盘系列、集装箱、货捆、货架、网袋等货物单元再进行装卸作业。各种粉粒状货物尽可能采用散装化作业，直接装入专用车、船、库。不宜大量化的粉粒状也可装入专用托盘、集装箱、集装袋内，提高货物活性指数，便于采用机械设备进行装卸作业。

(8) 做好装卸现场组织工作。装卸现场的作业场地、进出口通道、作业流程、人机配置等布局设计应合理，使现有的和潜在的装卸能力充分发挥或发掘出来。避免由于组织管理工作不当造成装卸现场拥挤、紊乱现象，以确保装卸工作安全顺利完成。

2. 装卸的工作组织

货物配送运输工作的目的在于不断谋求提高装卸工作质量及效率、加速车辆周转、确保物流效率。因此，除了强化硬件之外，在装卸工作组织方面也要给予充分重视，做好装卸组织工作。

(1) 制定合理的装卸工艺方案。用“就近装卸”方法或用“作业量最小”法。在进行装卸工艺方案设计时应该综合考虑，尽量减少“二次搬运”和“临时放置”，使搬运装卸工作更合理。

(2) 提高装卸作业的连续性。装卸作业应按流水作业原则进行，工序间应合理衔接，必须进行换装作业的，应尽可能采用直接换装方式。

(3) 装卸地点相对集中或固定。装载、卸载地点相对集中，便于装卸作业的机械化、自动化，可以提高装卸效率。

(4) 力求装卸设施、工艺的标准化。为了促进物流各环节的协调，就要求装卸作业各工艺阶段间的工艺装备、设施与组织管理工作相互配合，尽可能减少因装卸环节造成的货损货差。

3. 装车堆积

装车堆积是在具体装车时，为充分利用车厢载重量、容积而采用的方法。一般是根据所配送货物的性质和包装来确定堆积的行、列、层数及码放的规律。

(1) 堆积的方式。堆积的方式有行列式堆码方式和直立式堆码方式。

(2) 堆积应注意的事项

1) 堆码方式要有规律、整齐。

2) 堆码高度不能太高。车辆堆装高度一是受限于道路高度限制；二是道路运输法规规定，如大型货车的高度从地面起不得超过 4 m，载重量 1 000 kg 以上的小型货车不得超过 2.5 m；载重量 1 000 kg 以下的小型货车不得超过 2 m。

3) 货物在横向不得超出车厢宽度，前端不得超出车身。后端不得超出车厢的长度为：

大货车不超过 2 m，载重量 1 000 kg 以上的小型货车不得超过 1 m，载重量 1 000 kg 以下的小型货车不得超过 50 cm。

4）堆码时应重货在下，轻货在上；包装强度差的应放在包装强度好的上面。

5）货物应大小搭配，以利于充分利用车厢的载容积及核定载重量。

6）按顺序堆码，先卸车的货物后码放。

4. 绑扎

绑扎是配送发车前的最后一个环节，也是非常重要的环节。是在配送货物按客户订单全部装车完毕后，为了保证货物在配送运输过程中的完好，以及为避免车辆达到各客户点卸货开箱时发生货物倾倒，而必须进行的一道工序。

任务实施

完成上述任务需要操作的相关步骤如下。

（1）根据运输工具的内径尺寸，计算出其最大的容积量。

（2）测量所载货物的尺寸重量，结合运输工具的尺寸，初步算出装载轻重货物的比例。

（3）手工计算配载法。简单的配载可以用手工计算。例如，需配送两种货物，货物 A，容重是 $A_{容}$，单件货物体积是 $A_{体}$；货物 B，容重是 $B_{容}$，单件货物体积是 $B_{体}$，车辆的载重量是 K 吨，最大容积是 V（m^3），计算最佳的配载方案。

考虑到货物 A 和 B 尺寸组合和车辆内部尺寸的不完全对等等客观因素，设车辆有效容积是 $V\times90\%$（m^3），计算最佳的配载方案。

设装入数量 X_A的货物 A 和数量 Y_B的货物 B 后，即可以满载同时达到有效容积，建立等式如下：

$$X_A\times A_{体}+Y_B\times B_{体}=V\times90\%$$

$$X_A\times A_{体}\times A_{容}+Y_B\times B_{体}\times B_{容}=K$$

求得的 X_A和 Y_B的整数值即为配载的数量，然后考虑卸货的先后，合理安排货物的装载。

（4）装车时的注意事项

1）装车时注意货物的摆放顺序、堆码时的方向，是横摆还是竖摆，要最大限度地利用车厢的空间。

2）重货不能压轻货，大件货物不能压小件货物。

3）注意运输工具的承重位置，不能偏重，或者重心偏向。

4）注意附加值高的货物的装载位置，要相对保护起来。

5）液态物质要注意其包装的密封性并采取隔离措施。

6）怕压、易碎、易变形的产品，在装载时要采取防护措施。

思考与练习

1. 配送运输的特点是什么？

2. 配送运输的基本程序是什么？

3. 配送运输合理化的五个要素是什么？

4. 简述车辆积载的原则。

5. 装载和卸载的要求是什么？

任务 4　车辆调度与路线优化

任务引入

某配送中心通过配送订货信息系统接到了客户的订单，配送中心 P_0 向 5 个用户 P_j（$j=1, 2, \cdots, 5$）配送货物，其配送路线网络、配送中心与用户的距离以及用户之间的距离如图 5—4—1 与表 5—4—1 所示。图中括号内的数字表示客户的需求量（单位：t），线路上的数字表示两结点之间的距离，配送中心有三台 2 t 卡车和两台 4 t 卡车可供使用，并已知卡车行驶的速度平均为 40 km/h。为了尽量缩短路线，配送物流部经理要求规划出最短路线。试比较优化后的方案比单独向各用户分送可节约多少时间？

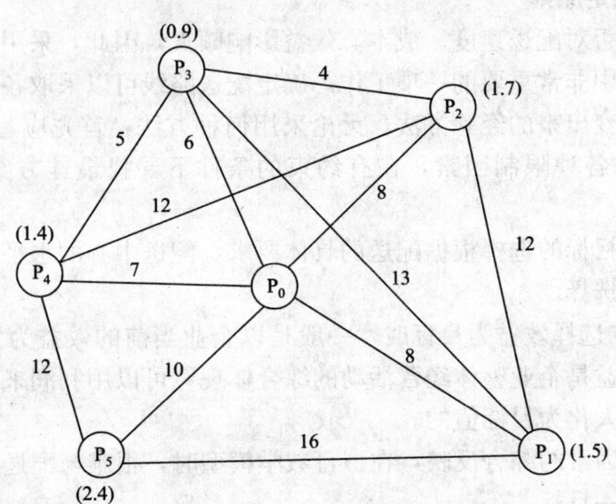

图 5—4—1　配送路线网络

表 5—4—1　　配送中心与用户的距离以及用户之间的距离

需要量	P_0					
1.5	8	P_1				
1.7	8	12	P_2			
0.9	6	13	4	P_3		
1.4	7	15	9	5	P_4	
2.4	10	16	18	16	12	P_5

任务分析

配送路线是否合理对配送速度、成本、效益影响很大，因此，采用科学的方法确定合理的配送路线是非常重要的一项工作。该任务涉及多个品种、多个用户、多辆车，且各种车的装载量不同，所以，需要认真制订配送计划，实现科学组织、合理调配资源，达到既满足用户要求又实现总费用最省、车辆充分利用、效益最好的目的。

对于配送中心最佳路线的规划方法，大部分企业使用节约里程法。最佳配送路线应是车辆高效率运行而且所需车辆最少、运距最短、所需时间最少、配送成本最低的路线。同时，配送路线还要满足所有用户的需求；各配送路线的货物量不得超过车辆的限载量；必须按配送计划所制定的时刻表进行配送，不得超过规定时间。在学习车辆调度与配送路线优化的相关知识后就可顺利解决上述任务了。

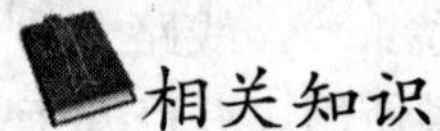

相关知识

一、配送路线的确定

1. 配送路线的确定原则

配送路线合理与否对配送速度、成本、效益影响颇大，因此，采用科学合理的方法确定配送路线是配送活动中非常重要的一项工作。确定配送路线可以采取各种数学方法和在数学方法基础上发展和演变出来的经验方法。无论采用何种方法，首先应建立试图达到的目标，再考虑实现此目标的各种限制因素，在有约束的条件下寻找最佳方案，实现试图达到的目标。

（1）确定目标。目标的选择根据配送的具体要求，配送中心的水平、实力及客观条件而定，可以有以下多种选择。

1）效益最高。在选择效益为目标时，一般是以企业当前的效益为主要考虑因素，同时兼顾长远的效益。效益是企业整体经营活动的综合体现，可以用利润来表示，因此，在计算时是以利润的数值最大化为目标值的。

由于效益是多种因素的综合反映，在拟订数学模型时，很难与配送路线之间建立函数关系，一般很少采用这一目标。

2）成本最低。计算成本比较困难，但成本和配送路线之间有密切关系，在成本对最终效益起决定作用时，选择成本最低为目标实际上就是选择了效益为目标，但却有所简化，比较实用，因此是可以采用的。

3）路程最短。如果成本和路程相关性较强，而和其他因素是微相关的，可以采取路程最短的目标，不仅可以大大简化计算，而且也可以避免许多不易计算的影响因素。需要注意的是，有时候路程最短并不见得成本就最低，如果道路条件、道路收费影响了成本，单以最短路程为最优解则不合适。

4）吨公里最小。吨公里最小时常作为长途运输的目标，在多个发货站和多个收费站且又是整车发到的情况下，选择吨公里最小为目标可以取得满意的结果。而在选择配送路线的一般情况下则是不适用的，而在采取共同配送方式时，也可考虑用吨公里最小为目标。

5）准时性最高。准时性是配送中重要的服务指标，以准时性为目标确定运送路线就是要将各用户的时间要求和路线先后到达的安排协调起来，但这样有时难以顾及成本问题，甚至需要牺牲成本来满足准时性要求。当然，在这种情况下成本也不能失控，应有一定限制。

6）运力利用最合理。在运力非常紧张，运力与成本或效益又有一定相关关系时，为节约并充分运用现有运力，不外租车辆或新购车辆，此时也可以运力安排为目标，确定配送路线。

7）劳动消耗最低。在实际工作中以油耗最低、司机人数最少、司机工作时间最短等劳动消耗为目标确定配送路线的方法也有所应用，这主要是在特殊情况下（如供油异常紧张、油价非常高、意外事故引起人员减员、某些因素限制了配送司机人数等）必须选择的目标。

（2）确定配送路线的约束条件。以上目标在实现时都受到许多条件的约束，必须在满足这些约束条件的前提下取得成本最低或吨公里最小的结果。对于一般的配送，约束条件有以下几项：

1）满足所有收货人对货物品种、规格、数量的要求。

2）满足收货人对货物发到时间范围的要求。

3）在交通管制允许通行的时间（如城区公路白天不允许货车通行）中进行配送。

4）各配送路线的货物量不得超过车辆容积及载重量的限制。

5）在配送中心现有运力允许的范围之中。

2. 确定配送路线的方法

（1）方案评价法。当对配送路线的影响因素较多，难以用某种确定的数学关系表达时，或难以以某种单项依据评定时，可以采取对配送路线方案进行综合评定的方法。使用综合评定方法以确定最优方案的步骤如下。

1）拟订配送路线方案。首先以某一项较为突出和明确的要求作为依据，例如以某几个点的配送准时性，或司机习惯行驶路线等拟订出几个不同方案，方案要求提出路线发、经地点，车型等具体参数。

2）对各方案引发的数据进行计算，如配送距离、配送成本、配送行车时间等数据的计算，并作为评价依据。

3）确定评价项目。决定从哪几方面对各方案进行评价，如动用车辆数、司机数、油耗、总成本、行车难易、准时性、装卸车难易等方面，都可做评价依据。

4）对方案进行综合评价。

（2）数学计算法。可以利用经济数学模型进行数量分析。例如，可以应用线性规划的数学模型求解最佳方案。

（3）节约里程法。在实际工作中有时只需求近似解，不一定求得最优解，在这种情况下可采用节约里程法。

3. 节约里程法简介

在配送路线的设计中，当由一个配送中心向多个客户进行共同送货，在同一条线路上的所有客户的需求量总和不大于一辆车的额定载重量时，由这一辆车配装着所有客户需求的货物，按照一条预先设计好的最佳线路依次将货物送到每个客户手中，这样既可保证按需将货物及时交送，同时又能节约行驶里程，缩短整个送货时间，节约费用，客观上起到减少交通流量，缓解交通紧张的作用。在实际工作中有时只需求近似解，不一定求得最优解，在这种情况下，可采用节约里程法来进行配送路线设计。

（1）节约里程法基本原理。1964 年克拉克・怀特发表了制订配送计划的节约法论文，提出了如何从许多条可供选择的路径中，选出最佳配送路径的方法。这种方法的基本原理是几何学中三角形一边之长必定小于另外两边之和。如图 5—4—2 所示。

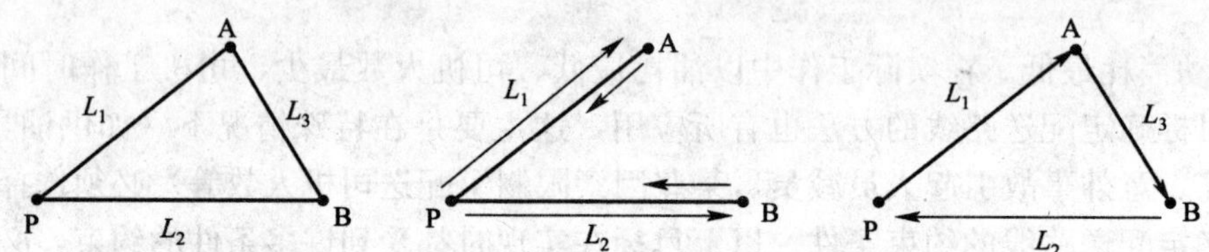

图 5—4—2　三角形一边之长小于另外两边之和

由配送中心 P 向两个用户 A、B 送货，P 至 A、B 的最短距离分别为 L_1 和 L_2，A、B 间的最短距离为 L_3。用户 A、B 对货物的需求量分别为 q_1 和 q_2。

当用两辆汽车分别对 A、B 两个用户所需货物，各自往返送货时，汽车直行总里程为：

$$L=2\times(L_1+L_2)$$

如果改为由一辆汽车向 A、B 两个用户巡回送货（设 $q_1+q_2<$ 汽车载重量），则汽车走行里程为：

$$L=L_1+L_2+L_3$$

后一种送货方案比前一种送货方案节约的汽车行走里程为：

$$L=2\times(L_1+L_2)-(L_1+L_2+L_3)=L_1+L_2-L_3$$

如果从图形上看，它等于三角形的两个邻边之和减去对边的差。

如果在配送中心 P 的供货范围内还存在着第 3，4，5，…，n 个用户，在汽车载重量允许的情况下，可将它们按节约量的大小依次连入巡回路线，直至汽车满载为止。余下的用户用同样的方法确定巡回路线，另外派车。

（2）节约里程法的注意事项

1）适用于有稳定客户群的配送中心。

2）各配送线路的负荷要尽量均衡。

3）实际选择线路时还要考虑道路状况。

4）要按照企业所具有的或可以获得的条件进行确定。

5）要考虑驾驶员的作息时间及客户要求的交货时间。

6）可利用计算机软件进行运算，直接生成结果。

二、车辆调度

车辆是在点多、面广、纵横交错、干支相连的运输网络中分散流动的，涉及多个部门、多个环节，工作条件较为复杂。这就需要建立一个具有权威性的组织指挥系统——车辆调度部门，进行统一领导、统一指挥，且能灵活地、及时地处理问题。

1. 车辆调度的基本原则

(1) 近点货集中装车。车辆的运送路线应将相互接近的停留点串联起来，以便停留点之间的运行距离最小化，才能使总的路线上的运行时间最小化。

图 5—4—3 所示为停留点串联图。从图中可以看出，图 a 由于各停留点串联起来之后，车辆的运行线路较长，因此不合理，应尽量避免；图 b 各停留点串联起来之后，车辆运行线路较图 a 短，较为合理，调度员应选择图 b 线路安排。

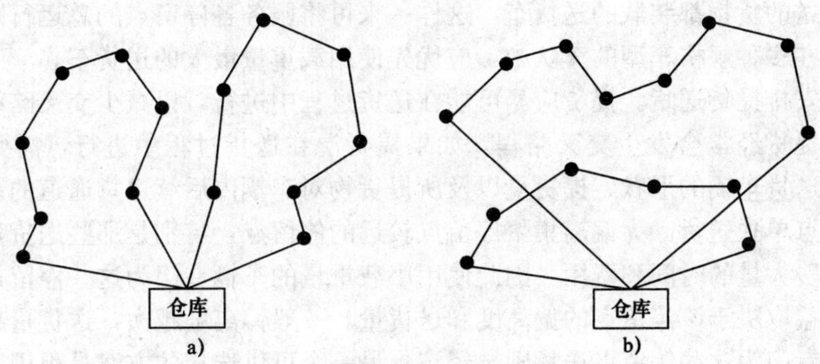

图 5—4—3 停留点串联图

(2) 聚集点集中送货。当停留点的送货时间是定在一周的不同天数进行时，应当将集聚在一起的停留点安排在同一天送货，以避免不是同一天送货的停留点在运行线路上重叠，这样有助于使所需的服务车辆数目最小化，以及一周中的车辆运行时间和距离最小化，如图 5—4—4 所示为同一天停留点集聚图。

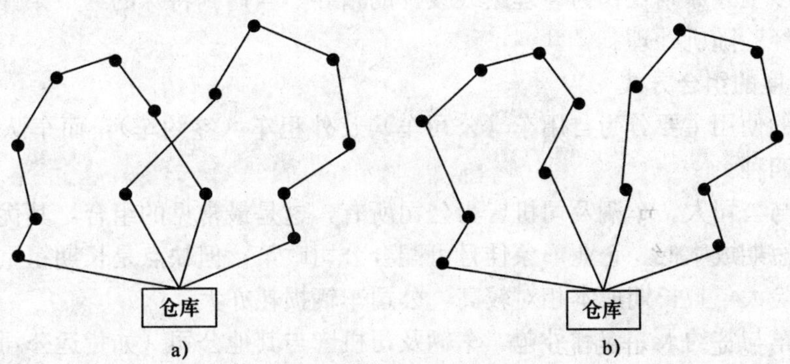

图 5—4—4 同一天停留点集聚图

从图 a 中可以看出，它在同一天送货的停留点运行线路上有一次交叉，出现不是同一天送货的停留点在运行线路上的重叠，因此不合理，应尽量避免；图 b 中的各停留点串联起来之后，运行线路上无交叉显现，较为合理。

(3) 就远点集中装车。合理的运行路线应从离仓库最远的停留点开始，将该集聚区的停留点串联起来，然后返回仓库。一旦确认了最远的停留点后，送货车辆应满载贴近这个关键停留点的一些停留点的货物。这辆货车满载后，再选择另一个最远的停留点，用另一辆货车满载贴近第二个最远停留点的一些停留点的货物，按此程序进行下去，直至所有停留点的货物都分配给运货车辆。这样可使最远集聚区的停留点得以优先妥善安排，以确保服务的重点和难点。

（4）送货路线呈凸状。运货车辆顺序途经各停留点的路线不应交叉，并应该呈凸状。在实际运行中有时候路线交叉往往不可避免，如停留点工作时间的约束和在停留点送货后再提货的要求往往会导致线路交叉。

（5）有效选择送货车辆。在运输货物时，最好是使用一辆载重量大到能将路线上所有停留点所要求运送的货物都装载的送货车，这样一来可将服务各停留点的总运行距离或时间最小化。因此，在多种规格车型的车队中，应优先使用载重量最大的送货车。

（6）合理安排提货送货。提货应尽可能在送货过程中进行，以减少交叉路程量，在送货结束后再进行提货经常会发生交叉路程。如果提货混在送货过程中进行，需要做到合理安排，这取决于送货车辆的形状、提货量以及所提货物对车辆内后续送货通道的影响程度。

（7）偏远点单独送货。为偏离集聚停留点较远的停留点，特别是那些送货量小的停留点送货一般要花费大量的时间和费用，因此使用小载重量的车辆专门为这些停留点送货是经济的，其经济效益取决于该停留点的偏离度和送货量。一般偏离度越大，送货量越小，使用小载重量的车辆专门为这些停留点送货则越经济。另一个可供选择的方案是租用车辆为这些停留点送货，也能获得同样的经济效果。

（8）调整接货点工作时间。停留点工作时间太短常会迫使途经停留点的顺序偏离理想状态。由于停留点的工作时间约束一般不是绝对的，如果停留点的工作时间确实影响到合理的送货路线，则可以与停留点商量，调整其工作时间或放宽其工作时间约束。

正确地利用上述原则能使调度人员制定出满意（不一定必须是最优的）、现实、包容的送货路线，所以上述原则仅作为合理路线设计的指导。当调到特殊的约束条件时，调度人员要根据自己的经验随机处理。

2. 车辆调度的组合方式

配送车辆的使用主要分为自用车（公司车）及外租车（签约车），而车队的组合方式又可区分为以下四种。

（1）公司与公司人。车辆及司机皆为公司所有，这是最常见的组合。其优点在于：配送品质易掌握、短期成本低、企业形象佳且可配合公司政策；但缺点是长期粗重工作致使司机流动率大、风险大，且长期成本相对较高，公司车辆损耗亦大。

（2）签约车与签约人。俗称外包，车辆及司机皆与其他公司（如货运公司）签约，亦即车辆及司机皆为他公司所拥有。此情形已渐被企业采用，其优点在于可将风险转嫁，无车辆维修问题，且外包公司配送效率高，愿接受高难度工作；但缺点是配送品质较难控制，且外包公司常会“斤斤计较”，也会使得管理成本增加。

（3）公司车与签约人。车辆为公司的自用车，司机是向其他公司签约聘雇。此方式为社会多元化的产物，签约人等于是兼职人员，其代配费用以计时、计次或计件来计算。主要优点为可部分转嫁风险，配送效率高，也可接受较高难度的工作，且其性质类似本公司员工，管理成本较低；但缺点仍是配送品质较难控制。

（4）签约车与公司人。车辆是向其他公司签约租借，但司机为公司内的员工。此方式系属季节性或偶发性的要求，当运量突增或不可预测因素造成车辆不足时，公司即会考虑以租车方式来解决。

而为风险考量，外租签约车又有以下两种形式可供选择，个人型和公司型。个人型一般是全家出动协助配送，此形式的外租车并不订合约，因而风险较大，但费用上较便宜。公司型一般为有制度的租车公司，因而可与之签订契约，合作上相对无风险，但费用较个人型偏高。

三、车辆调度方法

车辆调度的方法有多种，可根据客户所需货物、配送中心站点及交通线路的布局不同而选用不同的方法。调度人员必须掌握驾驶员、装卸工人和货物、道路、桥涵、车辆、装卸机械、天气等有关情况，据此编制汽车运行作业计划，进行调度。

1. 表上作业法

运输问题是线性规划最早研究的问题，也是与交通运输行业密切相关的问题，其表述如下：

设某类物资有 m 个配送中心地（产地）A_1，A_2，…，A_m，其供给（产）量分别为 a_1，a_2，…，a_m；有 n 个客户（销地）B_1，B_2，…，B_n，其需求（销）分别是 b_1，b_2，…，b_n，其供需平衡（$\sum_{i=1}^{m} a_i \sum_{j=1}^{n} b_j$）。已知单位物资从 A_i 运到 B_j 的运价为 C_{ij}（$i=1$，2，…，m；$j=1$，2，…，n）。试求使总运费最小的调运方案。

先建立其数学模型。设：x_{ij} 为从 A_i 调运到 B_j 的物资数量（$i=1$，2，…，m；$j=1$，2，…，n）则有 $\min \sum_{i=1}^{m} \sum_{j=1}^{n} C_{ij} X_{ij}$。

$$\begin{cases} \sum_{i=1}^{m} X_{ij} = a_i, i = 1,2\cdots,m \\ \sum_{i=1}^{n} X_{ij} = b_j, j = 1,2\cdots,n \end{cases}$$

$$X_{ij} \geqslant 0，i=1，2，\cdots，m；j=1，2，\cdots，n$$

显然这是一个线性规划问题，由于此问题结构比较特殊，通常均采用比较简单的表上作业法求解，下面通过一个运输问题的例子说明表上作业法的计算步骤。表 5—4—2 为运输数据。

表 5—4—2　　运输数据

单位运价/百元　销地／产地	B_1	B_2	B_3	B_4	产量/t
A_1	3	11	3	10	7
A_2	1	9	2	8	4
A_3	7	4	10	5	9
销量/t	3	6	5	6	20

(1) 给定初始方案——最小元素法。其基本思想是通过按运价最小的优先供应的方法，给出一个初始基本可行的解。先列出运价表（见表 5—4—3）、运量表（见表 5—4—4）。从

中可知运价最小的是 1，位于（2，1），故让 A_2 优先供应 B_1，A_2 的产量是 4 t 而 B_1 的销量为 3 t，故 A_2 供应 B_1 货物 3 t，得表 5—4—5。此时 B_1 已全部满足，划去运价表中 B_1 列。

表 5—4—3　　优先供应安排表 1（运价表）

销地 单位运价/百元 产地	B_1	B_2	B_3	B_4	产量/t
A_1	3	11	3	10	7
A_2	(1)	9	2	8	4
A_3	7	4	10	5	9

表 5—4—4　　优先供应安排表 2（运量表）

销地 单位运价/百元 产地	B_1	B_2	B_3	B_4	产量/t
A_1					7
A_2	(3)				(4)
A_3					9
销量/t	3	6	5	6	20

接着从运价表余下的数字中可知最小的是 2，位于（2，3），故让 A_2 优先供应 B_3，此时 A_2 仅剩 1 t，得表 5—4—6 和表 5—4—7。并划去运价表中 A_2，得表。但 B_3 并没有满足，比较只有 A_1 到 B_3 的运费最小，则由 A_1 向 B_3 运送剩余的 4 t。

表 5—4—5　　优先供应安排表 3（运价表）

销地 单位运价/百元 产地	B_1	B_2	B_3	B_4	产量/t
A_1	3	11	3	10	7
A_2	①	9	(2)	8	(4)
A_3	7	4	10	5	9
销量/t	3	6	5	6	20

表 5—4—6　　优先供应安排表 4（运量表）

销地 单位运价/百元 产地	B_1	B_2	B_3	B_4	产量/t
A_1					7
A_2	(3)		(1)		(4)
A_3					9
销量/t	(3)	6	5	6	20

表 5—4—7　　　　优先供应安排表 5（运价表）

单位运价/百元 销地 / 产地	B_1	B_2	B_3	B_4	产量/t
A_1	3	11	3	10	7
A_2	①	9	②	8	4
A_3	7	4	10	5	9
销量/t	3	6	5	6	20

按此步骤一步步地进行下去，直到运价表上所有元素均划去为止，最后即可得到一个初始调运方案，表 5—4—8 为初始调运方案。

表 5—4—8　　　　初始调运方案

单位运价/百元 销地 / 产地	B_1	B_2	B_3	B_4	产量/t
A_1			4	3	7
A_2	3		1		4
A_3		6		3	9
销量/t	3	6	5	6	20

即初始调运方案（初始基本可行解）为：$X_{13}=4$，$X_{14}=3$，$X_{21}=3$，$X_{23}=1$，$X_{32}=6$，$X_{34}=3$，其余 $X_{ij}=0$；此方案的总运费为 8 600 元。

需要注意在确定初始方案时，若在（i，j）处填上某个数字后，出现因 A_i 与 B_j 的余量相等要同时划掉运价表中第 i 行和第 j 列，此时为保证初始方案为基本可行解，需在第 i 行或第 j 列的任意空格处填上一个 0，并将此格视为有数字的格子。

（2）最优解的判定——位势法。一个方案是否最优需要判别，判别的常用方法有闭合回路法和位势法，这里介绍较为简便的位势法。

1）先造一张表，见表 5—4—9。

表 5—4—9　　　　初始调运方案表（运价表）

销地 / 产地	B_1	B_2	B_3	B_4
A_1			3	10
A_2	1			
A_3		4		5

这张表是初始方案中将有数字的格子处填入单位运价得到的。

2）在表上增加一行一列，如表所示并按下述公式计算每个产地的位势 U_i，每个销地的位势 V_j：$U_i+V_j=C_{ij}$（$i=1, 2, \cdots, m$；$j=1, 2, \cdots, n$）。

计算时，可先令任一位势为任一常数（如先令 $U_1=0$），按上述公式，能相继地确定 U_i 和 V_j。当令 $U_1=0$ 时，由 $U_1+V_3=3$，可得 $V_3=3$，由 $U_1+V_4=10$，可得 $V_4=10$，由 $V_4=10$，$U_3+V_4=5$，可得 $U_3=-5$，……，类似地，可确定所有的 U_i 和 V_j 的数值，得表 5—4—10。

表 5—4—10　　位势表

销地 产地	B_1	B_2	B_3	B_4	行位势
A_1			3	10	(U_1) 0
A_2	1				(U_2) −1
A_3		4		5	(U_3) −5
列位势	(V_1) 2	(V_2) 9	(V_3) 3	(V_4) 10	

3）将表中的行位势与列位势两两相加，其和数放在相应的方格内，得表 5—4—11。

表 5—4—11　　位势和表

销地 产地	B_1	B_2	B_3	B_4	行位势
A_1	2	9	3	10	0
A_2	1	8	2	9	−1
A_3	−3	4	−2	5	−5
列位势	2	0	3	10	

4）将运价表 5—4—5 减去位势和表 5—4—11（即相应方格中的数字相减），得检验数表，见表 5—4—12。格子（i，j）的检验表 $\sigma_{ij}=C_{ij}-(U_i+V_j)$（$i=1, 2, \cdots, m$；$j=1, 2, \cdots, n$）。

表 5—4—12　　检验数表

销地 产地	B_1	B_2	B_3	B_4
A_1	1	2	0	0
A_2	0	1	0	−1
A_3	10	0	12	0

得检验数表后，即可判断该方案是否为最优方案。判断的法则是：若所有检验数均为非负（即大于等于零），则该方案为最优方案；否则，表明尚未得到最优解，必须进行改进（即求出另一个基本可行解）。上述检验数表中，有一个小于零的数（−1），说明该方案不是最优，需对初始调运方案（见表 5—4—8）进行调整、改进。

5）方案的改进——闭合回路调整法。找出检验数表中最小的负数，以它所对应的空格为调入格。由检验表 5—4—12 知（2，4）为调入格。从此格出发，做一闭合回路，这个闭合回路的边线为垂直线或水平线，而顶点是有数字的格子（垂直线和水平线允许穿过有数字的格子，且这样的闭合回路一定唯一存在），见表 5—4—13。

表 5—4—13 运量调整表

销地 / 产地	B_1	B_2	B_3	B_4	产量/t
A_1			(+1) 4	3 (−1)	7
A_2	3		(−1) 1	0 (+1)	4
A_3		6		3	9
销量/t	3	6	5	6	20

然后从空格（2，4）出发，沿闭合回路前进，在这个闭合回路的奇数顶点处，即格子（2，3）和格子（1，4）处，将原有的调运量减去一个 θ，其值等于奇数顶点处的最小调运量，本例为 min｛1，3｝=1，$\theta=1$，在空格本身及闭合回路的偶数顶点处，即（2，4）和（1，3）处加上同一个 θ 值 1，即得新的调运方案，见表 5—4—14。

表 5—4—14 调运方案

销地 / 产地	B_1	B_2	B_3	B_4	产量/t
A_1			5	2	7
A_2	3		0	1	4
A_3		6		3	9
销量/t	3	6	5	6	20

对表 5—4—14 给出的调运方案，再应用位势法求出检验数表 5—4—15。

表 5—4—15 检验数表

销地 / 产地	B_1	B_2	B_3	B_4
A_1	0	2	0	0
A_2	0	2	1	0
A_3	9	0	12	0

由于表 5—4—15 中的检验数均为非负，故表 5—4—15 给出的调运方案即最优方案：$X_{13}=5$，$X_{14}=2$，$X_{21}=3$，$X_{24}=1$，$X_{32}=6$，$X_{34}=3$，其余 $X_{ij}=0$。

即：A_1 向 B_3 运输 5 t，A_1 向 B_4 运输 2 t；A_2 向 B_1 运输 3 t，A_2 向 B_4 运输 1 t；A_3 向 B_2 运输 6 t；A_3 向 B_4 运输 3 t。相应的总运费最小为 8 500 元，比表 5—4—8 所示的初始调运方案少 100 元。

2. 图上作业法

图上作业法是将配送运输任务量反映在交通图上，通过对交通图初始调运方案的调整，求出最优配送车辆运行调度方法。运用这种方法时，要求交通图上没有货物对流现象，通过采用科学的规划方法，制定货物合理运输方案，以运行路线最短、运费最低或行程利用率最高为优化目标。图上作业法的原则可以归纳为：流向划右方，对流不应当；里圈、外圈分别算，要求不过半圈长，应用运量最小段；反复求算最优方案。其基本步骤如下。

（1）绘制交通图。根据客户所需货物汇总情况、交通线路、配送点与客户点的布局，绘制出交通示意图。对于任何一张交通网络图，其线路分布形状可分为成圈和不成圈两类，对于不成圈的交通网络图，根据线性规划原理，物资调拨或空车调运线路的确定，可依据“就近调运”原则进行。只要在方案中不出现对流情况即为最优。

例：设有 A_1、A_2、A_3 三个配送点分别有化肥 40 t、30 t、30 t，需送往四个客户点 B_1、B_2、B_3、B_4，各客户点的需求量分别为 10 t、20 t、30 t、40 t。已知各配送点和客户点的地理位置及它们之间的道路通畅情况，可据此绘制出相应的交通图 5—4—5 与图 5—4—6。

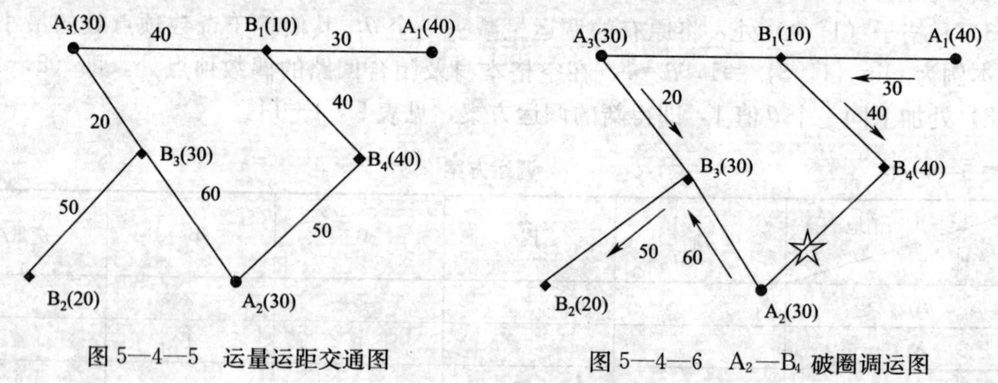

图 5—4—5　运量运距交通图　　图 5—4—6　A_2—B_4 破圈调运图

图 5—4—5 和图 5—4—6 中：两点间连线上的数字为两点间线路里程数；括号中的数字为配送点/客户点的供应量和需求量；箭头及其上数字表示调运方向和调运数量。

（2）将初始调运方案反映在交通图上。任何一张交通图上的线路分布形态为成圈和不成圈两类。对于不成圈的 A_1 到 B_2 的运输，按就近调运的原则即可很容易地得到最优调运方案。其中（$A_1 \rightarrow B_4$，70 km）＜（$A_3 \rightarrow B_4$，80 km），（$A_3 \rightarrow B_2$，70 km）＜（$A_2 \rightarrow B_2$，110 km)，先设定 A_1 到 B_4，A_3 到 B_2 运输。对于成圈的 A_2、A_3、B_1 所组成的圈，可采用破圈法处理，即假定某两点（$A_2 \rightarrow B_4$）不通（即“破圈”，见图 5—4—6)，再对货物就近调运，$A_2 \rightarrow B_3$、$A_1 \rightarrow B_4$，数量不够的再从第二近点调运，即可得出初始调运方案，如图 5—4—6 所示。

在绘制初始方案交通图时，凡是按顺时针方向调运货物的调运路线（如 $A_3 \rightarrow B_1$、$B_1 \rightarrow B_4$、$A_2 \rightarrow B_3$)，其调运箭头线都画在圈外，称为外圈；否则，其调运箭头线（如 $A_3 \rightarrow B_3$）画在圈内，称为内圈，或者两种箭头相反方向标注也可以。

（3）检查与调整。对交通图上的初始调运方案，首先分别计算线路的全圈长、内圈长和外圈长（圈长即指里程数），如果内圈长和外圈长都分别小于全圈长，一般即为最优方案；否则，即为非最优方案，需要对其进行调整。如图 5—4—7 所示，全圈长（$A_2 \rightarrow B_3 \rightarrow A_3 \rightarrow B_1 \rightarrow B_4 \rightarrow A_2$）为 210 km，外圈（$A_3 \rightarrow B_1$ 40 km、$B_1 \rightarrow B_4$ 40 km、$A_2 \rightarrow B_3$ 60 km）长为 140 km，大于全圈长的一半，显然，需要缩短外圈长度。调整的方法是在外圈（若内圈大于全圈长，一般则调整内圈）上先假定运量最小的线路两端点（如 A_3 与 B_1）之间不通，再对货物就近调运，可得到调整方案如图 5—4—7 所示，然后，再检查调整方案的外圈长与内圈长是否都分别小于全圈长的一半。如此反复至得到最优调运方案为止。图 5—4—7 中，计算可得内圈长为 70 km，外圈长为 100 km，均小于全圈长的一半，可见，该方案已为最优方案。

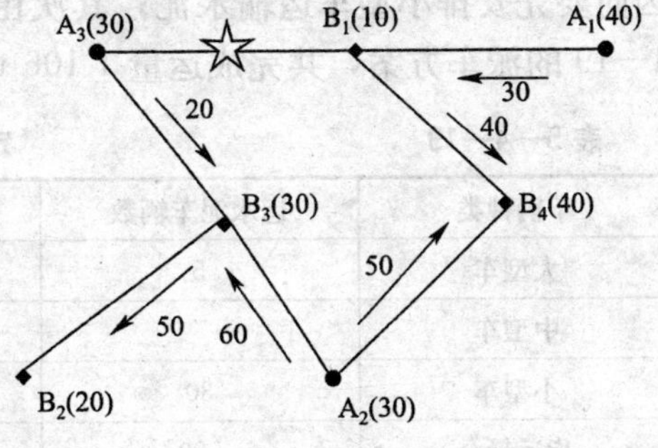

图 5—4—7 最优方案

3. 经验调度法和运输定额比法

在有多种车辆时，车辆使用的经验原则为尽可能使用能满载运输的车辆进行运输。如运输 5 t 的货物，安排一辆 5 t 载重车辆运输。在能够保证满载的情况下，优先使用大型车辆，且先载运大批量的货物。一般而言大型车辆能够保证较高的运输效率和较低的运输成本。

例如某建材配送中心，某日需运输水泥 580 t、盘条 400 t 和不定量的平板玻璃。该中心有大型车 20 辆，中型车 20 辆，小型车 30 辆。各种车每日只运输一种物资，运输定额见表 5—4—16。

表 5—4—16 车辆运输定额表 （单位：t/日×辆）

车辆种类	运水泥	运盘条	运玻璃
大型车	20	17	14
中型车	18	15	12
小型车	16	13	10

根据经验派车法确定，车辆安排的顺序为大型车、中型车、小型车。货量安排的顺序为：水泥、盘条、玻璃。得出派车方案见表 5—4—17，共完成货运量 1 080 t。

表 5—4—17 经验派车法

车辆种类	运水泥车辆数	运盘条车辆数	运玻璃车辆数	车辆总数
大型车	20			20
中型车	10	10		20
小型车		20	10	30
货运量/t	580	400	100	

对于以上车辆的运输能力可以按表计算各种车辆运输不同货物的定额比，见表 5—4—18。

表 5—4—18 车辆运输定额比

车辆种类	运水泥/运盘条	运盘条/运玻璃	运水泥/运玻璃	……
大型车	1.18	1.21	1.44	
中型车	1.2	1.25	1.5	
小型车	1.23	1.3	1.6	

其他种类的定额比都小于1，不予考虑。在表 5—4—18 中小型车运水泥的定额比最高，因而要先安排小型车运输水泥；其次由中型车运输盘条；剩余的由大型车完成。得表 5—4—19 的派车方案，共完成运量 1 106 t。

表 5—4—19　　定额比优化派车法

车辆种类	运水泥车辆数	运盘条车辆数	运玻璃车辆数	车辆总数
大型车	5	6	9	20
中型车		20		20
小型车	30			30
货运量/t	580	400	126	

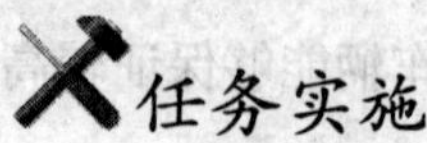

任务实施

第（1）步：作运输里程表，列出配送中心到用户及用户间的最短距离，见表 5—4—20。

表 5—4—20　　配送中心到用户及用户间的最短距离

需要量	P_0					
1.5	8	P_1				
1.7	8	(4) 12	P_2			
0.9	6	(1) 13	(10) 4	P_3		
1.4	7	(0) 15	(6) 9	(8) 5	P_4	
2.4	10	(2) 16	(0) 18	(0) 16	(5) 12	P_5

第（2）步：由运输里程表，按节约里程公式，求得相应的节约里程数，见表 5—4—20 中的“（）”内。

第（3）步：将节约里程 S_{ij} 进行分类，按从大到小顺序排列，见表 5—4—21。

表 5—4—21　　节约里程从大到小顺序排列

序号	路线	节约里程	序号	路线	节约里程
1	P_2P_3	10	6	P_1P_5	2
2	P_3P_4	8	7	P_1P_3	1
3	P_2P_4	6	8	P_2P_5	0
4	P_4P_5	5	9	P_3P_5	0
5	P_1P_2	4	10	P_1P_4	0

第（4）步：确定单独送货的配送线路，如图 5—4—8 所示。

得初始方案配送距离＝39×2＝78 km。

第（5）步：根据载重量约束与节约里程大小，将各客户结点连接起来，形成两个配送路线。即 A、B 两配送方案，如图 5—4—9 所示。

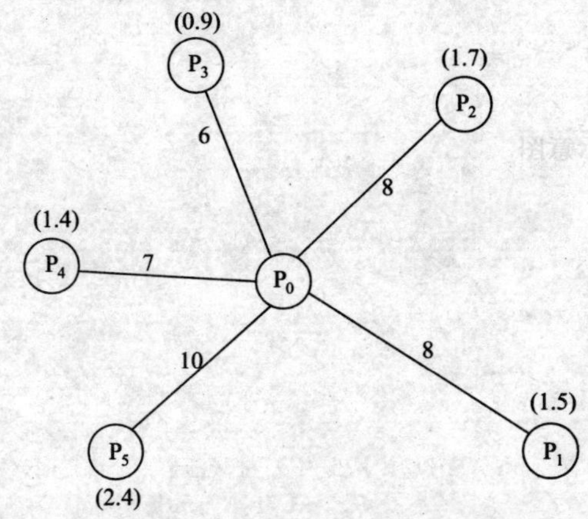

图 5—4—8 单独送货的配送线路

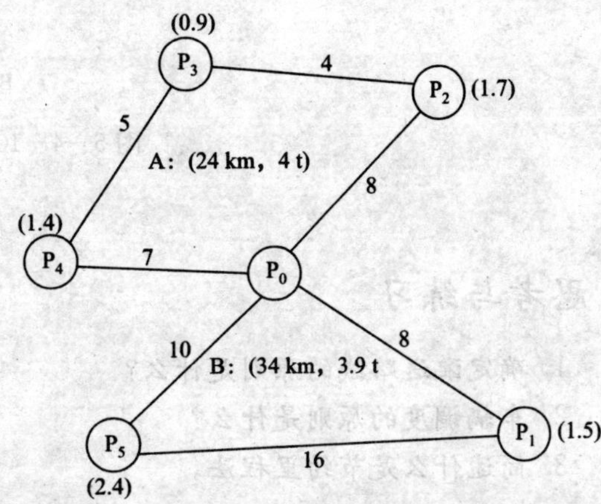

图 5—4—9 两个配送路线

①配送线路 A：$P_0 \rightarrow P_2 \rightarrow P_3 \rightarrow P_4 \rightarrow P_0$。

运量 $q_A = q_2 + q_3 + q_4 = 1.7 + 0.9 + 1.4 = 4$ t

得：用一辆 4 t 车运送。

节约距离 $S_A = 10 + 8 = 18$ km。

②配送线路 B：$P_0 \rightarrow P_5 \rightarrow P_1 \rightarrow P_0$。

运量 $q_B = q_5 + q_1 = 2.4 + 1.5 = 3.9$ t$<$4 t

得：用一辆 4 t 车运送。

节约距离 $S_B = 2$ km。

第（6）步：与初始单独送货方案相比，计算总节约里程与节约时间。

总节约里程：$\Delta S = S_A + S_B = 20$ km。

与初始单独送货方案相比，可节约时间：$\Delta T = \Delta S / V = 20/40 = 0.5$ h。

技能训练

设产地甲、乙、丙、丁产量分别为 70 t、40 t、90 t、50 t；销地 A、B、C、D、E 需求分别为 30 t、70 t、50 t、60 t、40 t，已知各产地、销地的地理位置及它们之间的道路通阻情况，如图 5—4—10 所示，试求合理的运输方案（单位：t）。

本题可以按交通示意图进行图上作业，对于不成圈的交通网络图，根据线性规划原理，物资调拨或空车调运线路的确定可依据“就近调运”原则进行。只要在方案中不出现对流情况即为最优。

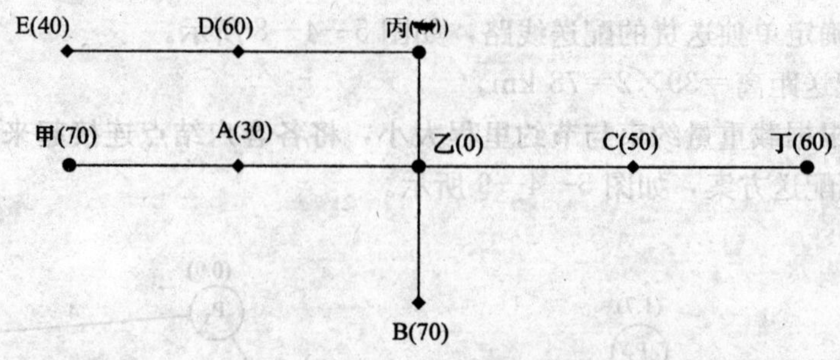

图 5—4—10　交通示意图

思考与练习

1. 确定配送路线的原则是什么?
2. 车辆调度的原则是什么?
3. 简述什么是节约里程法。

模块六

配送中心运作管理

任务1 配送中心选址与布局

任务引入

SAT是一家大型的全国连锁超市，顾客对象定位以白领、单身青年、学生为主，经营范围可分为两大系列，即食品类和日用品类。其中食品系列又可分为超市内自制食品、饮料、休闲食品。日用品主要有毛巾、洗衣粉、洗发水、电池、报刊、书籍等。该超市的一大特点即是为顾客提供多样的24小时的服务。该超市最近将100间分店设在广州，其中食品饮料需求占90%，各分店的进货方式基本都是分店自己向中小型供应商订货，而分店发生意外缺货，要求供应商及时送货时，中小供应商往往只顾降低自身运输成本，数量凑够一车后才发送。这样一来，给各成员商店的正常经营带来很大困难，损失的缺货成本与顾客服务成本无法估计。并且随着分店数目的增加，配送中存在的问题会日益严重，使得规模经营的优势尽失。

要求将坐落在广州的20间分店作为一个试验点，选址并建立配送中心，对区内主要的各间分店进行配送。各点位置如图6—1—1所示。

任务分析

要正确地对该连锁超市配送中心进行选址和布局设计，要掌握配送中心布局的原则、功能以及选址的方法，并对其进行分析。

相关知识

一、配送中心的概念

配送中心就是从事货物配备（集货、加工、分货、拣选、配货）和组织对用户的送货，以高水平实现销售和供应服务的现代流通设施。

交通流量
视野内搜索
全屏
白云山风景区
白云区
天南第一峰
沙河立交
岑村立交
岑村
广清立交桥
沙涌北约
广州北站
沙贝立交桥
大沙
燕岭公园
广州东站
牛岭肉
增埗公园
广州站
麓湖
广州动物园
伯奇公园
流花西苑
华南师范大学
天河体育中心
白沙
北村码头
大王古庙
越秀区
荔湾区
天河区
平地村
怡兴围
内环路
广州市国际
会展中心
石滘村
海珠区
五凤乡
琶江新村
赤沙南约
溪头
沙溪村
新窖镇
仑头立交桥
2公里
@2010 Baidu - Data © NavInfo & Mapbar & CenNavi
陈田村
红画
冲口
大路北
长窝
萧岗村
邓岗村
石岗
火炉山森林
海印欢乐
文体广场
旗岗
A
B
C
D
E
F
G
H
I
J

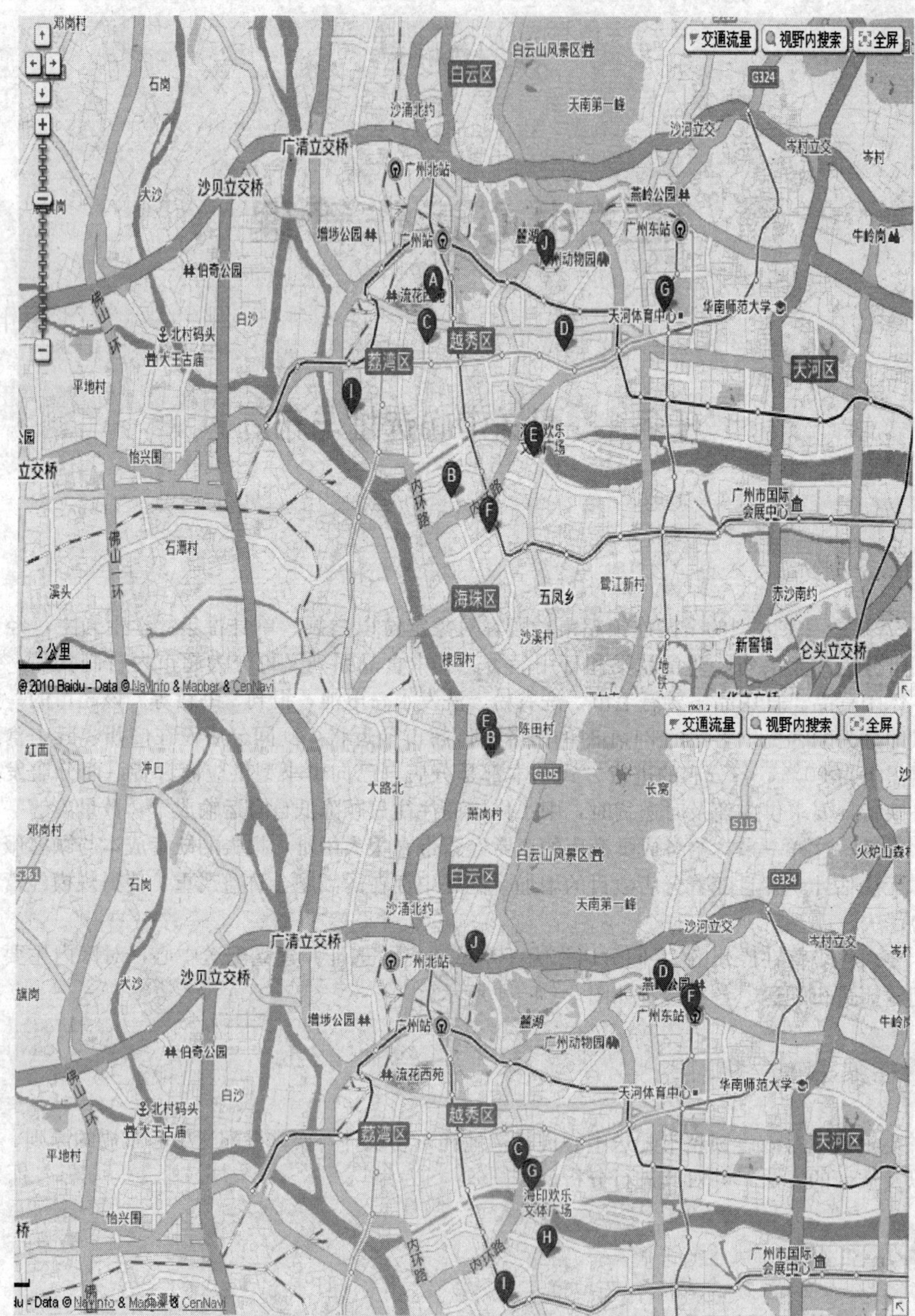

图 6—1—1　各分店位置

配送中心是基于物流合理化和发展市场两个需要而发展的，是以组织配送式销售和供应，执行实物配送为主要功能的流通型物流节点。它很好地解决了用户多样化需求和厂商大批量专业化生产的矛盾，因此，逐渐成为现代化物流的标志。

二、配送中心的基本功能

配送中心是专门从事货物配送活动的经济组织。换个角度说，它又是集加工、理货、送货等多种职能于一体的物流据点。正如有人所言："配送中心实际上是集货中心、分货中心、加工中心功能的综合。"具体说，配送中心有如下几种功能。

1. 储存功能

配送中心的服务对象是为数众多的企业和商业网点（如超级市场和连锁店），配送中心的职能和作用是：按照用户的要求及时将各种配装好的货物送交到用户手中，满足生产需要和消费需要。为了顺利且有序地完成向用户配送商品（货物）的任务及更好地发挥保障生产和消费需要的作用，通常，配送中心都要兴建现代化的仓库并配备一定数量的仓储设备，储存一定数量的商品。某些区域性大型配送中心和开展"代理交货"配送业务的配送中心，不但要在配送货物的过程中储存货物，而且它所储存的货物数量更大、品种更多。

上述配送中心所拥有的储存能力及其储存货物的事实表明：储存功能是这种物流组织的重要功能之一。

2. 分拣功能

作为物流节点的配送中心，其服务对象（即客户）是为数众多的企业（在国外，配送中心的服务对象少则有几十家，多则有数百家）。在这些为数众多的用户中，彼此之间存在着很多差别：不仅各自的性质不尽相同，而且其经营规模也不一样。据此，在订货或进货的时候，为了有效地进行配送（即为了能同时向不同的用户配送很多种货物），配送中心必须采取适当的方式对组织进来（或接收到）的货物进行拣选，并且在此基础上，按照配送计划分装和配装货物。这样，在商品流通实践中，配送中心除了能够储存货物、具有储存功能外，它还有分拣货物的功能，能发挥分拣中心的作用。

3. 集散功能

在物流实践中，配送中心凭借其特殊的地位和其拥有的各种先进的设施和设备，能够将分散在各个生产企业的产品（即货物）集中到一起，而后，经过分拣、配装，向多家用户发运。与此同时，配送中心也可以做到把各个用户所需要的多种货物有效地组合（或配装）在一起，形成经济、合理的货载批量。配送中心在流通实践中所表现出的这种功能即（货物）集散功能，也有人把它称为"配货、分放"功能。

集散功能是配送中心所具备的一项基本功能。实践证明，利用配送中心来集散货物，可以提高卡车的满载率，并由此降低物流成本。

4. 衔接功能

通过开展货物配送活动，配送中心能把各种工业品和农产品直接运送到用户手中，客观上可以起到生产和消费的媒介作用。这是配送中心衔接功能的一种重要表现。此外，通过集货和储存货物，配送中心又有平衡供求的作用，由此能有效地解决季节性货物的产需衔接问题。这是配送中心衔接功能的另一种作用。

在人类社会中，生产和消费并非总是等幅度增长和同步运动的。有很多工业品（如煤炭、水泥产品），都是按照生产计划批量、均衡生产的，而其消费则带有很强的季节性（即消费有淡季、旺季之分）；另有一些产品（主要是农产品）恰恰相反，其消费是连续进行的，而其生产却是季节性的。这种现象说明，就某些产品而言，生产和消费存在着一定的时间差。由于配送中心有吞吐货物的能力和储存物资的功能，因此，它能调节产品供求关系，进而能解决产消（消费）之间的时间差和矛盾。从这个意义上说，配送中心是衔接生产和消费的中介组织。

5. 加工功能

目前，为了扩大经营范围和提高配送水平，国内外许多配送中心都配备了各种加工设备，并由此形成了一定的加工（系初加工）能力。这些配送中心能够按照用户提出的要求和根据合理配送商品的原则，将组织进来的货物加工成一定的规格、尺寸和形状，由此形成了加工功能。

加工货物是某些配送中心的重要活动。配送中心积极开展加工业务，不但大大方便了用户，省却了后面不少烦琐的劳动，而且也有利于提高物质资源的利用效率和配送效率。此外，对于配送活动本身来说，客观上则起着强化其整体功能的作用。

三、配送中心的运营模式

1. 以制造商为主体的配送中心

这种配送中心的商品100%是由自己生产制造的，利用配送以降低流通费用、提高售后服务质量和及时地将预先配齐的成组元器件运送到规定的加工和装配工位。从商品制造到生产出来后条码和包装的配合等多方面都较易控制，所以按照现代化、自动化的配送中心设计比较容易，但不具备社会化的要求。

2. 以批发商为主体的配送中心

商品从制造者到消费者手中大都会经过一个批发环节。一般是按部门或商品类别的不同，把每个制造厂的商品集中起来，然后以单一品种或搭配向消费地的零售商进行配送。这种配送中心的商品来自各个制造商，它所进行的一项重要的活动是对商品进行汇总和再销售，而它的全部进货和出货都是社会配送的，社会化程度高。

3. 以零售业为主体的配送中心

零售商发展到一定规模后，就可以考虑建立自己的配送中心，为专业商品零售店、超级市场、百货商店、建材商场、粮油食品商店、宾馆饭店等服务。社会化程度介于前两者之间。

4. 以仓储运输业者为主体的配送中心

这种配送中心最强的是运输配送能力，一般地理位置优越，如港湾、铁路和公路枢纽，可迅速将到达的货物配送给用户。它提供仓储储位给制造商或供应商，而配送中心的货物仍属于制造商或供应商所有，配送中心只是提供仓储管理和运输配送服务。这种配送中心的现代化程度往往较高。

四、配送中心的布局与结构设计

1. 配送中心布局的思考原则

（1）动态原则。在对物流配送中心进行规划时，应在详细分析现状及对未来变化做出预测的基础上进行，在一定范围内能适应数量、用户、成本等多方面的变化。

（2）竞争原则。物流配送中心的布局应体现出多家竞争性。对于政府部门进行建设规划尤其重要。

（3）低运费原则。物流配送中心必须组织运输与配送活动，因而运费原则具有特殊性。

由于运费和运距、运量有关，所以低运费原则常简化成最短运距和运量的问题，可通过数学方法求解以作为物流配送中心布局的参考。

（4）交通便利原则。物流配送中心的运输配送活动需要依赖于交通条件，布局时必须要考虑现有的交通条件。

（5）统筹原则。物流配送中心的层次、数量、布局是与生产力布局、消费布局等密切相关的，是互相交织且互相促进和制约的。规划一个合理的物流配送中心，必须统筹兼顾、全面安排。

2. 配送中心的结构设计

配送中心虽然是在一般中转仓库基础上演化和发展起来的，但配送中心内部结构和布局和一般仓库有较大的不同。一般配送中心的内部工作区域结构配置如下。

（1）接货区。在这个区域里完成接货及入库前的工作，如接货、卸货、清点、检验、分类入库准备等。接货区的主要设施有：

1）进货铁路和公路。

2）卸货站台。

3）暂存验收检查区域。

（2）储存区。在这个区域里储存或分类储存所进的物资。由于这是个静态区域，进货要在这个区域中有一定时间的放置。所以和不断进出的接货区比较，这个区域所占的面积较大。在许多配送中心中，这个区域往往占总面积的一半左右。对某些特殊配送中心（如水泥、煤炭配送中心），这一部分在中心总面积中占一半以上。

（3）理货、备货区。在这个区域里进行分货、拣货、配货作业，以为送货做准备。这个区域面积随不同的配货中心而有较大的变化。例如，对多用户的多品种、少批量、多批次配送（如中、小件杂货）的配送中心，需要进行复杂的分货、拣货、配货等工作，所以，这部分区域会占配送中心很大一部分面积。也有一些配送中心这部分面积不大。

（4）分放、配装区。在这个区域里，按用户需要，将配好的货暂放暂存等待外运，或根据每个用户货堆状况决定配车方式、配装方式，然后直接装车或运到发货站台装车。这个区域用来对货物进行暂存，但暂存时间短、周转快，所以所占面积相对较小。

（5）外运发货区。在这个区域将准备好的货装入外运车辆发出。外运发货区结构和接货区类似，有站台、外运线路等设施。有时候，外运发货区和分放配装区还是一体的，所分好的货直接通过传送装置进入装货场地。

（6）加工区。有许多类型的配送中心还设置配送加工区域，在这个区域进行分装、包装、切裁、下料、混配等各种类型的流通加工。加工区在配送中心所占面积较大，但设施装置随加工种类不同有所区别。

（7）管理指挥区（办公区）。这个区域可以集中设置于配送中心某一位置，有时也可分散设置于其他区域中。主要的内容是营业事务处理场所、内部指挥管理场所、信息场所等。

五、配送中心的选址与规划

1. 配送中心的选址

配送中心位置的选择，将显著影响实际营运的效率与成本，以及日后仓储规模的扩充与发展。因此企业在决定配送中心设置的位置方案时，必须谨慎地参考相关因素，并按适当步骤进行，通常在选择过程如果已经有预定地点或区位方案，应于系统规划前先行提出，并成为规划过程的限制因素；如果没有预定的地点，则可于系统规划方案成形后，进行位置方案的选择。必要时修正系统规划方案，以配合实际土地及区块面积的限制。

（1）选址的决策。选址包括两个方面的含义：地理区域的选择和具体地址的选择。

配送中心的选址首先要选择合适的地理区域：对各地理区域进行审慎评估，选择一个适当范围为考虑的区域，如华南地区、华北地区等，同时还须配合配送中心物品特性、服务范围及企业的运营策略而定。

配送中心的地理区域确定后，还需确定具体的建设地点，如果是制造商型的配送中心，应以接近上游生产厂或进口港为宜；如果是日常消费品的配送，则宜接近居民生活社区。一般应以进货与出货产品类型特征及交通运输的复杂程度，来选择接近上游点或下游点的选址策略。

（2）选址的主要因素。配送中心选址时应该考虑的主要因素有：客户的分布、供应商的分布、交通的条件、土地的条件、自然的条件、行政的条件等几种，以下针对这几种要点加以说明：

1）客户的分布。配送中心选址时首先要考虑的就是所服务客户的分布，对于零售商型配送中心，其主要客户是超市和零售店，这些客户大部分是分布在人口密集的地方或大城市，配送中心为了提高服务水准及降低配送成本，多建在城市边缘接近客户分布的地区。

2）供应商的分布。配送中心的选址应该考虑的另一个因素是供应商的分布地区。因为物流的商品全部是由供应商所供应的，物流越接近供应商，则其商品的安全库存越可以控制在较低的水平。但是因为国内一般进货的输送成本是由供应商负担的，因此有时不重视此因素。

3）交通条件。交通的条件是影响物流配送成本及效率的重要因素之一，交通运输的不便将直接影响车辆配送的进行。因此必须考虑对外交通的运输通路，以及未来与邻近地区交通的发展状况等因素。地址宜紧临重要的运输线路，以方便配送运输作业的进行。考核交通方便程度的条件有：高速公路、国道、铁路、快速道路、港口、交通限制规定等几种。一般配送中心应尽量选择在交通方便的高速公路、国道及快速道路附近的地方，如果以铁路及轮船来当运输工具，则要考虑靠近火车编组站、港口等。

4）土地条件。对于土地的使用，必须符合相关法规及城市规划的限制，尽量选在物流园区或经济开发区。建设用地的形状、面积与未来扩充的可能性，都与规划内容有密切的关系。因此在选择地址时，有必要参考规划方案中仓库的设计内容，在无法完全配合的情形下，必要时需修改规划方案的内容。

另外，还要考虑地块大小与地价，在考虑现有地价及未来增值状况下，配合未来可能扩充的需求程度，决定最合适的面积大小。

5）自然条件。在物流用地的评估当中，自然条件也是必须考虑的，事先了解当地自然环境有助于降低建设的风险。例如在自然环境中有湿度、盐分、降雨量、台风、地震、河川等几种自然现象，有的地方靠近山边湿度比较高，有的地方湿度比较低，有的地方靠近海边盐分比较高，这些都会影响商品的储存品质，尤其是服饰类产品或电子数码类产品等对湿度及盐分都非常敏感。另外降雨量、台风、地震及河川等自然灾害，对于配送中心的影响也非常大，必须特别留意并且避免被侵害。

6）人力资源条件。在仓储配送作业中，最主要的资源需求为人力资源。由于一般物流作业仍属于劳动密集的作业形态，在配送中心内部必须要有足够的作业人力，因此在决定配送中心位置时必须考虑劳工的来源、技术水准、工作习惯、工资水准等因素。

人力资源的评估条件有附近人口、上班交通状况、薪资水准等几项。如果物流的选址位置附近人口不多且交通又不方便时，则基层的作业人员不容易招募；如果附近地区的薪资水准太高，也会影响到基层作业人员的招募。因此必须调查该地区的人力、上班交通及薪资水准。

7）政策环境。政策环境条件也是物流选址评估的重点之一，尤其是在物流用地取得困难的现在，如果有政府政策的支持，则更有助于物流业者的发展。政策环境条件包括企业优惠措施（土地提供，减税）、城市规划（土地开发，道路建设计划）、地区产业政策等。最近在许多交通枢纽城市如深圳、武汉等地都在规划设置现代物流园区，其中除了提供物流用地外，也有关于税赋方面的减免，有助于降低物流业者的营运成本。

（3）配送中心选址的计算方法

1）单一配送中心选址和单一超市选址的方法

①负荷距离法。是在若干个候选方案中，选定一个目标方案，它可以使总负荷（货物、人或其他）移动的距离最小。当与市场、供应商的接近程度等因素至关重要时，使用这一方法可从众多候选方案中快速筛选出最有吸引力的方案，是一种定量分析的方法。优点是能较快地得到相对较优的位置。缺点是与市场和供应商的接近程度至关重要；所有的候选地址有时无法一一列出；不能考虑无法定量分析的因素。

②选址度量法。选址度量法是一种既定量又定性的分析方法。优点是定量分析与定性分析相结合，缺点是对于定性分析的因素有一定的主观影响。

③加权平均法。加权平均法是一种定性分析的方法。优点是简便、明了，缺点是定量分析的因素和定性分析的因素较难统一考虑，随意性和误差较大。

④重心法。重心法模型是求解配送中心最佳地址的连续型模型。是一种定量分析的方法。优点是其配送中心地址的选择是不加限制的，有自由选择的长处。缺点是自由度过多，迭代计算十分复杂并且由迭代法计算求得的最佳地点实际上往往很难找到，有的地点很可能在河流湖泊上或街道中间等。

⑤层次分析法。层次分析法是由美国匹兹堡大学教授 T. L. Saaty 在 20 世纪 70 年代中期提出的。他的基本思想是把一个复杂的问题分解为各个组成因素，并将这些因素按支配关系分组，从而形成一个有序的递阶层次结构。通过两两比较的方式确定层次中各个因素的相对重要性，然后综合人的判断以确定参与决策的各个因素的相对重要性的总排序。层次分析法的出现给决策者解决那些难以定量描述的决策问题带来了极大的方便。

2）多个配送中心的选址方法

①鲍摩-瓦尔夫模型。优点是计算比较简单，能评价流通过程的总费用，能求解配送中心的通过量，即决定配送中心规模的目标；根据配送中心可变费用的特点，可以采用大批量进货的方式。缺点是由于采用的是逐次逼近法，所以不能保证必然会得到最优解；配送中心

的固定费用没有在所得的解中反映出来。

②配送中心选址方法的改进模型。此方法是综合考虑重心法和鲍摩—瓦尔夫法所形成的模型。优点是具有重心法和鲍摩-瓦尔夫法的优点：中央配送中心可有较大库存量，其他各小型配送中心也可以有一定的库存量，但数量较小，这样既便于统一进货，又便于对整个配送系统的库存商品进行管理；对处于中央配送中心和其他各小型配送中心之间的客户来说，既可由小型配送中心向他们配送货物，又可直接由中央配送中心配送，与只有一个配送中心且单靠其车辆来回往返于各客户之间的配送方式相比，这种方式大大提高了配送效率，节约了配送费用，并有可能完成较大的业务量。缺点：得到的结果是满意解而可能不是最优解。

2. 配送中心的规划

配送中心规划是对于拟建配送中心的长远的、总体的发展计划。“配送中心规划”与“配送中心设计”是两个不同但是容易混淆的概念，二者有密切的联系，但是也存在着很大的差别。在配送中心建设的过程中，如果将规划工作与设计工作相混淆，必然会给实际工作带来许多不应有的困难。因此，比较配送中心规划与配送中心设计的异同，阐明二者的相互关系，对于正确理解配送中心规划的界定，在理论和实践上都具有重要意义。

建设项目管理中，将项目设计分为高阶段设计和施工图设计两个阶段。高阶段设计又分为项目决策设计和初步设计两个阶段。项目决策设计阶段包括项目建议书和可行性研究报告。通常也将初步设计和施工图设计阶段统称为狭义的二阶段设计。对于一些工程，在项目决策设计阶段中进行总体规划工作，作为可行性研究的一个内容和初步设计的依据。因此，配送中心规划属于配送中心建设项目的总体规划，是可行性研究的一部分，而配送中心设计则属于项目初步设计的一部分内容。

（1）配送中心规划的程序。配送中心规划是一项复杂的工作，大体上可以按照以下程序进行：

1）前期准备。前期准备工作是为配送中心规划提供必要的基础资料。主要内容包括：收集配送中心建设的内部条件、外部条件及潜在客户的信息，分析配送中心经营商品的品种、货源、流量及流向，调查物流服务的供需情况、物流行业的发展状况等。前期准备工作采用调研的方法，包括网上调研、图书资料调研与现场调研等。

2）确定目标及原则。确定配送中心建设的目标是配送中心规划的第一步，主要是依据前期准备工作的资料，确定配送中心建设的近期、中期、远期目标。配送中心建设的原则一般是根据物流学原理及项目的实际情况确定的。

（2）配送中心规划的类型（要素）

1）功能规划。功能规划是将配送中心作为一个整体的物流系统来考虑，依据确定的目标，规划配送中心为完成业务而应该具备的物流功能。配送中心作为一种专业化的物流组织，不仅需要具备一般的物流功能，还应该具备适合不同需要的特色功能。配送中心的功能规划，首先需要对配送中心的运输、配送、保管、包装、装卸搬运、流通加工、物流信息等功能要素进行分析，然后综合物流需求的形式、配送中心的发展战略等因素选择配送中心应该具备的功能。

2）作业流程规划。作业流程规划是配送中心规划的重要步骤，决定了配送中心作业的详细要求，如设施配备、场所分区等，对后续的建设具有重要影响。对传统物流企业进行作业流程重组，提高物流作业效率，降低物流成本，是传统物流企业向现代配送中心转型的重要途径。不同类型的配送中心，其作业流程也有很大的不同，在实际规划中，应该根据配送中心的功能，结合商品特性与用户需求进行必要的调整。

3）信息系统规划。信息化、网络化、自动化是配送中心的发展趋势。信息系统规划是配送中心规划的重要组成部分。配送中心的信息系统规划，既要考虑满足配送中心内部作业的要求，有助于提高物流作业的效率，也要考虑同配送中心外部的信息系统相连，方便配送中心及时获取和处理各种经营信息。一般来讲，信息系统规划包括两部分：配送中心内部的管理信息系统分析与设计，配送中心的网络平台架构。

4）设施设备规划。配送中心的设施设备是保证配送中心正常运作的必要条件，设施设备规划涉及建筑模式、空间布局、设备安置等多方面问题，需要运用系统分析的方法求得整体优化，最大限度地减少物料搬运，简化作业流程，创造良好、舒适的工作环境。在传统物流企业的改造中，设施设备规划要注意企业原有设施设备的充分利用和改造等工作，这样可以尽可能地减少投资。配送中心的设施设备规划一般包括：原有设施设备分析，配送中心的功能分区，设施设备的内部布局，公用设施规划。

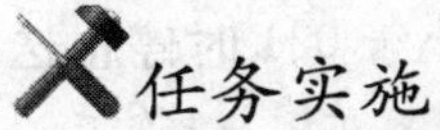

任务实施

一、选址考虑的因素

根据超市的经营特点，配送中心选址主要考虑三大因素：交通、顾客、成本。能否以最短时间与路程完成配送任务，能否满足顾客现在与今后多变的需求，能否令配送成本达到合理水平，都是在配送中心选址时必须要考虑的问题。

二、重心法选址

通过到网上查找资料，得出了相关的数据，整理得出各分店的需求量和运费率，最后，根据网上所得资料整理出各分店的需求量与运费率，见表6—1—1，其中需求量是指主要几类食品饮料，运费率是根据各路段交通状况得出的权数，权数越大代表交通越拥挤，路段越繁忙。

表6—1—1　**各分店的相关资料**

分店地址	代号	坐标 x_i	坐标 y_i	需求量（ω）	运费率（C）
解放北路店	A1	2.8	5.6	0.9	0.8
宝岗大道店	B1	3.4	1.8	0.8	0.8
人民北路店	C1	2.6	4.8	0.8	0.7
执信南路店	D1	6.4	4.6	0.7	0.4
滨江东路店	E1	5.7	2.6	0.8	0.9
江南西路店	F1	4.4	1.0	0.7	0.7
体育西路店	G1	9.5	5.5	0.9	0.8
东风街店	H1	2.5	4.8	0.7	0.6
昌华街店	I1	0.5	3.4	0.6	0.4
淘金北路店	J1	6	6.2	0.9	0.7

续表

分店地址	代号	坐标 x_i	坐标 y_i	需求量（ω）	运费率（C）
盈紫街店	A2	19.1	2.9	0.8	0.6
新市镇店	B2	4.1	12.6	0.8	0.7
越秀南路店	C2	4.9	3.5	0.7	0.5
沙东街店	D2	8.9	7.2	0.6	0.4
石井镇店	E2	4.1	13.1	0.7	0.5
林和街店	F2	9.5	7.0	0.7	0.5
沿江东路店	G2	5.3	3.0	0.7	0.6
基立街店	H2	5.7	1.6	0.6	0.6
江南大道中店	I2	4.5	0.6	0.7	0.7
广园中路店	J2	3.6	12.8	0.9	0.8

根据上表的数据，利用重心法先求出初始点，为确保配送中心选址更加精确，需将迭代结果误差控制在0.1以内，即最后一次计算的值比上一次计算的值相差小于0.1时停止迭代，此时得出的结果更符合要求，更具有说服力。

解：先利用重心法求出初选结果（x_0，y_0），计算结果如下：

$$\begin{cases} x_0 = \sum_{i=1}^{n} x_i w_i c_i / \sum_{i=1}^{n} w_i c_i = \dfrac{56.64}{9.74} = 5.61 \\ y_0 = \sum_{i=1}^{n} y_i w_i c_i / \sum_{i=1}^{n} w_i c_i = \dfrac{51.986}{9.74} = 5.34 \end{cases}$$

接着求出初选地址与各个需求点的距离 d_i，计算公式如下：

$$d_i = \sqrt{(x_0 - x_i)^2 + (y_0 - y_i)^2} \quad \text{式（6—1—1）}$$

初始地址到每分店地址的距离 d_i 的计算结果见表6—1—2。

表6—1—2　　各 d_i 的值

序号	A1	B1	C1	D1	E1	F1	G1	H1	I1	J1
d_i	2.82	4.17	3.06	1.08	2.74	4.51	3.90	3.16	5.47	0.94
序号	A2	B2	C2	D2	E2	F2	G2	H2	I2	J2
d_i	13.71	7.42	1.97	3.78	7.91	4.23	2.36	3.74	4.87	22.85

然后 d_i 的值代入公式计算

$$\begin{cases} x_0^2 = \sum_{i=1}^{n} \dfrac{x_i w_i c_i}{d_i} / \sum_{i=1}^{n} \dfrac{w_i c_i}{d_i} \approx \dfrac{16.92}{3.14} \approx 5.39 \\ y_0^2 = \sum_{i=1}^{n} \dfrac{y_i w_i c_i}{d_i} / \sum_{i=1}^{n} \dfrac{w_i c_i}{d_i} \approx \dfrac{15.45}{3.14} \approx 4.92 \end{cases}$$

由于 $|x_0^2 - x_0| = |5.61 - 5.39| = 0.22 > 0.1$，$|y_0^2 - y_0| = |5.34 - 4.92| = 0.42 > 0.1$，所以应进行第二次迭代，将 x_0^2，y_0^2 代入式（6—1—1），得到 d_i^2，见表6—1—3。

表 6—1—3　　各 d_i^2 的值

序号	A1	B1	C1	D1	E1	F1	G1	H1	I1	J1
d_i^2	2.68	3.7	2.79	1.06	2.34	4.04	4.15	2.89	5.12	1.42
序号	A2	B	C2	D2	E2	F2	G2	H2	I2	J2
d_i^2	13.86	7.79	1.5	4.19	8.28	4.61	1.92	3.33	4.41	23.25

将 d_i^2 代入式（$x-x$）继续更新 x_0，y_0，得到：

$$\begin{cases} x_0^3 = \sum_{i=1}^{n} \frac{x_i w_i c_i}{d_i^2} / \sum_{i=1}^{n} \frac{w_i c_i}{d_i^2} \approx \frac{16.43}{3.13} \approx 5.25 \\ y_0^3 = \sum_{i=1}^{n} \frac{y_i w_i c_i}{d_i^2} / \sum_{i=1}^{n} \frac{w_i c_i}{d_i^2} \approx \frac{14.56}{3.13} \approx 4.65 \end{cases}$$

$|x_0^3 - x_0^2| = |5.25-5.39| = 0.14 > 0.1$，$|y_0^3 - y_0^2| = 14.65-4.92 = 0.27 > 0.1$，所以，应进行第三次迭代，将 x_0^3，y_0^3 代入式（6—1—1），得到 d_i^3 见表 6—1—4。

表 6—1—4　　各 d_i^3 的值

序号	A1	B1	C1	D1	E1	F1	G1	H1	I1	J1
d_i^3	2.63	3.4	2.65	1.15	2.1	3.75	4.33	2.75	4.91	1.72
序号	A2	B2	C2	D2	E2	F2	G2	H2	I2	J2
d_i^3	13.96	8.03	1.2	4.45	8.53	4.86	1.65	3.08	4.12	23.51

将 d_i^3 代入继续更新 x_0，y_0：

$$\begin{cases} x_0^4 = \sum_{i=1}^{n} \frac{x_i w_i c_i}{d_i^3} / \sum_{i=1}^{n} \frac{w_i c_i}{d_i^3} \approx \frac{16.59}{3.20} \approx 5.18 \\ y_0^4 = \sum_{i=1}^{n} \frac{y_i w_i c_i}{d_i^3} / \sum_{i=1}^{n} \frac{w_i c_i}{d_i^3} \approx \frac{14.42}{3.20} \approx 4.50 \end{cases}$$

由于 $|x_0^4 - x_0^3| = |5.18-5.25| = 0.07 < 0.1$，$|y_0^4 - y_0^3| = |4.5-4.65| = 0.15 > 0.1$ 所以，应进行第四次迭代，将 x_0^4，y_0^4 代入式（6—1—1），得到 d_i^4 见表 6—1—5。

表 6—1—5　　各 d_i^4 的值

序号	A1	B1	C1	D1	E1	F1	G1	H1	I1	J1
d_i^4	2.62	3.23	2.6	1.22	1.97	3.59	4.4	2.70	4.81	1.89
序号	A2	B2	C2	D2	E2	F2	G2	H2	I2	J2
d_i^4	14.01	8.17	1.04	4.6	8.67	4.99	1.5	2.95	3.96	23.65

将 d_i^4 代入继续更新 x_0，y_0：

$$\begin{cases} x_0^5 = \sum_{i=1}^{n} \frac{x_i w_i c_i}{d_i^4} / \sum_{i=1}^{n} \frac{w_i c_i}{d_i^4} \approx \frac{16.84}{3.28} \approx 5.13 \\ y_0^5 = \sum_{i=1}^{n} \frac{y_i w_i c_i}{d_i^4} / \sum_{i=1}^{n} \frac{w_i c_i}{d_i^4} \approx \frac{14.45}{3.28} \approx 4.41 \end{cases}$$

由于 $|x_0^5 - x_0^4| = |5.13-5.18| = 0.05 < 0.1$，$|y_0^5 - y_0^4| = |4.41-4.50| = 0.09 <$

0.1，所以此时的解 x_0，y_0 均达到了要求，应停止再次迭代。$x_0=5.13$，$y_0=4.41$ 为最优解，即配送中心的最佳位置为（5.13，4.41）。查看地图，位置大约就在白云区机场路附近，那里交通便利，物流公司和货代公司也较多，适于建立配送中心。

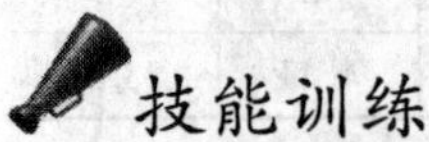

技能训练

武汉某钢铁公司所生产的 0.5～2 mm 规格冷轧薄板与 ϕ6～12 mm 线材在湖南长沙、岳阳、株洲、湘潭、衡阳、永州、娄底、邵阳、怀化、益阳、常德、冷水江、张家界市有稳定的钢材销售市场。原来钢铁公司均是将薄板与线材由公路直送到需要地，为了适合钢铁市场激烈竞争的新形势，即钢铁流通的现代化，提高企业的综合竞争能力，实现物流配送集约化经营、规模化发展，现决定在湖南境内设置一区域性薄板线材专业配送中心进行公路配送，以提高物流运作能力，增强企业竞争力。请根据配送中心选址的原则和方法为该钢铁公司进行初级的配送中心选址。

思考与练习

1. 简述配送中心的概念和功能。
2. 配送中心布局的思考原则有哪些？
3. 配送中心的结构配置有哪些？
4. 配送中心选址的因素有哪些？

任务 2　配送中心组织管理

任务引入

在任务一中确定了在白云区机场路附近建立配送中心，接下来要对该配送中心进行方案设计。

任务分析

要正确地对该连锁超市配送中心进行方案设计，要掌握配送中心的订单、进货、储存、流通加工、包装、分拣、配货、配载、运送作业与系统操作等系列配送中心一般作业流程和进行相关组织的管理。

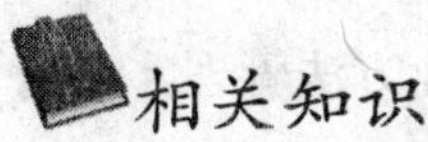

相关知识

一、配送中心现场管理

配送中心现场管理就是运用科学的管理思想、管理方法和管理手段，对现场的各种作业要素，如商品、物料、设备、环境、信息、操作人员、操作方法等进行合理配置和优化组合的动态过程。现场管理是配送中心管理的重要环节，配送中心管理的很多问题必然会在现场得到反映，各项专业管理工作也要在现场贯彻落实。配送中心现场管理最基本的要求，是保证现场的各项作业活动高效率地、有秩序地进行，保证对客户的服务水平，实现配送中心的任务目标。

1. 配送中心现场管理的目标

任何企业实行优质管理，创造最大的利润和社会效益是一个永恒的目标。配送中心现场管理的目标具体说来，有以下几方面。

(1) 品质 Q (Quality)。品质是指配送中心服务的性能、价格比的高低，是配送服务本身所固有的特性，好的品质是赢得客户信赖的基础，现场管理能确保配送服务过程的迅速化、规范化，能十分有效地为好的品质打下坚实的基础。

(2) 成本 C (Cost)。随着配送中心服务项目的成熟，成本趋向的稳定，在相同的品质之下，谁的成本越低，谁的竞争力相应的也就越强，谁就有生存下去的可能。现场管理可以减少配送中心的各种浪费，避免各项作业活动的不均衡，大幅度地提高效率，从而达到成本的最优化。

(3) 交货的期限 D (Delivery)。简称为交货期。为了适应社会的需要，大批量生产、配送已被多品种而又少批量的生产、配送所替代，只有弹性的机动灵活的配送服务才能适应交货期的需要，交货期体现了配送中心适应能力的高低。物流配送是整个供应链系统交货期的有力保证，现场管理是一种有效的预防方法，能及时地发现异常，减少问题的发生，保证准时交货。

(4) 服务 S (Service)。众所周知，服务是赢得客源的重要手段，通过现场管理可以大大提高员工的敬业精神和工作乐趣，使他们更乐于为客户提供优质的服务，另外，通过现场管理还可以提高行政效率，减少无谓的“确诊”，可以让客户感到快捷和方便，提高客户的满意度。

(5) 技术 T (Technology)。未来的竞争是科技的竞争，谁能够掌握高新技术，谁就更具备竞争力，而现场管理可通过设施、设备标准化技术，信息技术，自动化技术来加快配送中心的作业速度。

(6) 管理 M (Management)。管理是一个广义的范畴。狭义上可分为对人员、设备、材料、方法四方面的管理。只有通过科学化、效能化的管理，才能够达到人员、设备、材料、方法的最优化，实现利润最大化，现场管理是实行科学管理的最基本的要求。一个企业通过推进现场管理，可以有效地将品质、成本、交期、服务、技术、管理六大要素都达到最佳的状态，最终能实现企业的竞争方针与目标。所以说现场管理是现代配送中心的关键和基础。

2. 配送中心现场管理的基本要素

配送中心现场管理包括人员管理、设备管理、物料（商品）管理、作业方法管理、环境管理五个基本要素，通常称为4M1E，或俗称“人机料法环”。

（1）人——人力（Manpower）。员工是企业最大的财富，也是最重要的资源，如何选人、用人、育人、留人，是企业管理的核心课题。现场人员，是指在现场的所有人员，包括主管、操作人员、司机、搬运工等。在现场管理中，管理者首先应当了解自己的下属员工。

人是现场管理中最大的难点，也是目前所有管理理论中讨论的重点，围绕着人的因素，各种不同的企业有不同的管理方法。

人的性格特点不一样，那么作业的进度，对待工作的态度，对服务质量的理解就不一样。有的人温和，做事慢、仔细，对待事情认真；有的人性格急躁，做事只讲效率，缺乏质量，但工作效率高；有的人性格内向，有了困难不讲给主管听，对新知识、新事物不易接受；有的人性格外向，做事积极主动，但是好动，喜欢在工作场所讲闲话。

因此，作为管理者就不能用同样的态度或方法去领导所有人。应当区别对待（公平的前提下），对不同性格的人用不同的方法，使他们能“人尽其才”。发掘性格特点的优势，削弱性格特点的劣势，就是要善于用人。

要提高配送中心的作业效率，首先要从现有的人员中去发掘，尽可能地让他们发挥各自的特点，激发员工的工作热情，提高他们的工作积极性。

（2）机——机器设备（Machine）。是指配送中心所使用的设备、工具等。现代化的配送中心要完成大量的配送作业，仅仅依靠人力是无法做到的，必须借助于大量机械、自动化的物流装卸搬运、输配送的机器设备，现代化的装备是配送中心现场的利刃，充分利用它们是管理者的职责之一。在配送中心中，物流设备是否能正常运作是影响配送作业速度和服务质量的重要因素。配送中心的发展，除了人的素质要提高，外部形象要提升以外，内部的设施、设备也要更新。

（3）料——物料（Material）或商品。是指物流中心配送活动的作业对象。服务于不同行业、不同企业的配送中心，其配送的商品或物料的种类各有不同，不同类型的物料和商品的属性差异非常大，包括体积，质量，材料，包装，对温度、湿度的要求等。因此，配送中心的作业现场要根据物料和商品的属性采用不同的作业方法和作业工具。

（4）法——方法（Method）。指配送中心采用的技术手段、作业流程、管理制度、标准规范等。这是配送中心在同行竞争中取胜的法宝。配送中心现场要严格按照标准流程作业，这是保证服务质量和物流作业进度的一个重要条件。各种方法的作用是能及时准确地反映配送服务质量的要求。

（5）环——环境（Environment）。良好的工作环境、整洁的作业现场、融洽的团队氛围，有助于提升员工的工作热情，从而加大达成目标的机会。好的管理者，善于营造良好的环境。环境也会影响配送服务的质量。杂乱而没有秩序的环境，会影响作业质量，容易引起差错，同时也有可能对员工的安全造成威胁，如果员工在有危险的环境中工作，又怎么能安心呢？所以，环境是配送中心现场管理中不可忽略的一环。

二、配送中心质量管理

1. 配送中心质量管理概述

（1）配送中心质量管理的内涵

1）配送中心质量管理的目的和一般商品的质量管理有所区别，配送中心质量管理必须是满足两方面的要求：一是生产者的要求，配送的结果必须保证生产的产品能保质保量地转移给用户；另一个是满足用户的需求，即按照用户的需要将商品送交。

这两方面的要求基本上是一致的，但有时也有矛盾。例如，过分强调满足生产者的要求，对送交用户的商品在质量保证方面投入过高，甚至出现用户难以承担过高的配送成本的情况。配送中心质量管理的目的就是在“向用户提供满足要求的质量服务”和“以最经济的手段来提供”两者之间找到一条合理而且优化的途径，从而同时满足这两个方面的要求。

为此必须全面了解生产者、消费者、流通者等各方面所提出的要求，从中分析出真正合理的、各方面都能接受的要求，作为管理的具体目标。

2）配送中心质量管理强调的是预防和反馈。配送质量管理必须强调“预防为主”，明确“事前管理”的重要性。即在上一道物流流程中预测下一道流程可能出现的问题，预先进行防范。

3）树立质量第一的理念。以前的配送管理重视数量的管理而轻视质量的管理，其结果反过来又会影响到配送数量的提供。例如，配送中大量的损失变质就直接影响着配送的数量。事实证明没有高质量的配送，不把配送质量放在第一位，原来所追求的数量也难以达到。

(2）配送中心质量管理的特点。配送中心全面质量管理的特点为“三全一多样”。“三全”是指全面的质量管理、全过程的质量管理和全员参与的质量管理；“一多样”是指配送中心全面质量管理的方法是多种多样的。

1）全面的质量管理。影响配送质量的因素具有综合性、复杂性、多样性的特点，加强配送中心质量管理就必须全面分析各种相关因素，把握内在的规律，配送中心质量管理不仅管理配送中心物流对象本身，而且还管理工作质量和工程质量，并最终对成本及交货期起到管理作用。因此，管理对象是配送系统的各个方面，具有很强的全面性。

2）全过程的质量管理。配送中心质量管理对配送对象的简单包装、装卸、运输、储存、搬运，甚至是流通加工等若干过程进行全过程的质量管理，同时又是产品在社会再生产过程中进行全面质量管理的重要环节。在这个过程中，必须环环相扣地进行全过程管理才能保证最终的配送质量，达到目标质量。

3）全员参与的质量管理。要保证配售数量，就涉及配送中心所有部门和所有人员。决不是依靠哪个部门和少数人就能搞好的，必须依靠各环节中各部门和广大员工的共同努力。质量管理的全员性正是配送的综合性、配送质量问题的重要性和复杂性所决定的，反映了质量管理的客观要求。

要实行全员管理，最重要的是充分地调动起广大员工参与质量管理的积极性，为此，要向广大员工反复进行质量管理的教育，确立“质量第一”、“为用户服务”、“预防为主”等思想观念，同时，要有恰当的组织体系支持和保证。

4）方法的多样性。配送中心全面质量管理方法是多种多样的，综合运用多种适用的管理技术和科学方法，吸收相关的学科知识，博采众长，形成具有多样化的质量管理方法体系。这不仅仅是工程技术和统计技术，还包括市场营销、经济学、会计学、运筹学等相关知识在内的围绕质量管理的需要而构成的一套全面、系统的方法。

(3) 配送中心质量管理的基础。配送过程有别于传统的运输过程，配送中心是独立承担责任的组织机构。根据国内外质量管理体系和配送本身的特殊性，其主要管理方法和措施如下。

1) 建立必要的管理组织。质量管理工作要贯穿于配送的每一个过程，但是，正因为各个过程都有其独特的功能，因此往往在操作时只注重实现这一独特功能，如只顾完成装卸搬运等任务，而忽视了质量管理。另外，由于配送过程的连续性，又很难明确区分质量状况和质量责任。所以建立一个统筹的质量组织，实行质量管理的规划、协调、组织、监督是十分必要的。另外，在各个过程中建立质量小组带动全员、全过程的质量管理也是很重要的方式。

2) 标准化。标准化是开展配送质量管理的依据之一，所谓标准化是指在经济、技术、科学及管理等社会实践中，对重要事物和概念通过规定、颁布和实施标准达到统一，以获得最佳秩序和社会效益的活动。在物流活动中实施标准化，是健全和完善配送质量管理体系的需要，是提高配送中心工作质量、增加经济效益的需要，也是实行全面质量管理的需要。

3) 制度化。制度化是指配送中心的工作质量、管理方式的确定。将质量管理作为配送中心的一项永久性工作，必须有制度的保证，建立协作体制和质量管理小组都是制度化的一部分。要使其制度化、程序化，以便于理解、执行和检查。

2. 配送中心质量评价指标

配送中心的质量决定了配送的质量，因此有必要对配送中心的质量进行评价，配送中心质量的评价是前面所讲到的配送全面质量管理的要求，就是本着预防与反馈的要求来进行评价，这就要求建立一定的评价指标来科学合理地进行综合评价，目的都是要不断改进配送服务的质量。

(1) 库存过程指标

1) 库存周转率。库存周转率＝年销售量/平均库存水平。

库存周转率数值越高则反映产品销售情况越好，库存占压资金越少。由于对库存周转率在企业经营过程中的地位认识不足，加之我国企业整体管理水平相对发达国家有一定的差距。因此2006年我国企业整体库存周转率平均为35～45天，而发达国家只有7天左右；我国企业一年的资金流转只有2～3次，而发达国家达到10次以上。在利润率一定甚至逐年降低的前提下，加快库存周转就成为企业和国民经济发展的一条捷径，也是科学之路。

2) 库存完好率。是指某段时间内仓储货物库存完好的比率。具体计算为T时间内，完好库存数为n，总库存数为N，则库存完好率$=n/N\times100\%$。

3) 库存周报表准确率。每周的库存周报表的准确率也是物流服务绩效的KPI（关键业绩）指标之一。具体计算为：在T时间段内，库存报告的准确次数除以总的库存报告次数就是库存周报表准确率。

4) 运营费用比率。运营费用比率＝所支付的仓库租金和运费/支出总额。

该指标可作为部门考核指标，也可作为考核整个配送中心的指标。具体可以考核和分析配送中心运作过程本身的运营情况，对管理层或者股东来讲都是认清自己投资对象的整体运营状况，一般来讲，对于专业的配送企业都会预先制定一个运营费用预算，这样可在整个运营周期内监督或者衡量自身运作的成本。

(2) 顾客服务水平指标

1）订货的满足率。订货的满足率＝现有库存能够满足订单的次数/顾客订货总次数。即对于顾客订单中所要的货物，现有的库存能够履行的比率。各配送中心的存货应该达到95%的满足率。而在通过调货来补充配送中心库存的情况下，达到这个比率较难，如美智公司的调查结论反映，华东地区存货的平均可得性只达到80%，而这已经是在各个地区中运行较好的，西部地区平均可得性甚至不到50%。

2）订单与交货的一致性。订单与交货的一致性无论在生产性企业还是服务性企业中都被认为是最重要的因素。其指标是无误交货率。无误交货率＝当月准确按照顾客订单发货次数/当月内发货总次数。

在实际操作中，应该保证能够正确地按照客户的订单来交货。据调查顾客最关心的也是这一点。所以如果没有按照顾客的订单发货，给配送企业的服务形象造成的损害是最大的。因此在发货前必须根据顾客的订单反复审核所发货物是否符合顾客的要求。从这个角度上说，企业在配送中心设立订单管理员这个职位非常必要，有专人从源头来跟踪和保证订单的传输和准确，降低订单的出错概率将极大地提高公司的服务水平。

3）交货的及时率。交货的及时率＝当月汽车准时送达车数/当月汽车送货车数。

很多产品目前的交货时间可以达到短途次日交货。解决方案是通过设立区域配送中心，组织针对重点城市和地区的、有能力接整车的一级批发商和二级批发商进行直运，在大区内其他省份设立二次分拨中心来支持县、乡、镇地区开展小批量的配送。

4）货物的破损率。货物的破损率＝当月的破损商品价格/当月发送商品总价值。

这个指标用来衡量在向顾客配送过程中货物的破损程度，一般最高限额是5%，破损情况有很多是在货物的装卸过程中发生的。在出货高峰期，由于没有足够的装卸力量而导致发货速度慢且有较高的破损率，建议的解决方式是在销售旺季的出货高峰期，配送中心租用叉车来降低破损率、提高装卸速度。

5）投诉次数。由配送中心将货物送达客户，所以送货人员（承运人）和顾客进行货物交接的过程代表着企业的服务形象，在这一过程中提供尽可能多的服务将提高顾客对企业的忠诚度。但配送中心反映顾客投诉最多的还是在和顾客交接过程中服务没有到位。针对客户的投诉，建议配送中心细化和承运人的服务协议，在协议中确定提出帮助卸货、到货前通知顾客、代收退货等基本服务以及今后可能的代收货款。

当前来看，由承运人代收货款的过程中还有许多需要规范和立法约束的环节，由于部分较小规模的承运人自身的问题甚至出现因资金运转不畅挪用货款、携款潜逃等不和谐的现象。当然总体而言，发展趋势是好的，同时也是不可逆转的，只是在大步迈进的同时需要注意步伐的节奏。

6）客户投诉处理时间。客户投诉处理时间目前在大多数企业一般为3 h。可以根据行业情形，适当调节。但如果客户重复投诉，则此管理权重应该加大。

三、配送中心的个性化服务

在当代配送中心服务中，个性化服务已经成了一种关乎生存的营销观念。配送中心服务个性化应视为现代物流项目运作中的一个重要的原则。

1. 度身定制：需求个性化决定服务的个性化

应当说配送中心的个性化服务趋势，是现代物流逐步走向成熟的必然结果。这种观念要求百分之百地将满足客户需求置于最核心的位置，但这并不等于说传统的货运服务不把满足客户需求作为自己的服务目的，只是传统的运输服务在具体运行时往往受到观念、体制和模式上的种种局限，不可能将个性化服务做得十分精致。这是一种以满足大众需求为基本前提的服务。这就好比生产服装的厂商为实现产销的规模化可以在流水线批量生产某种规格和款式的服装。这里的问题是：当这些服装还处在生产过程中的时候，它们的消费者（客户）仅仅存在于厂商的假定之中，并不具体，等到产品上了柜台，消费者才有可能选择适合自己的产品。在这里，个体消费者的需求虽然千差万别，但在这些产品面前，他们的选择却被限定在生产厂商事先假定好的框架内，这就势必会有不少消费者无法在市场上买到让自己称心甚至适合自己的产品。生产厂商的用意并不错，他们也想尽可能满足消费者的多种需要，但如此大规模的经营格局，如此模式化的生产，迫使他们根本无法将视点定格在每一个具体的消费者身上，这就十分类似以往的传统运输服务。传统运输的运行模式是事先设定的，客户只能被动地适应这种模式，这其中肯定会有一定数量的客户个体被排斥在外，这一点显然与市场的发展趋势是背离的，配送中心则要求纵深渗透，与客户自身的运行融为一体，这就必须以客户具体需求作为提供服务的基本前提，也就是以需求的个性化来决定服务的个性化。这时的物流企业只能打破自身固定的运行模式，专门为不同的客户设计并提供一整套运行流程和操作方案，以完全适应客户的实际需求，这就如同服装厂商真正做到为每一位个体消费者量体裁衣，度身定制。

2. 个性化服务的基石：与客户亲密结盟

在配送中心的服务过程中，配送中心服务的提供者与客户之间显然是一个利益共同体，物流运作所带来的利润应当是客户经济效益的一部分。换言之，客户一旦选定了配送中心服务的提供者，同时也就选定了取得更好效益的手段。互利双赢，这是双方之间结成牢固同盟的最终结果。这就要求配送中心企业与客户之间的接触是一种互融的关系，而不仅仅是迭加的关系，这是个性化服务最重要的本质特征。虽然配送中心运作从内涵上说并不直接涉及产品生产本身，是一种生产流程的延伸和辅助，但是这种延伸和辅助，又是整个生产过程的一个有机部分，不但不可或缺，而且是生产厂商得以提高经济效益的一个重要因素。因此，一个成功的配送中心合作项目往往意味着一个双赢的共同利益的形成。事实证明，配送中心对客户介入得越深，双方契合得越完美，个性化服务的特征也就越鲜明，所得到的收益也就越大。

3. 个性化服务模式的可变性和程序性

配送中心的个性化服务并不排斥将操作过程置于某种模式之中，它反对的只是将服务程序置于一种僵硬化、模型化和单一化的境地。与传统服务相比，其中最大的区别是由静态到动态；由等候反馈到积极跟踪。配送中心的个性化服务模式是处在一个随时变化的状态中的。不妨设想一下：产品市场的变化吞灭了订单的变化，订单的变化带来了流水线节奏的变化，而流水线节奏的变化必定会带来物流运作的上变化。所以，配送中心的服务模式必须具备一种极好的应变性能，以适应多种突如其来的变化。正是这种良好的应变性，才使得配送中心的个性化服务产生了实际意义，必须指出的是这种依据个性化原则设计出来的服务模式从本质上说是以客户为中心理念的产物，其中的个性化特色体现在全方位的客户倾斜过程中。较之以往传统服务中企业一味以自己为中心，被动等待客户来适应的僵硬模式，显然，个性化服务模式更加有利于服务朝着精品化方向发展。

任务实施

一、建立高效的配送体系

根据 SAT 目前的配送状况，可以从以下三方面进行设计。

1. 整体化战略

作为连锁企业必须认识到，连锁经营的目的在于提高物流效率，谋求规模效益。而物流效率的提高有赖于商品从生产到销售的全过程中所涉及的生产商、批发商、配送中心、连锁店总部、加盟店和消费者的整体协调与配合，因而必须综合考虑包括生产厂家、批发商、配送中心、连锁店总部、加盟店、消费者在内的总体结构，采取整体化发展战略。

2. 实行地区集中建店

地区集中建店是在一个地区内集中性地增加连锁店的数量，并逐渐扩大建店的地区。集中建店的优点一是向一个地区内的商店集中配送，能够提高配送的效率；二是地区内连锁店数量的增加，能缩短配送的距离和时间；三是能提高在建店地区的知名度，有效地开展广告宣传，并加强总部对加盟店的指导。

3. 建立高效的信息网络

根据业务经营及发展的需要，必须建立一套高效完善的综合信息网络，通过该信息网络实现连锁在经营中的整体系统化。综合信息网络业务在经营中具体有以下作用：①收集商品销售信息，预测订货，定期发布订货数据；②总部通过 POS 系统分析分店订货信息，将其自动发报给生产厂商和批发商，分析不同商店的销售数据信息，自动提供给各个商店；③生产厂家根据接收的商品上市指示单，开始制造订货，批发商筹集订货商品；④配送中心接收来自连锁店总部的 POS 系统和生产厂家、批发商传来的商品明细表。从订货到数据处理，从传票发行到货款结算以及赊销管理等，均采用信息网络自动处理，实现了业务处理的自动化，提高了工作效率。

二、配送流程优化

以简单、便捷为原则，对 SAT 超市进行配送流程的设计，大致分以下两个主要模块。

1. 货物入库

（1）物流配送中心分店的入库指令视仓储情况做相应的入库受理。

（2）进行货物受理并根据给货物分配的库区库位打印出入库单。

（3）在货物正式入库前进行货物验收，主要是对要入库的货物进行核对处理，并对所入库货物进行统一编号（包括合同号、批号、入库日期等）。

（4）进行库位分配，主要是对事先没有预分配的货物进行库位自动处理或人工安排处理，并制作货物库位清单。

（5）库存管理主要是对货物在仓库中的一些动态变化信息的统计查询。

（6）对在库货物还将进行批号管理、盘存处理、内驳处理和库存的优化等工作，做到更有效的仓库管理。

2. 运输配送

（1）物流配送中心根据分店的发货指令视库存情况做相应的配送处理。

（2）根据配送计划系统将自动地安排车辆、人员，并进行相应的出库处理。

（3）根据选好的因素由专人负责货物的调配处理，可分自动配货和人工配货，目的是为了更高效地利用配送中心手头的资源。

（4）根据系统的安排结果按实际情况进行人工调整。

（5）在安排好后，系统将根据货物所放地点（库位）情况按配送中心自己设定的优化原则打印出拣货清单。

（6）装车完毕后，根据所送分店数打印出相应的送货单。

（7）车辆运输途中可通过 GPS 车辆定位系统随时监控，并做到信息及时沟通。

（8）货物到达目的地并经分店确认后，凭回单向物流配送中心确认。

（9）生成所有需要的统计分析数据和进行财务结算，并产生应收款与应付款。

思考与练习

1. 简述配送中心的一般作业流程。
2. 简述配送中心现场管理的内容。
3. 简述配送中心质量管理的内容。